走攻守の考え方

This is 野球

This is 野球

はじめに

野球が上手くなるために必要なものは野球の知識だ。野球のセオリーと基本を知り、それぞれの状況でどう考えるかで技術習得に大きな差ができる。どんなに体力が優れていても野球の知識が乏しくては、野球選手として大成しないだろう。野球のルールを知り、野球のセオリーを知り、瞬時にプレイの判断ができるような野球の知識が豊富であれば、練習や試合を積み重ねるごとに、野球の技術はぐんぐん伸び、センス抜群の素晴らしい野球選手になれるだろう。

今回は、野球のルールとセオリー、それに野球選手が知っていなければならない知識、知っていれば試合を優位に進められる知識をポジション別に解説していく。また、攻撃について、そして走塁についてのセオリーや知識についても詳しく解説していく。

野球は奥が深く、野球の知識はルールやセオリーだけではない。セオリーだけでは判断できないケースも多々ある。何を優先して考えるかでプレイそのものが違ってくるし、プレイの質が違ってくる。また、技術についての知識が豊富であることも重要な要素の一つだ。甲子園を目指すくらい本格的に野球をやるのなら、「体づくりについて」、「あらゆる野球動作のスピードアップについて」、「怪我や病気をしないための体のケアについて」などの知識も技術アップのための知識と同じくらい重要なのだ。野球の理論は日々進化し、今では通用しなくなったセオリーもある。今回は、それらも含めて解説していく。

技術的なことも含めて考えてみると、例えば、バッテリーであれば、打者の攻め方などの配球の知識が有るのと無いのでは投球するボールの生かし方が全く違ってくる。同じボールでも打者に対する見せ方、打者の見え方が違ってくるのだ。また、野手なら、打ち方、捕り方、投げ方、走り方などにもセオリーや基本的な技術があり、それらの野球知識が豊富ならば、目的を持って効率良く練習をすることができ、短期間でレベルの高い技術を習得することができるのだ。これらの野球知識が無いと、普段の練習でも、ただ打つだけ、捕るだけ、投げるだけ、走るだけの練習になってしまい、頭を使わない、やらされているだけの練習になってしまう。

今、やっている練習が、どういう目的を持って何のためにやっているのかを理解してやるのとそうで無いのでは、身の付き方に大きな差が出てしまう。体が大きく、学童野球時代や少年野球時代にいかに怪童であっても、野球を続けていく中で、必ずどこかで壁にぶち当たるはずだ。今までは体格差で好成績があげられていても、周りの選手の体格や野球のレベルが上がってくると、今までのようにはいかなくなってくるのだ。速い球でも打たれ、また、今まで打てていた打球が打てなくなってくるのだ。そんなときも野球の知識があれば、自分の体をどう鍛えれば投球やバッティングに生かせるか、また、どう使うと効率的かが分かり技術の向上に役立てることができるのだ。頭を使うことで、壁を乗り越えられる方法が見つかるのだ。技術を伸ばすためにも、野球の試合で結果を出すためにも、野球の試合に勝つためにも野球の知識を身につけることはとても重要なことなのだ。

野球は頭を使うスポーツだ。体力があり、技術があり、メンタルが強く、野球の知識が豊富ならば、どんなに高いレベルの野球でも対応できていくのだ。そして、結果も出せるのだ。今回は、野球のルール、セオリー、野球技術、そして何を優先して判断するかの知識を身につけられるための基本を詰め込んだ。野球チームに入り、野球のおもしろさが分かりはじめた野球選手に、ぜひとも読んでいただきたい一冊になった。

平成28年10月20日　大田川茂樹

著 者 紹 介

大田川茂樹

昭和42年県立宮崎商業高校入学。

1年夏から3年夏まで公式戦全イニングに捕手として出場。

3年時には主将として春夏連続甲子園出場。

社会人野球（株式会社 三菱重工長崎）に進み捕手として活躍するも腰を痛め本格的な野球を断念。

少年野球チームのヘッドコーチを経て平成15年から千葉西リトルシニア助監督。

平成2年に株式会社 舵社代表取締役社長に就任し、
野球関連書籍を多数発行。

主 な 著 書

『野球技術』（DVD付）
守備編／打撃編／フォーメーション編／投手編／捕手編／他多数

『レベルアップ野球教室』（DVD付）
内野手のフィールディング／一塁手の基本と技術／二塁手の基本と技術

『黄金期の野球』（DVD付）
少年野球守備／少年野球打撃＆走塁

『東京ヤクルトスワローズの野球教本』（DVD付）
少年野球・基本編／少年野球・投手編／少年野球・バッティング編

『小・中学生のための野球選手育成教書』

ピッチャーズバイブル／バッターズバイブル

『分析野球』、『野球実技検定』、『野球用語辞典』、『少年野球』など
発行：株式会社 舵社

目次

This is
野

野球の知識

第1章　だれでも知ってる

1 守りのセオリー

最優先すべきは失点しないこと

失点しないためには、ホームに近い走者から先にアウトにするのがセオリーだ。それは、なるべく走者をホームに近づけたくないからだ。二塁や三塁をスコアリングポジションというが、それは一般的にはシングルヒットで二塁や三塁からだとホームに還れるからだ。だから、守備側としては走者に二塁や三塁へ進まれたくないのだ。

0または1アウトで走者一塁のときの内野ゴロは、二塁へ送球し一塁走者から先にアウトにするのがセオリーだ。ただし、先の走者からアウトにすることがすべてではない。状況によっては、1点やってもいいからアウトカウントを増やしたいケースもある。また、1アウト一、二塁や一、三塁での内野ゴロはセカンドゲッツー（※1）でチェンジにするのがセオリーだ。だが、これはセオリーであって

（※1）ゲッツー：ダブルプレイともいう。一度に二つのアウトを取ること

必ずしもそうしなければならないということではない。チーム事情によっても変わってくる。

ボテボテの内野ゴロで三塁走者がホームへ走ったら、三塁走者をアウトにして失点を防ぐのもセオリーだ。ゲッツーが取れない内野陣だったら、普通のゴロでもホームへ送球し失点を防ぐことも間違いでは無い。また、一、二塁だったら三塁へ送球して走者を先に進ませないプレイだって間違いでは無いのだ。しかし、そんなプレイで良しとしていたら、いつまでたっても技術は上がってこない。走者一塁で普通の内野ゴロなら、簡単にゲッツーが取れる守備力があることが当たり前なのだ。

先頭打者を出塁させない

0アウトで走者が出塁すると攻撃側は様々な作戦が使え、得点される可能性が高くなる。走者が出ると、バント、ヒットエンドラン、盗塁と攻撃側のいろいろな作戦が考えられる。守備側はその対応をしなければならず、精神的にも攻撃側有利で試合が進み、ピンチが広がっていくのだ。

先頭打者を出塁させない守備のシフトを敷くことも重要なことだ。足の速い打者なら内野手は浅めに守り、セーフティーバントや内野安打を防ぐシフトを敷く。引っ張るだけの右打者なら三遊間を狭めるなど相手打者を研究し対応することがとても大事なことだ。

各回の先頭打者をなんとしても出塁させないのが守りの鉄則なのだ。特にフォアボールはいけない。野手の集中力がなくなり守備のリズムが乱れ、エラーが起きやすくなるのだ。バッテリーは最善の方法で先頭打者を打ち取っていくことが大事だ。

チェンジになる三つ目のアウトはフォースアウト（※2）で取る

三つ目のアウトをフォースアウトで取るのも守りのセオリーだ。例えば2アウト一、三塁でショートゴロ。2アウトなので三塁走者は必ずホームに走る。遊撃手はホームに送球して三塁走者をアウトにするのではなく、二塁または一塁に送球してフォースアウトにするのが鉄則なのだ。それは、三塁走者をアウトにしようとするとタッチプレイになるからだ。ベースを踏んで捕球するだけでアウトになるフォースプレイに比べ、捕球して走者がベースに着く前にタッチしなければアウトにならないタッチプレイは、捕球してタッチという大きなリスクが伴うからだ。

こんな簡単なセオリーであるにもかかわらず、プロ野球の選手でも間違うことがある。実際に公式戦で起こったプレイだが、1アウト満塁でショートゴロ、遊撃手が捕って二塁送球で2アウト。ここで二塁走者が二塁ベースへ戻りかけて三塁へ走り出した。二塁手は何を思ったか、一塁転送せず、この二塁走者を追い始めたのだ。この間に三塁走者が楽々ホームイン。これが決勝点となってゲームに敗れた。二塁手が一塁に転送すれば簡単にゲッツーが取れたのに、二塁走者を追ってタッチプレイにしてしまったからだ。これには監督、コーチはじめ他のプレイヤー、見ている観客まで

（※2）フォースアウト：打者が打撃を完了し打者走者となったために追い出された各塁の走者がタッチされるか次の塁に送球されてアウトになること

もがあきれてしまうほどのボーンヘッドだったのだ。

ランダウンプレイ（※3）は若い塁方向に追い込んでアウトにする

走者を塁と塁の間に挟んだら、若い塁方向へ追い込んで一回のプレイで、早くアウトにすることがセオリーだ。特に三塁とホームの間に挟んだら、三塁方向に追い込んでアウトにすることが重要だ。それは、本塁方向に追い込んでアウトにできないと得点されるからだ。ランダウンプレイは走者をアウトにすることが最優先だが、なるべく若い塁方向へ追い込んでアウトにすることを頭に入れておこう。

一回のプレイでアウトにできなくて、何度も送球を繰り返しているとミスが起きやすく、他に走者がいれば次の塁に楽々と進まれてしまう。走者を追うときはいつでも送球できる体勢で全力で追うことが基本なのだ。

三塁に走者がいるときの外野ファウルフライは捕球しない

０または１アウトのときの外野へ上がったファウルフライを捕球すると三塁走者にタッチアップされ得点を許してしまう。

（※3）ランダウンプレイ：ランナーを塁間に挟み、タッチしてアウトにしようとするプレイタッチアップされてもホームでアウトにできる距離での捕球ならいいが、アウトにできない距離なら捕球しないのがセオリーだ。これは、アウトカウントを増やすより失点しないことを最優先に考えているからだ。ただし、このプレイも、そのときの状況によって判断が違ってくるのだ。大差が付いているときなど1点やってもいいからアウトカウントを増やしたいケースがある。そんなときは捕球してアウトカウントを増やせばいいのだ。

捕球すべきか、捕らないでファウルにすべきかは、試合状況によって変わってくるので、その判断がしっかりできていることが重要なのだ。例えば、最終回の裏、同点の場面でレフトライン上に外野フライが上がった。フェアかファウルか微妙なフライである。捕球したら犠牲フライになる距離だ。フェアでサヨナラ負けになるかもしれない打球でも、ここは捕らないのがセオリーだ。それは、捕っても犠牲フライになりサヨナラ負けになるからだ。ファウルになるのを願うしかない。

それでは、同じケースで1点勝っていたらどうするか？　この場合は、捕球するのがセオリーだ。捕球せずフェアになったら同点に追い付かれ、さらに逆転の走者を出すことになるからだ。明らかにファウルの打球は捕らないが、微妙なフライは捕らなければいけないのだ。

内野手と外野手の中間に上がったフライは外野手が捕る

野球用語でいうポテンヒット（※4）になりそうなフライだ。

（※4）ポテンヒット：外野と内野の間にぽとりと落ちるヒット

内野手と外野手の間に落ちそうなフライは、両方とも打球を見て落下地点へ走りながら捕りに行くため、ぶつかる可能性がある危険なプレイだ。お互いに声を出し、どちらが捕るかアピールするのは当然のことだが、内野手も外野手も、両方ぎりぎれで捕れそうなときは、外野手が捕るのがセオリーだ。

内野手はバックしながら打球を追っているので捕りにくいが、外野手は前に打球を見ながら走っているため捕球しやすいのだ。また、走者がいる場合、捕球して送球しやすいのも外野手だ。このケースは、外野手が捕ることが基本だということをしっかり頭に入れておくことが重要だ。外野手に任せた内野手は、できるだけ外野手の視界から外れることも重要だ。さらには、周りの野手は大きな声でどちらが捕るべきか、はっきりと指示することも大切だ。こういった打球は周りの野手の指示も大きなポイントになるのだ。

三塁手、一塁手の後方に上がったフライは遊撃手、二塁手が追う

後方のフライは風や打球の切れ具合に影響されやすく落下地点の予測が難しい。三塁手や一塁手の後方または後方のファウルエリアに上がったフライは三塁手や一塁手が追うと落下地点に入りにくい。その点、遊撃手や二塁手は三塁手、一塁手より後方に守っているため打球を横に見ながら追うことができる。そのため落下地点の予測が簡単で全力で追うこともできるのだ。

早く打球を追えて捕球しやすいのは遊撃手、二塁手なのだ。なので両選手とも捕球できるようなら、距離があっても遊撃手、二塁手が捕球した方が捕りやすく確実なのだ。

ただし、ここにレフト、ライトが加わってくると「内野手と外野手の中間に上がったフライは外野手が捕る」で述べたように、外野手が捕るのがセオリーになる。

点を取った次の回は得点を与えない

試合には流れというものがある。点を取った次の回をしっかり抑えると、流れを引き寄せることができ、試合を優位に進められる。

例えば、初回に3点取ったとすると、次の回を抑えることで、先行した状態で試合を優位に進めていくことができるのだ。次の回に1点でも返されると、相手チームはこれからも点は取れる。逆転できると勇気づくのだ。特に、競ってる場合で、試合の中盤や後半ならなおさらだ。どうすれば失点を防げるかは、先頭打者を出塁させないことが一番なのだ。

122

2 攻撃のセオリー

最優先すべきは得点すること

得点するためには、まず、出塁することが重要だ。特に、各回の先頭打者が出塁すると得点のチャンスが大きく広がる。なので、どんなかたちでもいいから塁に出ることが大切だ。

野球選手は出塁するための武器を身につけることでレギュラーへの道が開けるのだ。どんなことが武器になるかというと、足が速いことだ。足が速いと内野安打が増える。メジャーで活躍したイチロー選手のヒットの3分の1は内野安打といわれている。足が速ければ、セーフティーバントで守備側を揺さぶることもでき、塁に出れば盗塁も可能になり、野球選手にとって、たいへん大きな武器になるのだ。足の速さは天性だけではない、鍛えれば誰でも速くなるのだ。足を速くするための知識を身に付け、努力することが重要だ。

また、打力を付けることも必要だ。打てなければ出塁できないし、走者も還せない。野球選手として大成したければ打力を付けることが重要なのだ。打力を付けるためには、そのための知識が必要だ。どうすれば打てるようになるか、どんな練習をすればいいか、自分の頭で考えることが重要なのだ。打力があれば、コンスタントにヒットを打つことができ、出塁でき、走者を還すこともできるのだ。

それに、選球眼がいいことも武器の一つだ。簡単にストライクを見逃さない。追い込まれてからは、ストライクゾーンをボール1個分広げ、打ちにくいボールがきたらファウルで逃げる。見逃し三振はしない。また、明らかなボール球に手を出さない。どんな状況でも投手を苦しめるバッティングをすることが大切なのだ。

走者をスコアリングポジションに進める

走者がスコアリングポジションにいるとシングルヒットで得点になる可能性が高い。攻撃側は、0アウトで走者が出たら、スコアリングポジションに走者を進めるのがセオリーだ。打者は3割打てれば好打者といわれている。3割は打てない打者でも、ほとんどの打者は2割5分程度は打てるはずだ。確率から考えると、1アウト二塁で、2割5分打てる二人の打者なら、そのどちらかがヒットを打つ確率は5割になる。5割の確率で得点できるのだ。

1アウト三塁ならスクイズや外野フライでも得点でき、点を取れる確率がぐんとアップする。

得点するためには、スコアリングポジションに走者を進める。そして、もっと確率を上げるために、1アウト三塁のケースをつくることが重要なのだ。

バントが重要

走者を進めるためにはバントが重要だ。バントができないチームは、トーナメントを勝ち進むことは難しい。また、バントができない選手は、レギュラーとして使ってもらえないのが常識だ。バントは、送りバント、セーフティーバント、スクイズバントがあるが、そのどれもが重要で、どんな選手でも、その技術を身に付けておかなければならないのだ。

攻撃のサインを理解する

どんなレベルの野球でも、攻撃のサインは必ずある。そのサインが理解できない。または、サインどおりに動けなければ野球選手としては失格だ。

ベンチからサインが出たときは、そのサインが分かるだけではダメなのだ。そのサインの意図が分からなければいけないのだ。例えば、1アウト二塁で送りバントのサインが出た。このケースは、走者を三塁に進めればいいだけではない。最初からは前に出られない三塁手の前にバントし、三塁手に捕らせる。それによって内野安打になったり、三塁手が焦《あせ》って一塁に悪送球を投げたりなどのプレイを起こさせるためのバントだ。相手の三塁手がいいプレイをしても走者を三塁に進められる。そんなバントなのだ。

レベルが高くなればなるほどサインも複雑になり高度になる。それらを理解し、しっかりと知識として身につけることが重要だ。

フライを上げない

守備側にとって簡単にフライを上げてくれる打者はありがたい。ポップフライ（※5）は高い確率で捕球でき簡単にアウトを取れるからだ。

先頭打者が初球を打って平凡な内野フライ、または絶好のチャンスで1球目を打ってポップフライ。守備側にとってこんなありがたいことはない。逆に攻撃側にとって、これほどがっかりする攻め方はない。これでは試合の流れが相手に行ってしまうのだ。

振り逃げ

振り逃げを正しく理解しよう。2アウトか走者が一塁にいないときに、第三ストライクを捕手

（※5）ポップフライ：だれでもかんたんに捕れる平凡なフライ。凡フライ

が正規に捕球できなかったときは、その時点で打者はアウトにならず、打者走者として一塁へ走ることができるのだ。ボールを持った捕手からタッチされるか、捕手からの送球を野手が捕球し、打者走者より先に一塁ベースを踏めば、その時点でアウトとなる。このことを、しっかり理解していないと大きな落とし穴がある。

神奈川県の高校野球の予選で、それも甲子園常連の名門校同士の試合で実際に起こったプレイだが、2アウト一、三塁で打者は空振り三振をした。だが、捕手はショートバウンドで捕球して、ボールをマウンド方向に転がし、そのままベンチに帰って行ってしまった。他の野手もチェンジと思いベンチに引き上げた。攻撃側は、振り逃げを正しく理解していたため全員がベースを回ってホームインした。三振でチェンジのはずが、打者走者も含めた全員が得点した。スリーランホームランと同じ結果になったのだ。

打者は第三ストライクを捕手が捕球できなかったときは、一塁へ全力で走ることが野球のセオリーなのだ。特に、二塁や三塁に走者がいるときは、何が起こるか分からないのだ。捕手からの悪送球や野手がファンブルして次の塁へ進めることもあるのだ。

打ったら走る

打者は当然のことながら、打ったら一塁に走る。それも、どんな打球でも全力で走ることが当たり前のことなのだ。こんな当たり前のことができないチームや選手が多いのも現実だ。

誰でもヒットを打つつもりでバッターボックスに立っている。打者は、打った瞬間にどんな打球になるかが分かる。打ち損じて内野ゴロになったり、フライになったりで、ヒットが打てなくてがっかりする気持ちは分かる。しかし、それで一塁に全力疾走できないようではいい選手にはなれない。どんな打球でも一塁までは全力疾走が基本なのだ。

ただし、明らかなファウルでも一塁へ走る選手がいる。バックネットを軽々越えて行くようなファウルでもだ。明らかなファウルのときは走らないのがセオリーなのだ。どんなファウルでも走っていると野球を知らない選手だな、と周りから思われてしまう。明らかなファウルなのに走り出すことによって、一塁方向からバッターボックスまで戻って、それからサインを確認して、という動きになる。そうしていると試合時間はどんどん延びる。試合時間を短くするということも基本の一つなのだ。

3 走塁のセオリー

基本は安全に先の塁へ進むこと

走塁の基本は、アウトにならないように先の塁へ進むことだ。ただし、これはそう簡単なことではない。隙あらば次の塁を狙うのも基本の一つだからだ。

各塁の走者は状況や打球を瞬時に判断し動けなければいけないのだ。毎回、判断しやすいヒットが出れば安全に確実に次の塁へ進めるが、判断の難しいライナーやフライ、強いゴロや緩いゴロなど様々な打球があり、その打球も全く同じというものは二つとなく、そのときの打球判断なのだ。その打球判断が難しい。また、アウトカウントや点差によっても判断の基準が違ってくる。もっというならば、相手の守備力や外野手の動きや肩の強さによっても判断が変わってくるのだ。

走者は状況によって難しい判断が求められる。詳しくは「第8章、走者の知識」で詳細に解説していくので、ここでは、常識的なセオリーに絞って取り上げていく。

2アウト、3ボール2ストライク。詰まっている走者はスタートを切る

野球を知ってる選手なら当たり前のプレイで、最も常識的なセオリーだ。

このプレイは、スタートを切らない場合と比べて切った方が、結果が同じか、それ以上になるからだ。例えば、打者が打たなかったら三振かフォアボールで結果は同じだが、打った場合はフォースプレイが防げたり、ヒットが出た場合はより先の塁へ進めたりして得点が入る確率が高くなる。特に、二塁走者はシングルヒットでホームへ還れる確率が上がるのだ。

間違ってはいけないのは、スタートを切るのは、後ろに走者が詰まっているときだけだ。例えば、2アウト、走者二塁、スリーツーのときは走れのサインが出ていないときは、打者が見送るか打つかを確認し、打ったらどんな打球でも走り、見送ったら走らないのがセオリーだ。ただし、もっと高度なプレイは、後で述べるが、投球がストライクコースなら打者の打撃を待たずに走るのだ。

打球判断のセオリー

0または1アウトでは、フライは元の塁に戻れるハーフウエイで捕球を確認するのがセオリーだ。ライナーで捕られそうなら素早くベースに戻る。内野手の間を抜けたら走る。走者が詰まっていればゴロなら迷わず次の塁に走るのが走塁のセオリーだ。また、2アウトなら、どんな打球で

も次の塁へ走るのが基本だ。

二塁走者は自分より右のゴロは三塁に走らない

0または1アウトで、自分より右のゴロは三塁に走らない。左のゴロなら三塁に走るのがセオリーだ。それは、右のゴロで三塁へ走ったら、サードゴロまたはショートゴロなので、三塁手が捕球してタッチ、または遊撃手から三塁手に転送され簡単にアウトになるからだ。

左のゴロなら、スタートさえ遅れなければ、ほとんどの場合セーフになる。ただし、自分より右のゴロでもボテボテのゴロで、三塁手や遊撃手が前にダッシュして捕るような打球なら三塁へ進める。

三塁走者は外野フライが上がったらタッチアップ（※6）をする

0または1アウト三塁で、外野フライが上がったら三塁走者は三塁ベースに戻りタッチアップをするのがセオリーだ。

フライとライナーは上がった瞬間、バックが基本なのだ。ライナーはバックしても、内野を抜けたら楽々還れるからだ。フライはどんなフライでもいったんバックする。タッチアップできそうな

（※6）タッチアップ：打者がフライを打ったとき、走者が元のベースに帰塁し、野手の捕球後に次の塁へスタートを切るプレイのこと

フライなら三塁ベースに着いて捕球を確認する。タッチアップできそうにない浅いフライは、確実に戻れるハーフウエイで様子を見る。

内野ゴロは内野手の守備位置、打球判断、ベンチの指示で決める。基本は、内野手が定位置ならホームへ走る。前進守備なら自重する。また、０アウトなら無理をしない。

野球の知識

第2章 投手のセオリーと

1 投手に関するルール

投手と野手の違い

投手でも、ルール上は投手だったり、野手だったりするのだ。

例えば一塁にけん制球を投げるとき、投手板を踏んで投げれば投手で、投手板を外して投げれば野手と同じ扱いなのだ。

一塁と三塁へは軸足で投手板を踏んだままけん制球を投げるときは、前足をけん制する塁方向へ踏み出さなければいけない。また、そのまま投げなければボークになる。投手板を外したときは野手とみなされ、投げても投げなくてもいい。また、前足をけん制する塁方向に踏み出す必要もない。

二塁へは二塁方向に前足を踏み出せば偽投も許される。けん制球が悪送球になり、スタンドに入ったら、投手板を踏んで投げた場合は一つの塁が、投手板を外して投げたときは、野手と同じなので二つの塁が走者に与えられる。投手板を踏んでいるときは投手で、投手板を外しているときは野手と同じ扱いなのだ。

正規の投球

投球姿勢にはワインドアップポジションとセットポジションがあり、どちらを用いてもいい。どちらを用いるときも、投手板を踏んで捕手からのサインを受けなければならない。見終わった後に、投手板を外してもいいが、外したら必ず両手を身体の両側に下ろさなければならない。外した後、両手を下ろさず、再び投手板を踏んで投球することはできない。また、下ろしても素早く踏み直し投球することは許されない。

投手に禁じられている行為

投手は、投げ手の指を口または唇につけてはいけない。ただし、寒い日は両監督の同意があれば、手に息を吹きかけることを認めることがある。

ボールや手に何らかの細工をすることは禁じられている。具体的には、ボールや投球する手、またはグラブに唾液をつけること。ボールをグラブ、身体、着衣で摩擦すること。ボールに異物をつけることなどだ。ただし、素手でボールをこすることは許されている。

遅延行為と危険球

投手には、打者がバッターボックスにいるときに捕手以外に送球して、故意に試合を遅延させることが禁じられている。ただし、走者をアウトにするための行為は除かれる。遅延行為を行った場合は、審判員は一度警告を出し、遅延行為が繰り返されたときは退場となる。また、投手板を外して捕手からのサインを見ることも試合を遅延させているため、これを是正する必要がある。

危険球とは打者を狙って投球する行為だ。公認野球規則では【原注】で次のとおり厳しく危険球を禁止している。

「打者を狙って投球することは、非スポーツマン的である。特に頭を狙って投球することは、非常に危険であり、この行為は許されるべきではない。審判員は躊躇《ちゅうちょ》なく、本規則を厳格に適用しなければならない。」

どんなに打たれても、故意に打者を狙う行為は絶対にやってはいけないことだ。相手の選手を傷つけるだけではなく、自分も傷つく最低の行為なのだ。

2 投球フォームの知識

ワインドアップポジション

両足を投手板の上に置き、投球することに集中する。集中できたら捕手からのサインを受け取る。このとき、投げる方の手は手首から先をグラブの中に入れ打者やランナーコーチから見えないようにする。ボールの握りだけ隠しても手首の動きで球種が読まれることがある。サインが決まったら、癖が出ないようにボールを握り替え、キャッチャーミットをしっかり見て、ここから投球が完了するまでミットから目を離さない。必ず、そこに投げるんだという強い気持ちを持つことが大事。

ここから自由な足を一歩引き、両腕を絞り脇を締めて大きく振りかぶる。グラブが頭上にきたとき、ボールの握りが打者に見えないようにグラブの角度に注意する。軸足は、つま先を投手板につけたまま踵を上げていき、投手板と平行になるように投手板の前縁に乗せ替えていく。

軸足を中心に身体を回転させ、自由な足を上げていく。軸足の拇指球（足の親指の付け根）を中心にした足の裏全体に重心を移動する。

両足を投手板の上に置き集中する

打者から握りが見えないようにする

軸足が投手板と平行になるようにおく

軸足の母指球を中心に全重心を軸足に乗せる

セットポジション

セットポジションをとる投手は、軸足を投手板に触れて置き、前足を投手板の前方に置いて構える。片方の腕は身体の横に着けて下ろす。捕手からのサインを受け取ったら。この姿勢から一連の動作でセットポジションに入る。

セットポジションに入り両手を合わせたら、投げる方の手は手首から先をグラブの中に入れ打者やランナーコーチから見えないようにしてボールを握り替える。このとき、球種の癖が出ないように注意する。

走者がいる場合はセットポジションで投球するが、近年は走者がいなくてもセットポジションで投球する投手が多くなってきた。それは、セットポジションの方が癖が出にくくコントロールが安定するからだ。

走者がいるときのセットポジションは、クイックで投球するのが一般的だ。クイックができなくては走者に簡単に盗塁されてしまう。クイックも投球技術の一つなのだ。球威を落とさないで素早く投球できる技術を磨くことが重要だ。基本は両膝を内に絞り、パワーをためたまま素早くステップすることだ。ステップの終わりからはワインドアップと同じフォームになる。

軸足を投手板に触れ片手を身体の横に下ろす

前足を大きく上げずすり足で始動する

両膝を内に絞り、素早くステップする

着地してからは同じフォームで投げる

バランスポジション（※7）では、軸足拇指球を中心に重心を乗せ、真っすぐ立つ

コントロールの効いた強くて速いボールを投げるためには、バランスポジションで真っすぐ立ち、大きなパワーをため込むことがとても重要だ。自由な足を大きく上げ、軸足の拇指球重心で、リズムよく、バランスよく立つことで、大きな力が蓄積できる。このとき、軸足は投手板に平行で、少しもずれてはいけない。

軸足の膝を少し曲げ、膝頭をつま先と同じ方向に向け、膝の内側を打者方向に向ける。バランスポジションで、膝がセンター側に開かず、下半身のパワーが生み出されていることが重要だ。

上体には力を入れず、力を抜いた状態で、肩、腕、手首にも余分な力を入れない。下半身始動で動き、左右の腰と両肩のラインが、ホームベースと二塁ベースの一直線上にあり、上半身も下半身も開いていないことが重要で、両目でしっかりと捕手のミットを見ることが大切だ。踵重心にならず、軸足の拇指球を中心とした足の裏全体に重心が乗り、前から見ても横から見ても真っすぐ立てていることが特に重要だ。

（※7）バランスポジション：投手が投球するときに前足を大きく上げ、軸足に全重心を乗せた姿勢

自由な足を大きく上げ真っすぐ立つ

軸足の拇指球重心でリズムよく、バランスよく立つ

軸足を中心に身体を回転させ、自由な足を上げていく

軸足は投手板と並行で、後ろから見ても真っすぐ立つ

上体には力を入れず、肩、腕、手首にも余分な力を入れない

真っすぐ立ち、膝の内側を打者方向に向ける

ステップで自由な足が着地しても重心は軸足にも残す

バランスポジションの姿勢から、軸足の膝を少し曲げながら、腰をひねり、おしりから体重の移動をはじめる。大きく上げた自由な足を下ろしながら、身体を開かないように、地面をするようにステップに移っていくのだ。このとき、注意すべきことは、ここでも下半身始動で身体を使うことだ。

自由な足のつま先、膝、腰を内側にしっかりと閉じ、軸足の膝から内腿に力をためたままステップしていく。前足(自由な足)の内側から着地し、着地した瞬間は下半身も上半身も開かず、ここでもパワーがたまっている姿勢を保つことが重要だ。

ステップによって体重が前足に移動するが、軸足にも重心を残す。ステップの幅は足の六歩から六歩半がちょうどいい。しかし、下半身の柔らかさや強さによって個人差があるので、自分の歩幅を見つけることが大事だ。また、上半身には力を入れず、両腕をしっかりと内側に閉じ、グラブを持つ手の手のひら、肘、肩を開かないことも重要な要素の一つだ。

身体を開かないようにステップしていく

前足が着地しても軸足にも重心を残す

ステップ幅は6歩から6歩半がちょうどいい

お尻から重心の移動をしていく

両腕を内側に閉じ、つま先、膝、肩を開かない

前足の内側から着地する

トップ（※8）では身体のタメと肘の上がりがポイント

バランスポジションで大きく上げた自由な足を下ろし、地面をするようにステップする時点から両腕を割り、テイクバック（※9）に移行する。上半身は、下半身の動きに少し遅れながら付いていく。両腕を割ったら、両肘に余裕を持たせながら、グラブを持つ手を打者方向に向け、投げ手の腕は肘に余裕を持たせたままセンター方向へ向ける。このとき、両手とも親指が身体の方向を向き、両腕が内側に捻られていることが重要。

投げ手を肘から上げていき、肩の高さまで引き上げる。肘に遅れて手首を上げ、最後にボールを引き上げる。引き上げた腕が極端に背中側に入ると肩を痛める原因になるので必ずチェックする。トップでは投げ手の親指が本塁方向に向き、グラブを持つ手の腕が本塁方向に向く。この段階では、まだグラブを持つ手の肩、肘、手首を閉じ、グラブの芯を本塁方向に向ける。ここまでの動きで蓄積されたパワーがすべてたまっている状態になる。トップは、弓が目一杯に引かれた状態に似ている。

（※8）トップ：ステップして一番力がたまっている状態。テイクバックのおわり
（※9）テイクバック：投球ではトップにもっていくまでの初期の動作。逆方向に力をためる動き

トップではパワーがたまっている状態になる

肘を肩の高さまで上げる

両手とも親指を身体方向に向ける

グラブを持つ手を打者方向に向ける

トップでも、つま先、膝、腰、肩を開かない

投げ手の親指が本塁方向を向く

身体の前でリリースする

ボールを長く持ち、身体の前でリリースすることが重要だ。リリース時は人差し指と中指でボールを切り、強烈なバックスピン（※10）を与える。このリリース時に、最大の力を集約させるために、投球モーションのすべてがあるといってもいい。

体重移動と回転で、下半身からの力と腕の振りで増したパワーに、さらに人差し指と中指に力をこめ、ボールに強い力を与える。腕を大きく速く振りきることが重要だ。リリースポイントは常に一定に保つことも重要だ。投げる度にリリースポイントが変わるようではコントロールが定まらない。

ボールを切るとは、ボールをリリースするときに逆回転（バックスピン）を与えること。人差し指と中指の第一関節をボールの縫い目にかけるのは、鋭くボールを切るためで、伸びのある回転の利いたボールを投げるためだ。

投球の最後の詰めであるフォロースルー（※11）でフォームの良し悪しが決まる。前足に重心を乗せ替えて投げることで威力のあるボールが生まれる。体重移動がスムーズにできていれば、フォロースルーは前足一本でバランスよく立てる。

（※10）バックスピン：投手がリリースするときに、2本の指を使ってボールを切り逆回転を与える。その回転のこと
（※11）フォロースルー：投球するときの最後の動き。リリースからの動き

重心を前足に乗せ替える

人差し指と中指でボールを切る

身体の前でリリースする

前足一本でバランスよく立つ

腕を大きく速く振りきる

これまでためたパワーをリリースに伝える

トップから一気に体重移動を行う

ステップによって軸足から前足に重心が少し移動するが、前足に壁をつくり、身体が打者方向に流れないように重心の移動を前足の膝で受け止め、軸足にも重心を残す。ステップが終わっても、前足のつま先、膝、腰、肩が開いてはいけない。

このトップの状態から、一気に体重を前足に移しながら、膝、腰の順に回転させ、それに遅れて肩を回転させる。体重移動と体の回転で、さらに大きくなったパワーを前足の膝から内腿でしっかりと受け止め、ボールに最大のパワーを伝える。こうして、バランスよく体重移動をすることで、投球が簡単になり、より速いボールを投げ込むことができる。

投球や送球の体重移動で一番重要なことは、軸足の股関節から前足の股関節に重心を移動させることだ。股関節が硬いと前足の股関節に重心が移らず、前足の膝が割れてしまう。前足の膝が外側に割れては、ここまでため込んだパワーを逃がしてしまう。また、軸足の膝が割れると腰の回転が使えない。

前足のつま先と膝を本塁方向に真っすぐ向け、軸足の膝と内腿を内側にしぼりながら腰を回転させることで下半身のパワーを最大限に利用できる。軸足はリリースまで地面に着け、ぎりぎりまでねばる。

軸足はリリースまで地面に着け、ねばる

前足の股関節に重心を乗せかえる

軸足の股関節から前足の股関節に重心を移動する

重心の移動と身体の回転をリリースに集約する

トップから一気に体重を移動する

前足のつま先、膝を本塁方向にまっすぐ向ける。トップでは重心を軸足にも残す

3 走者なしのときの投手

12秒以内に投球する

走者がいないとき、投手はボールを受けたら12秒以内に打者に投球しなければならない。12秒以内に投球しないときはボールを宣告される。12秒の計測は、投手がボールを所持し、打者がバッタースボックスに入り、投手に面したときからはじまり、ボールが投手の手から離れたときに終わる。このルールは投手だけでなく、投球を受けた捕手も、速やかに投手に返球することが義務づけられている。また、これを受けた投手はただちに投手板を踏んで、投球位置に着くことが公認ルールに定められている。

特に近年は試合のスピードアップに取り組んでいる。スピード感のある野球が求められているのだ。投手は、捕手からボールを受けたら直ちに投手板を踏んで、素早くサインの交換をして、無駄な時間を使わず投球する。投球間隔の間合いを短くするのも投球技術の一つだ。それによって打者に考える余裕を与えず、的を絞らせないこともセオリーの一つなのだ。

ワインドアップポジションからの投球

投手は打者に面して立ち、その軸足は投手板に触れて置き、自由な足の置き場所には制限がない。この姿勢から、投手は打者への投球に関する動作を起こしたならば、中途で止めたり、変更したりしないで、その投球を完了しなければならない。実際に投球するときを除いて、どちらの足も地面から上げてはいけない。ただし、実際に投球するときは、自由な足を1歩後方へ引き、さらに1歩前方に踏み出すことができる。

投手が軸足を投手板に触れて置き、ボールを両手で身体の前で保持したらワインドアップポジションをとったものとみなされる。ワインドアップポジションにおいては、投手は軸足でない足を投手板の上か、前方か、後方か、または側方に置くことが許される。ただし、アマチュア野球では軸足でない方の足を投手板から離しておくときは、足全体を投手板の前縁の延長線より前に置くことはできない。

セットポジションからの投球

投手は打者に面して立ち軸足を投手板に触れ他の足を投手板の前方に置き、ボールを両手で身体の前方に保持して完全に静止したとき、セットポジションをとったものとみなされる。打者への投球に関する動作を起こしたならば、中途で止めたり、変更したりしないで、その投球を完了しなければならない。

セットポジションをとるに際して、〝ストレッチ〟として知られる準備動作（ストレッチとは、腕を頭上または身体の前方へ伸ばす行為をいう）を行うことができる。しかし、ひとたびストレッチを行ったならば、打者に投球する前に、必ずセットポジションをとらなければならない。

セットポジションに入る前は、片方の手を下に下ろし身体の横に着けておかなければならない。この姿勢から、中断することなく、一連の動作でセットポジションをとらなければならない。投手は投球する前にはボールを両手で身体の前方で保持し、完全に静止しなければならない。

野球規則には、走者がいるときに投手が〝完全な静止〟を怠った場合には、審判員は、ただちにボークを宣告しなければならない。と厳しくボールをとるように書かれている。

反則投球をしたとき

走者なしのときに、投手が反則投球をしたときは、その投球にはボールが宣告される。ただし、打者が安打、失策、四球、死球、その他で一塁に達した場合は除く。

投球動作中に、投手の手から飛び出したボールがファウルラインを越えたときだけボールになるが、その他の場合は投球とみなされない。塁に走者がいるときは、投手板に触れている投手の手からボールが落ちたら、ただちにボークになる。

先頭打者を出塁させない

守りのセオリーでも述べたが、先頭打者を出塁させないのが勝利への鉄則だ。先頭打者を出塁させないために、投手は全力で先頭打者をアウトにしていくことがポイントだ。簡単にフォアボールやデッドボールで出塁させてはいけない。そのための配球をしっかり考えることが重要だ。

一般的に打者は、初球はストレートの甘いボールを待っている場合が多い。初球を変化球から入れば見送るケースが多い。変化球でストライクが取れればボールカウントを有利にしながら勝負することができるのだ。統計的に見ても、バッター有利のカウントから多くのヒットが生まれている。逆に投手有利のカウントなら打ち取れる確率も高くなるのだ。

初球がストライクなら、2球目は厳しいコースを攻める。打者は追い込まれたくないから厳しいコースでも打ってくるのだ。2球目がボールになっても3球目も厳しいコースを攻められるのだ。3球目までに1ボール2ストライクのカウントをつくれれば、ほぼ打ち取れるはずだ。ストライク先行で有利に勝負ができるように試合をつくっていくことが重要なのだ。

打ち気にはやっている打者や強打者はボールから入ることも考えに入れておくことが必要だ。少々のボールでも打ってくるのだ。また、インコースを攻めて踏み込ませない配球をすることも重要だ。インコースぎりぎりのボールをきっちりと投げきれる技術を磨くことが重要だ。

横の変化と縦の変化、それに緩急を交えて投げ分けていけば、そう簡単に連打を浴びることはなくなる。投手は何といっても制球力だ。コースに投げ分けられるコントロールを身につけることが一流投手になれる最短の近道なのだ。

セーフティーバント処理

走者なしのケースでは、セーフティーバントで出塁を狙う打者がいる。特に足が速い選手は、常に狙っている。足の速い選手を塁に出すと厄介だ。投手はセーフティーバント処理の技術を身に付けておくことが重要だ。動きが緩慢でバント処理ができなくては投手として失格だ。バントでかき回され崩されてしまう。

三塁線にバントされたら素早くマウンドを下り、早くボールに追いつくことが重要だ。低い姿勢のまま両手で身体の正面で打球を処理し身体を浮かさない。捕球から送球は、低い姿勢のまま前足を一塁方向に真っすぐ出し、軸足から前足に重心を移動して上から下に腕を振りきって素早く送球する。

ピッチャーゴロの処理

バッティングはピッチャー返しが基本だ。ということは、打者が基本どおりのバッティングをすれば投手方向に飛んで来る打球が多くなるということだ。実際の試合でも投手の守備機会は多い。フィールディングが上手いとセンターに抜けそうな打球でも捕球してアウトにすることもできる。投手は投げ終わったら野手と同じなのだ。そのことをしっかりと自覚し、投げるだけの投手にならないようにしよう。

ピッチャーゴロはいろいろな打球があるが、捕りさえすれば、または打球を下に落としさえすれば、一塁まで近いのでアウトにできるはずだ。投球したら打球に備え守備態勢をとることがポイントだ。簡単なゴロは、足を使って身体の正面で、腰を落としてしっかりと捕球する。簡単なゴロほど丁寧に捕球することが重要だ。

ライナーやセンターに抜けそうな強いゴロは、シングルハンドで捕球するか、グラブに当てて真下に落とす。一塁送球はどんなときも、前足を一塁方向に踏み出し、軸足から前足に重心を移動してしっかり投げる。上体だけで投げたり、ふわっとした送球をするとコントロールがつかず悪送球になることが多い。

一、二塁間のゴロの一塁ベースカバー

投手は自分より左方向に打球が飛んだら、必ず一塁ベース方向にスタートを切る。これは投手の基本プレイの一つだ。一、二塁間にゴロが転がったら、投手は一塁方向に回り込み、一塁手の捕球を確認しながら一塁ベース手前でラインと平行になるように走る。捕球体勢ができたら声をかけ、トスをもらいたいところにグラブを構える。一塁手との声の連携でプレイの精度を高めることが大切だ。

ベースの手前で一塁手からのトスを捕球し、捕球後にベースを踏む。捕球とベースを踏むことを同時にしないようにする。同時に二つのことをするとプレイが難しくなり捕球できない。またはベースが踏めないなどのミスが起きやすくなる。シングルハンドで捕球し、落球しないようにグラブをしっかり閉じベースはなるべく右足で踏み走者との交錯を避ける。ベースを踏み終わったら、フェアグラウンド内に回り込む。これも走者と交錯しないためだ。

4 走者一塁のときの投手

セットポジションで投球する

走者がいるときは、セットポジションで投球する。投手板を踏んでサインの交換をしたら、一連の動作でセットポジションの姿勢をとる。投手はこの姿勢から、けん制しても打者に投球してもいいが、打者に投球するときは、いったん静止しなければいけない。

0アウトならバントを警戒

0アウトで走者一塁のケースは、送りバントがセオリーだ。多くのチームが送りバントを選択してくる。投手は送りバントに対する対策が必要なのだ。対策はいろいろあるが、一番簡単なのは、バントをさせてアウトカウントを増やす方法だ。ストライクゾーンにストレートを投げてバントをやらせるのだ。三塁手も一塁手もバントに備えているので、高い確率でアウトが取れる。早い回で、アウトを一つ取って落ち着きたいときはあえてやらせる方がいい。

試合も終盤になり、走者に二塁に進まれたくないときは、バントをやらせて二塁でフォースアウトを狙うかバントをさせないピッチングも必要だ。バントをやらせてフォースアウトを狙うプレイは、野手と協力して対策する。バントのやりにくい内角高め、または外角低めを攻めて野手または投手の正面にバントさせる。正面の強い打球なら二塁でフォースアウトにできるのだ。投手はバントを処理して二塁へ送球するプレイの練習を積み重ねておくことが重要だ。バント処理ができない投手は簡単にかき回され崩されてしまうのだ。フィールディングが上手いことも好投手の条件だ。

バント処理から二塁送球は、打球を待って前足を後ろに引きながら捕球するのではなく、素早く前に出て両手で捕球することだ。捕球したら軸足を一歩前に踏み出して直角に二塁方向に向ける。前足を二塁方向に真っすぐ出し、軸足から前足に重心を移動して送球する。この一連の動作が素早くできなければ走者を二塁でアウトにすることは難しい。

バント処理は、二塁でフォースアウトにするつもりで打球に向かい、捕球したら二塁を見て、二塁が間に合わないと判断したら一塁に送球に切り替える。必ず一つはアウトを取ることが重要だ。また、送球位置の判断は、捕手からの指示を優先する。

バントをさせないピッチングは、ストライクゾーンより少し高めに速いボールを投げてフライを上げさせる。外角低めにスライダーを投げてファウルにさせる。内角低めに投げてファウルにさせる。落ちるボールで空振りさせる。などの配球を組み合わせて追い込むとバントをさせず打ち取ることが可能になる。

また、野手との連携で、外角真ん中の走者からはストライクに見えるボール球を投げて、大きく離塁した走者を捕手からの送球でアウトにするプレイもある。

走者一塁のときのピッチャー前小フライ

バントがピッチャー前の小フライになったら、走者が走っていなければショートバウンドで捕って一塁に送球し、まず、打者走者をアウトする。それから、一塁走者を一、二塁間に挟んでアウトにする。走者が走っていたら直接ノーバウンドで捕ってゲッツーを成立させる。バントがフライになったら二つのアウトが取れるのだ。

走者一塁のときの三塁前のバントは三塁ベースカバーを怠らない

走者一塁で打者が三塁線にバントしたら、三塁手が前に出て処理するのが一般的だ。三塁手は捕球して一塁送球という動きになる。そうすると、三塁ベースが空くのだ。そこをカバーするのが投手の役目だ。三塁手の動きを見て、　三塁手のバント処理の邪魔にならないコースを見極めて三塁ベースに素早く行くことは、当たり前のプレイなのだ。ただし、このプレイは簡単なようで、そうではないのだ。三塁線のバントは、投手も積極的に捕りに行って、アウトにできるようなら投手が処理するのも基本の一つだ。投手も三塁手も打球処理を第一優先にしてプレイをするからだ。そこで起きるのが、譲り合ったり、両方が捕りに行ったりするミスなのだ。

投手は自分が処理してアウトにできると思ったら、大きな声を出し、三塁手を制することが重要なのだ。また、三塁手が大きな声を出し処理する意思を伝えてきたら、三塁手に任せてベースカバーに行くのがセオリーなのだ。三塁線のバントを処理して一塁に送球するバント処理の技術を身に付けておくことは投手としての重要な要素の一つだ。

走者一塁のときにヒットを打たれたら

走者一塁のときのヒットエンドランでヒットを打たれたときや、ヒットエンドランでなくてもライト前ヒットを打たれたときは、一塁走者は三塁へ走って来ることが多い。投手は外野から三塁への送球が逸れたり、悪送球になったりすることに備えて、三塁ベースのバックアップ（※12）をすることも投手の役割の一つだ。

どんなにボールが横に逸れても、あるいは三塁手が飛びついても捕れないような高いボールが来てもバックアップをしなければいけない。その対策は、三塁手から距離を取ってバックアップする

（※12）バックアップ：野手の背後に回り込み、悪送球やエラーに備えること

ことだ。距離がとれていれば、大きく逸れても対応できるはずだ。

普段の練習から大きく距離をとる習慣を付けておかないといきなりは対応できない。また、どのくらい距離を取ればいいかも判断できない。練習で距離感をつかみ、三塁手が捕れない悪送球がきたら、前に行って捕球し、次のプレイに備えるくらいが丁度いいのだ。

走者一塁のとき長打を打たれたら、バックアップに回る

走者一塁で長打を打たれたら状況判断が必要だ。三塁バックアップか本塁バックアップかだ。とりあえず、三、本間の真ん中付近のファウルエリアで様子を見る。守りのフォーメーションがバックサードなら三塁ベースのバックアップに向かう。バックホームならホームのバックアップに向かうのだ。プレイは常に動いている。状況によって返球位置が変わってくるのだ。その状況に合わせたバックアップをするのが投手の役目だ。

走者一塁のときの一、二塁間のゴロ

走者一塁、一、二塁間にゴロが転がったら一塁手は打球処理に向かう。一塁手が捕って二塁送球、二塁ベースに入った遊撃手からゲッツーを取るために一塁に転送されて来るのだ。このケースは投手

が一塁ベースに入って、転送されたボールを捕って、ゲッツーを成立させるのがセオリーだ。

一塁けん制

一塁けん制には二つの方法がある。投手板を外さずにけん制する方法と投手板を外してけん制する方法だ。投手板を外さずに投げるけん制は投げなければボークになる。また、投げる前には必ず前足を一塁方向に踏み出さなければならない。自由な足の向きを変えたり、ちょっと上にあげて回したり、または踏み出さずに身体の向きを変えるだけで送球したらボークになる。

投手板を外して投げるけん制は、投手板の後方に軸足を外すことが定められている。この場合は投げなくてもボークにはならない。ただし、このときは両手を離さないとボークになる。投手板を後方に外した場合は、内野手とみなされ投げてもいいし、投げなくてもいい。また、前足を一塁方向に踏み出さなくてもいいのだ。

人にはそれぞれ癖があり、けん制をするときも、そのときの癖が出る。その癖を見破られると簡単にいいスタートを切られてしまう。癖の無いけん制ができるように技術を磨くことが重要だ。また、注意することは、投手板を踏んでいるときにボールを落としたらボークになるということだ。走者がいないときはボークにはならないが、走者がいるときはボークになることをしっかり頭に入れておこう。

一塁けん制で走者を挟んだら一塁手が走者を追う。空いた一塁ベースは投手がカバーすることもセオリーの一つだ。

ピッチャーゴロ、セカンドゲッツー

0または1アウトでのピッチャーゴロは、簡単にゲッツーが取れるはずだ。慌てることなく確実なプレイを心掛けることが基本だ。

速い打球を捕球したときは、野手が二塁ベースに入りきれていないはずだ。捕ってすぐ投げると思わぬミスを犯す確率が高くなる。そのときはステップを踏んで野手にタイミングを合わせて送球するのがセオリーだ。

捕ってすぐ投げて、「ミスが起きたら二塁ベースに遅れる野手が悪いんだ」という考えで野球をやっていては、野球技術はアップしないしチームワークも生まれない。ピッチャーゴロは確実なプレイさえすれば簡単にゲッツーが取れるのだ。

内野ゴロを打たせてゲッツーを取る

バッティングは普通に考えれば、右打者の場合はインコースは左方向に、アウトコースは右方向に打球が飛ぶはずだ。左打者は方向が逆になる。また、高めはフライに低めはゴロになりやすのだ。なので、内野ゴロを打たせるためには、低めに投げて上から叩かせるのだ。

右打者の場合は、三塁手や遊撃手方向にゴロを打たせたいので、インコースを攻めるのが基本だ。インコース低めだと打者は打ってこない場合が多いので、真ん中低めに投げると手を出してくるはずだ。また、スライダーをひっかけさせてゴロを打たせる配球もある。ただし、打者もいろいろなことを考えバッターボックスに立っている。打者を観察することも重要なことなのだ。打者の動作で狙いが分かることがある。

5 走者二塁のときの投手

0アウト二塁のときのバント処理

攻撃側は1アウト三塁の状況をつくれば得点を取れる確率が高くなる。一般的には0アウト二塁のケースでは送りバントで走者を三塁に進めるのがセオリーだ。投手は0アウト二塁のときのバント処理ができることがとても重要なのだ。

打者がバントの構えをしたら、三塁線にマウンドを下りて三塁線のバントに備えるのがセオリーだ。打者は三塁手に捕球させようと三塁線にバントをするのもセオリーだ。

ただし、近代野球のセオリーは三塁線にバントするだけではない。第7章の打者の知識で詳しく述べるが、どこに転がせば一番高い確率で送りバントが成功するかを考え選択するのもセオリーなのだ。

投手は、三塁線にバントされた打球を処理して、三塁で二塁走者をアウトにできることがベストだ。三塁はタッチプレイになるので、確実にアウトにできるタイミングでなければ三塁送球をあきらめ打者走者を一塁でアウトにするのもセオリーだ。オールセーフにしてしまうとピンチは大きく広がり、ビッグイニング（※13）をつくられてしまう可能性が高くなる。

また、バント処理ができないと投手前にバントされ、簡単に走者を進められてしまう。素早く打球に追いつき、素早く捕球し、素早く正確に送球できる技術を身につけることが重要だ。

技術的には低い姿勢で、両手で捕球し、軸足を三塁方向に直角に向け、上体を起こさず、目の高さを変えないで送球すれば正確に素早く投げられるはずだ。

素早く打球に追いつく

重心を落とし、両手で捕球する

軸足を直角に三塁方向へ向け素早く送球する

（※13）ビッグイニング：大量点が入ったイニングのこと

0または1アウト二塁のときのピッチャーゴロ

0または1アウト二塁のときのピッチャーゴロは、捕球したら二塁走者を見て、走者を二塁ベースにくぎ付け（※14）にしてから一塁に送球する。

二塁走者が飛び出していれば、二塁に送球してアウトにする。また、大きく飛び出していれば、走者に近い方のベース方向に走って行って、すぐにはベースに戻れない中間の距離まで追い出し、二、三塁間に挟んでアウトにする。走者に近いベース方向に走って追い出すのは、ベースに戻れなくするためだ。

0または1アウト二塁のとき一、二塁間のゴロ

自分の左方向に打球が飛んだときは、どんな状況でも一塁ベースに向かってスタートを切ることが鉄則だ。0または1アウト二塁のときも同じだ。

一塁手が捕球し投手にトスして打者走者をアウトにするプレイは、走者なしのときと同じだが、走者がいるときは、ベースを踏んで走者を見ることがセオリーなのだ。このとき、二塁走者は三塁に進んでいるはずだ。隙を見せるとそのままホームに走られ得点を許すことになる。

（※14）走者をくぎ付け：走者がベースから離れられないようにすること

走者二塁のときのカバーリング

走者二塁でシングルヒットを打たれたら、バックホームに備えて捕手のバックアップをするのが投手の役割だ。バックアップはホームベースから大きく離れ、どんなに送球が逸《そ》れてもカバーできる位置で守るのがセオリーだ。

0または1アウトで大きな外野フライを打たれたら、三塁ベースのバックアップをするのも投手の役割だ。捕球した外野手と三塁ベースの延長線上で大きく離れてバックアップすることが重要だ。

また、投球を捕手が逸らしたときはホームベースが空く。二塁走者が一気にホームを狙うこともある。このとき、ホームベースをカバーするのも投手の役目だ。

二塁けん制

二塁けん制は、二塁ベース方向に直接ステップすれば偽投してもいい。また、軸足を投手板の後方に外せば、ステップしないで投げても、偽投でもいい。軸足を外さないで塁方向へステップすれば偽投が許されるのは二塁だけで、一塁と三塁への偽投はボークになる。

右投手も左投手も二塁けん制は、右回りでも左回りでも自由な足を二塁方向に直接踏み出せば、投げても投げなくてもいい。

6 走者三塁のときの投手

スクイズの対応

0または1アウトで走者三塁のときはスクイズ警戒だ。特に終盤で競っているときは、かなり高い確率でスクイズをしてくると考えられる。ベンチの動き、打者のしぐさ、走者の動き、相手ベンチの声の出し方などを観察すると、いつもと違う動きになることがある。そんなときは高い確率でスクイズのサインが出ていると思っていい。大きく外してスクイズをさせない投球をすることが基本だが、外すかどうかは一般的には捕手からのサインだ。捕手も気がついて「外せ」のサインなら問題ないが、「外せ」のサインが出ていなくても外したいときがある。投手から捕手へのサインを決めておくことも必要だ。

警戒していても、外してばかりではカウントを悪くして打者有利になり、フォアボールになったりヒットを打たれたりで失点する確率が高くなる。スクイズ警戒のときは早めに追い込むことが鉄則だ。追い込んだらスクイズのサインが出しにくくなるのだ。

スクイズされたら、素早くマウンドを下り、ぎりぎりのタイミングならグラブトスで余裕があるなら握り替えてトスする。いずれも本塁方向に小さく回り込んで本塁方向への動きをつくることが重要だ。本塁方向に身体が動いていればグラブトスも持ち替えてのトスも簡単になる。持ち替えてのトスは手のひらを使い押し出すように送球する。手首を使うとボールが浮いてコントロールが付きにくい。送球方向の流れができているのでそのまま離せばいいだけだ。

グラブトスも送球方向の流れができているので、グラブの先でつかみそのまま渡すように腕を

素早く打球に追いつき本塁方向への動きをつくる

グラブの先で捕球する

手首を使わず、腕を振ってそのままグラブトスする

振って離せばいい。捕球してグラブを引いたり、手首を使ったりだとコントロールが付かない。グラブトスも持ち替えてのトスもしっかり練習して技術として習得しておくことが重要だ。

0または1アウト三塁のときのピッチャーゴロ

0または1アウト三塁のときのピッチャーゴロは、捕球したら三塁走者を見て、走者を三塁ベースにくぎ付けにしてから一塁に送球する。必ず走者を見て、リードを大きく取らせないことが重要だ。

三塁走者が飛び出していれば、三塁に送球してアウトにする。また、大きく飛び出していれば、三塁方向に走って行って、すぐにはベースに戻れない中間の距離まで追い出し捕手に送球して、三、本間に挟んでアウトにする。ベース方向に走って追い出すのは、三塁ベースに戻れなくするためだ。

0または1アウト三塁のときの一、二塁間のゴロ

一塁手が捕球し投手にトスして打者走者をアウトにするプレイは、走者なしのときと同じだが、三塁走者は一塁手が投手にトスした瞬間にスタートを切るときがある。それは、投手が三塁走者に背中を見せて走っているため、スタートを切る瞬間が見えていないからだ。このケースで投手

は、ベースを踏んでフェアブランドに回り込んでいる余裕はないのだ。ベースを踏んで打者走者をアウトにした瞬間に反転して、素早く走者を見ることがセオリーなのだ。それもホームに送球できる体勢でだ。三塁走者がホームに走っていれば、そのまま送球して失点を防ぐことが重要なのだ。

走者三塁のときのカバーリング

走者三塁で捕手がボールを逸らしたら、素早くホームベースに走りこんでホームベースを守るのが投手の役目だ。ベースカバーが遅れると簡単に得点を許してしまう。全力でホームベースに向かうのがセオリーだ。

０または１アウトで外野フライを打たれたら、走者はタッチアップでホームを狙うはずだ。このときは、ホームのバックアップをするのが基本だ。ボールが逸れたら１点取られ、走者もいないのだからバックアップの意味がないと思うかもしれないが、走者はアウトになると思って三、本間で止まることだってあるのだ。そのときバックアップしていれば、次のプレイでアウトにできる可能性が残るのだ。野球は何が起こるか分からないのだ。何が起きても対応できる準備をしておくことが重要だ。

0または1アウト三塁のときの投球

このケースでベストなのは三振を取ることだ。内野が前進守備を敷いていれば内野ゴロも抜けやすいのだ。外野フライを打たれたら1点取られてしまう。三振か平凡な内野フライで打ち取るピッチングをしよう。

外野フライを打たれない配球は、低めに投げることだ。追い込んでからストライクゾーンからボールゾーンに落ちて行く変化球が投げられれば、空振り三振が取れるはずだ。また、高めのボールゾーンに速い球を投げられれば、空振りか内野フライに打ち取れる確率が高いのだ。

セーフティースクイズの対応

セーフティースクイズは上手く転がされたら防ぐのが難しい。打者はストライクだけを狙ってやってくるので、ライン際や野手のいないところに転がせる可能性が高い。野手が前もって準備していれば別だが、投手が処理しないと阻止するのが難しいだろう。

特にこの場合はタッチプレイになる。投手のフィールディング技術で防ぐしかないのだ。早くボールに追いつく技術、ボールの握り替えとトスの技術、グラブトスの技術を磨いておくことが重要だ。セーフティースクイズは、2アウトからでもあることを頭に入れておこう。

7 走者一、二塁のときの投手

0アウトなら送りバント警戒

0アウト一、二塁のときは送りバントで走者を二、三塁に進めるのが攻撃側のセオリーだ。守備側は1アウト二、三塁にされたくはないのだ。バッターは三塁手に捕らせようと三塁線にバントをしてくるのもセオリーだ。それは三塁手が前に出て捕球すれば二塁走者は楽々三塁に進めるからだ。

投手は投球終了と同時に、打者がバントの構えをしたら三塁側に素早くマウンドを下りてバントに備えるのがセオリーだ。このケースは、三塁がフォースプレイ（※15）になるので上手く処理できればアウトにできる可能性が高いのだ。

技術的には走者二塁のときのバント処理と同じだ。捕球と同時に軸足を直角に三塁ベースに向け、前足を真っすぐ三塁方向に出し、上体を起こさず素早く送球すればアウトにできるはずだ。

（※15）フォースプレイ：打者が打つかバントしたため押し出された走者をアウトにするプレイ

ここでの送球は、ベースに入った三塁手の正面でベルトの高さに正確に送球することが重要だ。そうすれば、三塁手は伸びて捕球できるからだ。

走者一、二塁のピッチャーゴロはセカンドゲッツーがセオリー

0または1アウトでのピッチャーゴロは二塁に送球し、セカンドゲッツーを取るのが基本だ。それは三塁に投げて二塁走者をアウトにし、そこから一塁転送だと二塁から一塁より距離が長いためゲッツーが取りにくいからだ。

統計的に見ても1アウト一、二塁より2アウト三塁の方が点が入りにくいのだ。技術的には走者一塁のときのセカンドゲッツーと同じだ。注意することは、二塁ベースに入る野手にタイミングを合わせて送球することだ。

走者一、二塁でヒットを打たれたときのバックアップ

走者一、二塁でヒットを打たれたらホームのバックアップに回るのがセオリーだ。走者二塁のときと同じだ。この状況でバックホームのボールが逸れ、バックアップした投手が捕球したら、一塁走者の三塁進塁を防ぐため、素早い動きをすることが重要だ。一塁走者が三塁に走っていて、アウトに

できると思ったら、三塁方向にステップをして素早く低く強いボールで、三塁手が捕球してタッチしやすい位置に送球できなければいけないのだ。三塁が間に合わないと判断したら、打者走者の二塁進塁を防ぐことも重要なことだ。打者走者が二塁に向かっていれば、二塁に送球するが、このとき大遠投で直接送球してはいけない。基本は一塁手または二塁手がマウンド付近まで近づいて中継に入っているはずだ。その内野手に送球して、中継した内野手が二塁ベースに入った遊撃手に送球してアウトにするのがセオリーなのだ。

直接投げると距離が長い分だけ悪送球になりやすく、また、悪送球にならなくても中継をしないので、遊撃手が捕球するまでに時間がかかる。三塁に到達した走者にホームを狙われるリスクも起きるのだ。投手は、ただバックアップをしてボールを捕球すればいいのではない。次のプレイをするためにバックアップをするのだ。そのことをしっかりと理解して、次のプレイのための準備をしておくことが重要だ。

このケースで長打を打たれたら、二塁走者の本塁生還は防げない。走者一塁のケースと同じで、一塁走者がホームを狙ったときのバックアップか打者走者が三塁を狙ったときのバックアップに切り替えるのだ。常に状況は動いている。周りの状況がしっかり把握できていることが重要なのだ。

8 走者一、三塁のときの投手

0または1アウトのときのピッチャーゴロ

1アウト一、三塁のピッチャーゴロは、三塁走者がホームにスタートを切っていてもセカンドゲッツーでチェンジ（※16）にするのがセオリーだ。ピッチャーゴロで簡単にゲッツーが取れないようでは野球にならない。普段の練習が足りないのだ。

それでは、0アウト一、三塁のときのピッチャーゴロはどうするかだ。この場合は、得点差、イニング（※17）などによって判断が違ってくる。得点を与えたくない状況で、三塁走者がホームにスタートを切ったら三塁走者をアウトにすることを優先する。ただし、このケースでは早くアウトにして一塁走者に三塁へ進まれないことが重要だ。投手は、ピッチャーゴロを捕球したら、ホームへスタートを切った三塁走者を三塁へも戻れずホームへも進めない三、本間の中間の距離まで追い出して、ホームベース上の捕手に送球する。捕手が三塁ベースの手前まで全力で走者を追って行き、三塁手に送球してワンプレイでアウトにすることが基本だ。そうすれば一塁走者に三塁まで進まれる

（※16）チェンジ：スリーアウトを取り攻守が代わること
（※17）イニング：試合の回。攻撃と守備の一区分

ことはない。また、一塁走者が三塁へ進もうとしていれば、二、三塁間に挟んでアウトにすることも可能だ。常に次のプレイがあることを全プレイヤーが意識していることが重要なのだ。投手は、捕手に送球したらホームに走って行きホームをカバーすることを忘れてはいけない。

得点を与えてもいいからアウトカウントを増やしたいときは、セカンドゲッツーで二つのアウトを取ることもセオリーの一つだ。それはどんなケースかといえば、試合の終盤で２点差以上リードして勝っているときなどだ。１点やってもいいから、アウトカウントを増やし試合を早く終わらせたいときだ。

また、０アウト一、三塁で三塁走者がスタートを切らずセーフティリードの位置で様子を見ていたら、まず三塁走者を見て、スタートを切るのを目で制して、二塁に送球してゲッツーを狙うのだ。投手が二塁に投げると同時に三塁走者がスタートを切っても、二塁ベースに入った遊撃手から本塁送球すれば三塁走者をアウトにできるのだ。三塁走者がスタートを切らなければ、遊撃手は一塁に送球してゲッツーを取ればいいのだ。

走者一、三塁のときの重盗対策

一、三塁での重盗対策は、事前に捕手と内野手との取り決めが大切だ。捕手からのサインで動くようにしよう。重盗対策は、捕手から二塁への送球を、投手がカット（※18）、二塁手が投手と二

（※18）カット：ここでいうカットとは、遠くへ投げられた送球を中継のため途中で捕球すること

塁ベースの中間点まで割って入ってきてカットまたはスルー、遊撃手が二塁ベースに入り三塁走者が走っていれば前に出て捕球しホームへ送球の3つが基本だ。

投手が絡む場合は、捕手は投手の頭上、投手がジャンプして捕れるくらいのところに投げてくるはずだ。投手はその送球を捕球して、三塁走者が飛び出していれば、素早く三塁手に送球してアウトにするプレイなのだ。

走者一、三塁のとき一、二塁間のゴロ

どんなときも自分の左方向に打球が飛んだら、一塁ベースに向かってスタートを切るのがセオリーだ。一塁手が捕球してセカンドゲッツーなら、投手は一塁ベースに素早く走って行きベースを踏んで二塁からの送球を待つのだ。

0アウトからのプレイで三塁走者が残っているときは、三塁走者がタイミングを見計らってホームに突っ込むことがある。捕球した投手は油断せず、次のプレイに備えることが重要なのだ。

走者一、三塁のときのけん制

一塁けん制は、投手板を外さないときは、一塁方向に自由な足を踏み出して送球しなければな

らない。ただし、一塁走者が二塁に走り出し、一塁走者をアウトにするためのけん制なら、投手板を外さないで、直接二塁に送球することができる。これは一塁走者をアウトにするためだけに許されているルールだ。走者がいない二塁に送球したり、送球する真似（偽投）をしたらボークになることを覚えておこう。

一塁にけん制して、一塁走者を挟んだら、一塁走者を確認しながら一塁走者を追う。投手は空いた一塁ベースをカバーすることが基本だ。一塁手が三塁走者を追っているときに、三塁走者がホームに向かったら、三、本間のランダウンプレイになる。そうなったらホームに全力で向かいホームベースをカバーするのだ。

走者一、三塁のときの攻撃側の作戦を理解しておく

走者一、三塁のときの攻撃側は、いろいろな作戦が使える。それを知っているのと、知らないのでは大きな差が出てしまう。前もって心の準備ができていないと思わぬミスを犯すことになるのだ。

考えられるのは、０または１アウトならスクイズがある。スクイズをされたとき、なんとしても１点を防ぐ守りをするか、ホームがぎりぎりなら無理をせず一塁に送球してアウトを一つ増やすか、状況によって違ってくるので、その判断ができることが重要だ。

一、三塁ではヒットエンドランを使ってくる場合もある。この場合は、一般的には一塁走者と打者

だけのヒットエンドランだ。一塁走者が走ると、重盗対策で二塁手が投手と二塁ベースの中間地点に回り込み、遊撃手が二塁ベースに入る。そうなると一、二塁間と三遊間が大きく空くのだ。打者は転がしさえすればヒットになる確率が高くなる。内野手が早く動き過ぎないよう事前に打ち合わせをしておくことも重要なことだ。

また、三塁走者もスクイズと同じようにスタートを切るヒットエンドランもある。軟式野球ではよく使われる作戦だが、打者は転がしさえすればいいので防ぐのが難しい。さらにはセーフティースクイズも守備側にとっては防ぐのが難しい作戦だ。予め前進守備を敷いてスクイズに備えていないとホームでアウトにするのは難しい。打者は送りバントと同じようにストライクだけを、それも野手のいないライン際、または野手と野手の間に転がしてくる。投手のバント処理の技術、フィールディング技術でアウトにするしかないのだ。

9 走者二、三塁のときの投手

0または1アウトのときのピッチャーゴロ

0または1アウト二、三塁でのピッチャーゴロは、三塁走者はスタートを切っていないはずだ。投手は、捕球したら三塁走者を見て、三塁ベースにくぎ付けにして一塁に送球して打者走者をアウトにするのが基本だ。このケースは十分に余裕があるので、三塁走者を見るという行為が重要なのだ。

0または1アウトのときの左方向のゴロ

左方向に打球が飛んだら一塁方向にスタートを切るのはどんな状況でも同じだ。0アウトまたは1アウト二、三塁のときは様々なプレイが考えられる。一、二塁間のゴロを一塁手または二塁手が捕って一塁ベースカバーの投手に送球するプレイは、三塁走者がスタートを切っているか、様子を見ながらタイミングを見計らってスタートを切るか、三塁ベースに留まっているかで投手のプレイが違ってくる。

三塁走者がスタートを切り、ホームでアウトにすることができないと判断した野手が打者走者をアウトにしようと、一塁ベースに入る投手に送球してきたときは、送球を捕球し、一塁ベースを踏んで打者走者をアウトにする。アウトにしたら素早く三塁方向を向いて、二塁走者の動きを確認することが重要だ。足の速い走者や隙を突くのが上手い走者なら、投手の動きを見ながら本塁突入を狙っているのだ。投手がもたもたしていると一気に二塁走者の生還を許すことになる。

三塁走者が様子を見ながらタイミングを見計らってスタートを切るのは、打球を捕球した野手が投手に送球するタイミングのときがほとんどだ。投手は三塁走者に背を向けて走っているので、その瞬間が見えていない。野手との声の連携が必要だが、投手は予め三塁走者がタイミングを見計らってスタートを切ってくることが頭に入っていることが重要だ。その準備ができていれば、送球を捕球し一塁ベースを踏んで、振り向きざまホームへ送球できるはずだ。三塁走者が留まっていれば、確実なプレイに徹すればいいのだ。打者走者をアウトにして、三塁走者の動きを見ることが重要だ。

投手は三塁走者に背を向けて一塁ベースをカバーに行くが、それだけではいけないのだ。目では見えていなくても、周りの状況が分かっていなければいけないのだ。具体的には、一塁手や二塁手の動きと同時に、三塁走者や二塁走者がどんな動きをしているかが分かっていなければいけないのだ。

走者二、三塁から様々なケースでの投手の対応

0または1アウトからの外野フライなら返球位置のバックアップに回り込む。一般的には三塁走者がタッチアップをするのでホームのバックアップだが、センターフライで二塁走者もタッチアップするときがある。判断力のある中堅手ならホームが間に合わないと判断したら三塁に送球する場合がある。この場合は三塁のバックアップに回るのだ。1アウト二、三塁で三塁走者の生還より二塁走者を早くアウトにすれば得点も防げるのだ。

走者二、三塁でヒットを打たれたら二塁走者がホームを狙うはずだ。投手はホームのバックアップに回るのが基本だ。長打を打たれたら二人の走者の生還は防げない。打者走者の状況を見ながら、三塁へ進むようなら三塁ベースのバックアップに回るのが基本だ。ワイルドピッチやパスボールならホームベースをカバーする。また、スクイズを外したときや内野ゴロで内野手が本塁送球して走者を三、本間に挟んだときもホームベースをカバーするのが投手の役目だ。

0または1アウト、二、三塁のときの攻撃側の作戦を頭に入れておく

0または1アウトのときの攻撃側は、まず1点をとるための攻撃を仕掛けてくるのが一般的なので、走者三塁のときと同じだが、注意しなければいけないのは一気に二塁走者も還すための作

戦を取ってくることがある。その代表的な例がツーランスクイズ（※19）だ。

ツーランスクイズは投手や野手がバントを捕球したときに、二塁走者は三塁ベースを回っていないとホームは間に合わない。走者が回っていれば声の連携で一塁に送球せず三塁走者をアウトにすることができるのだ。また、ツーランスクイズがあることが分かっていなければ、二塁走者が三塁を回っていても、周りの声が耳に入らず一塁に送球してしまうのだ。

（※19）ツーランスクイズ：三塁走者だけではなく二塁走者も生還させるためのバント作戦

10 走者満塁のときの投手

早めに追い込む

投手が打たれるパターンの一つは、ボールカウントを悪くしてストライクを取りにいったときだ。満塁のときは2球目までにストライクを取ることが重要だ。2ボールにしてしまうと苦しくなる。そうなると3球目はストライクを取りにいかざるを得ないので、少々甘いコースでの勝負になる。バッターは必ずストライクが来ると思って次のボールを待つので打たれる確率が上がるのだ。初球から得意なボールでストライクを先行させ、3球目までに1ボール2ストライクのカウントをつくれれば、打ち取れる確率はぐんとアップする。

0アウト満塁は三振を取りにいく

試合展開によって、どう打者に立ち向かうかは違ってくる。0アウト満塁のときは三振を狙いたいのだ。特に僅差の終盤は1点もやりたくない。外野フライも打たせたくないのだ。できるだけ三振を取ってアウトカントを増やしたいのだ。

内野守備陣は1点もやりたくないので中間または前進守備を敷いているはずだ。この守備態勢はヒットゾーンが広くなっている。前に出ている分。強いゴロだと内野手の間を抜けやすく、また、当たり損ねのフライでも内外野の中間に落ちやすいのだ。

1アウトのときは内野ゴロを打たせる

1アウト満塁のときは、内野ゴロを打たせてゲッツーを取る。ゲッツーが取れれば最高だ。一気に流れを持ってくることもできるのだ。

内野ゴロを打たせるためには、低めを丁寧につくことが重要だ。右打者なら、緩急を付けた緩いボールで泳がせ三塁方向にひっかけさせる投球もある。また、落ちるボールでボールの頭を叩かせ、ゴロを打たせるピッチングも効果的だ。

0または1アウトのときのピッチャーゴロ

0または1アウト満塁のときのピッチャーゴロは、迷わずホームゲッツーだ。投手は、捕球したら素早く捕手に送球し1-2-3のゲッツーを取るのが基本だ。

1アウトだからといって二塁へ投げてはいけないのだ。それは、ゲッツー崩れ(※20)でも得点が入らないということと、遊撃手、二塁手が二塁ベースに入るより捕手がホームベースに入る方が早く、投手も向いている方向に送球できるので、時間的にも早く、半回転もしなくていいので確実に送球できるのだ。

走者満塁から様々なケースでの投手の対応

0または1アウトからの外野フライは、走者二、三塁のときと同じで返球位置のバックアップに回り込む。基本的には三塁走者がタッチアップをするのでホームのバックアップだが、センターフライで二塁走者もタッチアップするときがある。このとき、中堅手が三塁に送球すれば三塁のバックアップに回るのだ。

ヒットを打たれたらホームのバックアップに回るのが基本だ。長打を打たれたら二人の走者の生還は防げない。一塁走者と打者走者の状況を見ながら、ホームまたは三塁ベースのバックアッ

(※20)ゲッツー崩れ:2つのアウトを狙ったプレイで、2つ目のアウトが取れないこと

プに回るのが基本だ。ワイルドピッチやパスボールならホームベースをカバーする。また、スクイズを外したときや内野ゴロで内野手が本塁送球して走者を三、本間に挟んだときもホームベースをカバーするのが投手の役目だ。

満塁のときの攻撃側の作戦を頭に入れておく

０または１アウト満塁のときの攻撃側は、走者が詰まっているので動きにくいのだ。考えられる作戦はスクイズだが、守備側はホームがフォースプレイになるので守りやすい。投手はスクイズしにくいカウントで勝負できるように早めに追い込みたいが、安易にストライクを取りに行くと長打を打たれ大量点を取られることになる。細心の注意をはらってアウトを取ることが重要だ。こんな状況を踏んばれるかどうかで投手の真価が問われるのだ。

スクイズされたら、落ち着いて処理しホームでアウトを取ればいいのだ。ホームが間に合わないときは一塁に送球し、打者走者をアウトにすることも大事だ。必ず一つはアウトを取り、ビッグイニングにしないことも大事だ。また、ツーランスクイズがあることも頭に入れておこう。ツーランスクイズがあることが分かっていれば野手との声の連携で少なくとも二人目の走者の生還は防げるはずだ。

野球の知識

第3章

捕手のセオリーと

1 捕手に関するルール

捕手の位置

投球を受けるときはホームプレートの直後に位置しなければならない。打者を敬遠するときは、ボールが投手の手を離れるまでは両足をキャッチャーボックスの中に置いておかなければならない。その他の場合は、捕球またはプレイのためならいつでもその位置を離れてもいい。

正規の捕球

捕手が身に付けているマスクやプロテクターに当たったボールでも、地面に落ちる前に捕球すれば正規の捕球となる。ただし、ファウルチップは、最初に捕手の手かミットに触れておれば、はね返ったものでも地面に落ちる前に捕球すれば正規の捕球と同じでストライクになりインプレイになるが、捕手の手またはミット以外の用具や身体に触れてからはね返ったものを捕球しても、正規の捕球ではなくファウルボールになりボールデッド（※21）となる。

第三ストライクを捕球できなかったとき

0または1アウトで一塁に走者がいないときか2アウトのときは、第三ストライクをワンバウンドなどで捕手が直接捕球できなかったときは、その時点で打者は三振によるアウトにはならず、打者走者となり一塁に走ることができる。野球用語でいう振り逃げのことだ。攻撃のセオリーでも述べたが、打者は第三ストライクを捕手が直接捕球できなかったときは一塁へ全力で走ることがセオリーなのだ。ということは、捕手は、第三ストライクを直接捕球できなかったときは、打者走者にタッチするか、一塁に送球して打者走者をアウトにしなければならない。

捕手は、直接捕球できなかったらボールを素早く拾って打者走者に素早くタッチすることがセオリーなのだ。一塁に送球すると悪送球になったり、一塁手が捕球できなかったりするリスクが伴うからだ。素早い動きで確実にタッチすることが重要なのだ。また、2アウト満塁のときはホームベースを踏んでもいい。打者走者が一塁に走らずベンチに引き上げ、ダートサークル（※22）外に出れば、その時点でアウトになるので深追いする必要はない。特に二塁や三塁に走者がいる場合は、走者の動きを視野に入れながらプレイすることが重要だ。

（※21）ボールデッド：ファウルやデッドボールなどでプレイが止まり、プレイ中ではないこと
（※22）ダートサークル：キャッチャースボックスをホームベース地点から直径7m92.5cmの円で囲むエリア

打撃妨害

打者が投球を打つ直前にスイングしたバットが捕手のミットに当たれば、捕手の打撃妨害になる。基本的に打者は自分の身体の位置から投手よりの前方で投球を打つので、スイングがミットに当たることはないが、捕手が極端に前で構えていたり、腕を伸ばして捕球したりするとバットに触れることになる。そうなると打撃妨害を取られ打者には一塁が与えられる。ただし、この場合には様々なケースが考えられるので整理しておくと、捕手の行為に対して「打撃妨害」が宣告されたときは、スクイズプレイまたはホームスチールを伴っていない場合と伴なっている場合で走者の進塁が違ってくる。

スクイズプレイまたはホームスチールを伴っていない場合は、打者が投球を打たなかったときは、打者は一塁に進み、他の走者は打者が一塁に進むことにより押し出される走者のみ進塁できる。打者が打った場合は、打撃妨害の救済を受けるか、プレイを生かすかを攻撃側が選択できるが、ヒット、エラー、四死球その他で打者が一塁に達し、他の走者が少なくとも一つ以上の塁に進んだときは、妨害に関係なくプレイは続けられる。

スクイズプレイまたはホームスチールを伴っていた場合は、投手に対しボークが宣告され、打者は一塁へ進め、すべての走者には一つの進塁が与えられる。三塁走者がホームへ突入しようとしていたかどうかで走者の取り扱いに違いが出るということだ。

どんなときに打撃妨害が起こりやすいかというと、打者のスイングがドアスイングでインパクトまでが大きいスイングになっているときだ。また、捕手が注意しなければいけないのは、遅いボールでカウントを稼ぎ、速いボールで勝負をするときだ。打者は遅いボールが頭に入っているため速いボールにタイミングが遅れる。どうしても振り遅れてしまうのだ。そうするといつものミートポイントではなく、かなり後ろでインパクトを迎えることになるのでミットが叩かれやすくなるのだ。打者が変化球待ちでストレート勝負のときは注意が必要だ。

もう一つ注意しなければいけないのは、ホームスチールのときだ。ホームスチールと気がついても打者が投球を見送るか、スイングするかの行為が終わるまでは、打者の前に出て投球を捕球してはいけないのだ。捕手がベースの前まで出て投球を捕球し、打者が投球を打つと非常に危険であるばかりか、スイングによってバットで身体を叩かれても妨害したのは捕手なので、走者はホームインで打者は一塁に進むことになる。また、打者が打たなくても打撃妨害を取られ同じ結果になるのだ。

守備妨害

走者が盗塁をしてきたときに、捕手の送球を打者が故意に邪魔したら守備妨害となり、走者は戻され打者はアウトになる。また、故意でなくてもバッターボックスから出るなどして捕手の送球の邪魔になったと審判が判断すれば打者は守備妨害となり、同じように走者は戻され打者はアウトになる。

それでは、走者が盗塁しているときに送球しようとしていた捕手を球審が邪魔したらどうなるか？　もちろん故意ではなく、たまたま捕手の手が審判に触れ送球できないなどのケースだ。このケースは、走者は元の塁に戻されるのだ。ただし、球審の邪魔にもかかわらず走者がアウトになればプレイはそのまま続けられる。

ホームベース上のタッチプレイ／コリジョンルール（※23）

ホームベース上のタッチプレイは、なんとしても得点を阻止しようとする捕手となんとか得点しようとする走者が身体を張ってプレイすることが多く、まともにぶつかり合う危険なプレイになりがちだ。捕手はホームベースをふさいではいけないのだ。野球用語でいうブロックをしてはいけないのだ。

近年はホームベース上のクロスプレイに対するルールが厳しくなり、走者は捕手に体当たりをしてはいけないし、捕手もライン上に立って身体を張ってホームベースを守るプレイをしてはいけないのだ。

捕手がボールを持たずに塁線上および塁上に位置して、走者の走路をふさいだ場合は、オブストラクションが厳格に適用される。また、捕手が、たとえボールを保持していても、故意に足を塁

（※23）コリジョンルール：本塁上の危険なプレーを避けるためのルールで、主には、走者が捕手に体当たりをすることと捕手がブロックすることや走路を妨害することを禁じている

線上または塁上に置いたり、またはを横倒しにするなどして走者の走路をふさぐ行為は、たいへん危険な行為であるから禁止されている。同様の姿勢で送球を待つことも禁止されているのだ。このような行為が繰り返されたら、その選手には退場を命ぜられることもあるのだ。

ペナルティとしては、捕手がボールを保持していて走者の走路をふさいだ場合、正規にタッチされれば走者はアウトになるが、審判員は捕手に警告を発する。走者が故意または意図的に乱暴に捕手に体当たりして捕手が落球しても、その走者にはアウトが宣告される。その場合は、ただちにボールデッドとなり、すべての他の走者は妨害発生時に占有していた塁に戻されるのだ。

打者走者と捕手の接触

打球を処理しようとしている捕手と一塁に走ろうとしている打者走者がホームベース付近で接触したらどうなるか?

基本的には双方に故意に邪魔しようとする意志がなければ、お互いの妨害が打ち消され、そのままの流れでプレイが行われる。たとえ転んでも守備妨害を取られないことが多い。捕手はなるべく打者の後ろから回り込み、打者と接触しないように打球を処理するのがセオリーだ。

ホームベースの踏み忘れ

ホームベースに触れなかった走者がベンチに向かっており、ホームベースを踏み直そうとしないときは、その走者をアウトにするためには捕手がボールを持ってホームベースに触れて審判員にアピールすればいい。

ただし、このプレイは走者をベンチに向かって追いかけなければならないときだけに適用される。ホームベースを踏み損ねた走者が、タッチされる前にホームベースを踏もうとしているときには適用されない。この場合、走者はタッチされなければアウトにはならない。

2 配球の基本とセオリー

配球の基本

配球の基本は大きく分けて3種類あるといえる。最も基本的な配球は投手中心の配球だ。特に対戦相手の情報が少ないときは、投手の持ち球を生かした配球になる。マウンドにいる投手の持ち球、攻め方を第一に考えた配球だ。投手中心の配球は、どんなときに有効かというと投手の力が相手の打力を上回っているときだ。投手の力で相手打線を抑え込んでいけばいいのだ。

二つ目は、相手の弱点を突く配球だ。相手バッター中心の配球だ。相手の情報が細かく分かっていれば、その弱点を突きながら投球を組み立てていく配球だ。投手力より相手の打力が上回っているときに有効だ。徹底的に弱点を突かないと抑えきれないからだ。

もう一つは状況によって変える配球だ。例えば、ゲッツーを取りたいときや送りバントをさせたくないときなどの配球だ。

この三つの基本をもとに試合展開などで配球を変化させていくのが配球の基本だ。

配球のセオリー

打者には直前に見たボールの残像が脳裏にインプットされる。どんな打者でも同じボールを見続ければ、対応できていくのだ。

内角を見せたら、外角が遠く見える。外角を見せたら、内角が近く見える。高めを見せたら、低めがより低く感じるし、低めを見せたら、高めに目がついていきにくくなる。遅い球を見せたら、ストレートをより速く見せられる。逆に速いストレートを見せれば遅いボールにタイミングが合いにくい。外に曲がって行くボールの次に、内に切れ込んで来るボールは対応しにくい。

打者にはストレートの軌道、スライダーの軌道、カーブの軌道、落ちるボールの軌道、インコースにきたボールの軌道、アウトコースにきたボールの軌道など、感覚として脳に残っているのだ。これらの残像を利用して、配球を組み立てることが重要なのだ。残像があることを考えると同じ球種を続けないのが配球のセオリーともいえる。

打者の感覚を狂わせ、思いどおりのバッティングをさせないのが配球なのだ。

投手中心の配球

投手の持ち球を基本にして配球を組み立てる考え方は捕手の最も基本的な考え方だ。トーナメント形式の大会が多いアマチュア野球は、他地区との初対戦が多く、相手チームのデータがほとんど無いことが多いため、どうしても投手中心の配球になるのだ。特に試合の前半はこの考え方で配球をすることになる。

投手中心の配球とは、投手の特徴を生かしたリードのことだ。どのボールでストライクが取れるか、自信のあるボールはどのボールか、その日の調子がいいボールは何か、軸になるボールは何か、それらのことを考えながら配球していくことになる。

打者中心の配球

打者中心の考え方による配球は、データを生かした配球といえる。変化球に弱いというデータがあれば、変化球を中心にして、ストレートは見せ球として使う。逆にストレートに弱い打者であれば、ストレートを中心にして配球するのが打者中心の配球だ。また、打者の傾向もデータがあればそれを生かすことも重要だ。例えば、初球は必ず見送るという打者もいる。そんな打者には、真ん中でいいから必ずストライクを取る配球をしていくのだ。

データがない場合は、打席に入る前のスイングや打席に入ったときの構えから配球を考えることも打者中心の考え方の一つだ。例えば、バットを短く握ってグリップを高く上げて構えている打者は、高めのストレートに強く、低めの変化球に弱い。捕手寄りに構えている打者はストレートに強く、変化球に弱い。またはストレート狙い。グリップの位置を低くして構えている打者は低めに強く、高めに弱いなど様々な特徴や短所が見えてくる。

さらに、一球投げたときの反応を見ると多くのことが分かる。少々甘めのストレートだったのに全く手を出さなかったときは、明らかな変化球狙いである。逆に、カーブを投げたら目切りが早く、簡単に見逃したときはストレート狙いなのだ。

スイングやファウルからも打者の特徴や短所、さらには狙い球が見えてくる。右打者であれば、真ん中から内寄りのボールを右方向にファウルを打ったら明らかに右狙いのバッティングだ。こんな打者には内角のストレートで押すのが基本だ。ただし、いいバッターは内角を裁くのが上手い。内角でも甘めのボールは簡単に右方向に転がされてしまう。そんな打者には、外の変化球を使うと効果的だ。ひっかけて左方向のゴロを打たせることができるのだ。どんな打者か、打者を注意深く見抜くことが重要なのだ。初球にカーブを空振りしたら、基本はストレート狙いで変化球に弱いはずだ。そんな打者には追い込んでボールになる変化球を振らせればいいのだ。

試合が進んでいくと、前の打席でどんなバッティングをしたかが分かっているはずだ。捕手は一人ひとり、前の打席でどんな配球をして、どう打ち取ったか、どう打たれたかをしっかりと覚えていなくてはいけない。それが分からないようでは、捕手失格だ。前の打席の結果を配球に生かすのも打者中心の考え方の一つなのだ。前の打席でストレートを打たれていれば、次は変化球勝負に切り替え、逆に変化球を打たれていればストレートを軸にして配球を組み立てていくのが基本だ。

ボールカウントを考えた配球

ボールカウントは12種類あり、ボールカウントの意味を的確に知ることが重要なのだ。投手有利か打者有利か、それとも互角なのか。それによって配球の考え方も変わってくるのだ。また、そのボールカウントまで持ってくるまでに使った球種やコースにも大きな意味があるのだ。一般的に投手と打者とで、どちらが有利かをカウント別に見ていくと次のようになる。

初球	互角
0ストライク1ボール	打者有利
0ストライク2ボール	打者有利
0ストライク3ボール	圧倒的に打者有利
1ストライク0ボール	投手有利
1ストライク1ボール	互角
1ストライク2ボール	打者有利（バッティングチャンス）

1ストライク3ボール　打者有利（バッティングチャンス）
2ストライク0ボール　圧倒的に投手有利
2ストライク1ボール　投手有利（このボールカウントをつくりたい）
2ストライク2ボール　やや投手有利
2ストライク3ボール　やや打者有利

こうして見てみると、初球にストライクを取るのが基本だということが分かるはずだ。初球にストライクを取ることで、投手は有利なボールカウントで勝負することができるのだ。

初球の考え方

試合の状況や打者によって初球はボールから入ることも大切な場面はあるが、基本はストライクから入ることだ。ストライクの取り方は、見逃しのストライク、空振り、ファウルの3種類があるが、この要素を考え、どうストライクを取るかを考えて配球すべきだ。

初球は必ず見逃すという打者のデータがあれば、最もストライクが取りやすい球種で必ずストライクを取ることが重要だ。また、序盤は待球作戦でくるチームもある。そんなチームのときはどんどんストライクを取っていけばいいのだ。

一般的に打者は甘めのストレート狙いが多い。初球から難しい球や変化球には手を出してこないのだ。初球に変化球を使うと見逃しのストライクを取れる可能性が高い。捕手は、このことをしっかり頭に入れておこう。

また、見逃しのストライクが取れる別の方法は、打者の狙い球と違う球種を投げることだ。例えば、打者の動作や前打席の結果から変化球狙いの打者に対して、ストレートで入っていけば見逃しのストライクが取れるのだ。また、厳しいコースに来れば、ほとんど手を出してこないのだ。初球から難しいボールを打つより、もっと甘めのヒットになりやすいボールを打ちたいからだ。

積極的に打ってくる打者に対しては最初から勝負球を使うことも配球の一つだ。また、ストライクゾーンでまともに勝負するよりも、ストライクゾーンからボールゾーンに逃げて行く変化球で空振りさせる配球も有効だ。特に長打力がありスイングが大きい打者に対しては初球に変化球を見せておくことが、その後の配球に生きてくるのだ。

積極的に振ってくる打者にはファウルを打たせる配球をすることも重要だ。アウトコースに厳しいボールを投げたり、インコースぎりぎりのボールを投げたりすることでファウルを打たせることができるのだ。ぎりぎりのボールならば、たとえいい当たりを打たれてもファウルにしかならないのだ。ファウルならばいくら打たれてもいいのだ。ファウルを打たせることでボールカウントを有利にできるので、投手と協力してファウルの打たせ方を覚えるのも捕手の役目だ。

特に、走者がいる場面では、初球にストライクを取ることで、攻撃側は作戦の幅が極端に狭められるのだ。走者がいる場面では初球にストライクを取ることが重要なのだ。また、バッテリーにとって、その後の投球においても有利に進められるので、打ち取れる確率もぐんとアップする。ただし、スコアリングポジションに走者がいる場合、打者は狙い球を絞り積極的に打ってくるはずだ。簡単にストライクを取りに行くと痛い目にうのだ。これがリードの難しいところなのだ。この場合は、投手の最も得意な球種、または打者の狙いを外す球種を選択すべきなのだ。

0ストライク1ボール

初球がボールだと打者有利なカウントになる。バッテリーは2球目までに必ず一つはストライクを取りたいので、打者は狙い球が絞れるのだ。狙い球が外れ、また、厳しいコースのボールだったら、見逃しても1ストライク1ボールの平行カウントになり、まだ互角のボールカウントとなるため、無理して打ちにいく必要はないからだ。また、初球ボールとなった球種とコースをインプットしているため、高い確率で狙い球が絞りやすいのだ。捕手はこのことをしっかりと頭に入れて配球しなければいけないのだ。

打者は狙い球を絞ってくるので、狙いどおりの甘い球は打たれる確率が高くなる。バッテリーはストライクを取りたいので、甘くなる確率が高い。

打たれないようにするにはどうすればいいか。それは、初球の見逃し方で狙い球を見抜くことだ。このボールカウントでは打者の狙い球ではない球種を選択する必要があるのだ。

捕手の観察力が重要なのだ。打者の構え、スイング、初球の見逃し方、タイミングの取り方で判断できるはずだ。また、初球の球種とコースも考えて次の配球に生かすことも重要だ。まずは平行カウントにして、さらには2球目の打者の反応を見て、打者からデータを得ることがとても重要なのだ。打者の反応が分からず狙い球を見抜けなかったときは、投手がストライクを取りやすい球種とコースを選択することが基本だ。

0ストライク2ボール

このボールカウントは、断然打者有利だ。このカウントになると、投手は必ずストライクを投げなければいけないケースなので、厳しいコースは要求できない。多少甘めのコースでストライクを取りにいくことになる。打者は球種やコースを絞って、ヒットにできる甘めの球を狙っている。なので、甘い球は打たれる確率がぐんと高くなるのだ。

逆に甘くなければ、ストライクが取れるカウントでもあるのだ。0ストライク2ボールになると、打者は少なからずフォアボールを意識する。断然打者有利なカウントなので難しい球には手を出してこないのだ。捕手は甘い球さえ要求しなければストライクが取りやすいボールカウントだということを頭に入れておくことが重要だ。

ただし、コースを狙い過ぎて3ボールにしてはいけないのだ。1ストライク2ボールにすることが重要なのだ。投手が最もストライクが取りやすくコントロールが付けやすい球種を選択することだ。外角低めのストレートが最も無難な選択であるが、自己中心にならず、投手の特徴を引き出しながら配球することを覚えよう。

このボールカウントで考えなければいけないことは、３ボールにしないことと、長打を打たれないことだ。３ボールにしないことと、長打を打たれないことは、どちらを優先するか考えると相反することだが、勝つためにはどちらも優先するという配球が必要なときもあるのだ。何を優先して配球をするかを考えるのだ第一だが、それだけではいい配球ができないということも理解しておこう。

0ストライク3ボール

このボールカウントは、バッテリーも打者もフォアボールを意識する断然打者有利なボールカウントなのだ。だが、打者は、ほとんどの場合、打ってこないのがセオリーだ。

ど真ん中のストレートでも一般的には打ってこないのだ。それは、1ストライク3ボールになっても打者有利は変わらず、そこからでも打者は十分勝負できるからだ。ここで捕手が一番優先することは、ストライクを取ることだ。基本はストレートを要求する場面だが、ここでも、投手が最もコントロールが付けやすい球種を要求するのがいい配球なのだ。

打力に自信のある打者は、このカウントからでも打ってくることはあるが、試合状況を考え、打たれてもいい場面では打ち損じを期待し、ど真ん中のストライクを要求するのがセオリーだ。ただし、打者が強打者で走者がいる場面ならそんな単純な配球をしてはいけない。甘い球でストライクを取りにいくと長打を打たれ、得点を許す結果になる。その場合は、フォアボールでもいいから厳しいコースで勝負することも選択肢の一つだ。また、走者2塁ならば、歩かせて塁を埋めることも作戦の一つだ。いろいろな選択肢があって、得点を与えないための最も高い確率、または抑えきれる可能性が高い配球をすることが、捕手の役目だ。

1ストライク0ボール

初球にストライクが取れれば投手有利なボールカウントになる。打者は追い込まれたくはないので、次のボールは厳しいコースでも打ってくる。バッテリーは、ボールになっても1ストライク1ボールとなるので、焦ることはないのだ。

捕手は、バッテリー有利なボールカウントであることを考え配球を組み立てることが重要だ。打者は積極的に打ってくるので、捕手は甘い球を投げさせてはいけない。際どいコースを突いて、打たせて打ち取ればいいのだ。また、ボールになっても1ストライク1ボールなので、次の球に対する布石になることを考えて配球すればいいのだ。

捕手は予め、それぞれの打者に対する配球を決めているはずだ。初球をどの球から入って、どの球で追い込み、どの球で仕留めるか。その配球をボールカウントや打者の反応によって変化させていくのだ。

このボールカウントでは、初球をどのボールでストライクを取ったか、見送りか、空振りか、ファウルか、打者の反応はどうだったか、それによって次に要求する球種やコースも変わってくるのだ。ここは、バッテリー有利なボールカウントだけに、ヒットを打たれたくないのだ。簡単にストライクを取りにいくと、積極的になっている打者に打たれる確率が高くなる。初球よりも際どいコースに投げさせることが重要なのだ。初球より甘い球は打たれる可能性が高いことを考え、捕手は第一ストライクよりも第二ストライク、第二ストライクよりも第三ストライクの方が厳しくなるようにリードすることが重要だということが分かったうえで配球を組み立てることが重要なのだ。

打者が初球を見逃してストライクを取ったら、打者の見逃し方から情報を得るのが重要なのだ。打ち気だったが狙い球と違ったから見逃したか、厳しいコースだったから見逃したか、スピードについていけなかったか、それとも打つ気がなかったか。それによって次の配球を考えればいいのだ。

空振りのストライクだった場合は、狙い球と違ったか、振り遅れだったか、タイミングが合っていなかったか、ボール球だったか、それによって打者の弱点が見えてくるはずだ。

ファウルの場合も、狙い球と違ったか、振り遅れだったか、タイミングが合っていたか、合っていなかったか、いい当たりのファウルだったか、当たり損ねだったか、逆方向を狙っていたか、などが分かるはずだ。それをしっかりと感じることがとても大切なことなのだ。そこから、何も感じられないようでは、捕手失格といえる。

タイミングが合っていれば、初球と異なる球種を選択する必要がある。また、タイミングが合っていないからといって、同じ球を選択すると打者は対応してくることも頭に入れて組み立てることが重要だ。同じ球種で同じコースを続けるのは二つまで、三つめは危険であるということを理解したうえで配球を組み立てるようにしよう。打者の狙い球は2ストライクと追い込まれるまで変えないのが一般的だ。それも頭に入れておこう。

このボールカウントは少し余裕があるので、内角ぎりぎりのボールになるストレートでファウルを打たせる。または次の球の布石としてのけぞらせる配球があることを覚えることも重要だ。

1ストライク1ボール

このボールカウントは平行カウントといわれ、初球と同じ互角のボールカウントなのだ。ただし、次の一球で有利不利が一気に変わってくるのだ。

バッテリーはストライクを取って追い込みたい。打者は追い込まれたくないのでストライクなら打ちに来るボールカウントなのだ。打者の心理からすれば少々厳しいコースでもストライクなら打っていきたいのだ。2ストライク1ボールになるとストライクゾーンを広げて、さらにどんなボールにも対応しなければいけなくなるからだ。捕手は、この打者の心理状態を見抜いて厳しいコースまたは狙い球を外した配球をすると簡単に打ち取れるのだ。

1ストライク2ボール

このボールカウントはバッティングカウントといわれ、打者有利なボールカウントなのだ。バッテリーはストライクを取らないと、1ストライク3ボールになり極端に不利なボールカウントになる。打者はストライクを取られると、2ストライク2ボールと追い込まれ打ちにくくなる。ストライクを取りたいバッテリーと積極的に打ちにいきたい打者の状況が重なり、打たれる可能性が高くなる打者有利なボールカウントなのだ。なのでバッティングカウントといわれている。

打者は空振りしても三振しないので、積極的に強振してくる。長打を打たれやすいボールカウントでもある。捕手はこのことを頭に入れて配球することが重要だ。

もちろん甘い球ではいけない。甘い球は必ず打たれると思った方がいい。このボールカウントで走者がいるときは、ヒットエンドランなどの戦術が使いやすいことも頭に入れておくことが重要だ。ここでの配球は、投手の最も自信のあるボールを選択することだ。投手の最高のボールで打者を打ち取ると、その後の自信にもなり、配球の幅もますます広がってくるのだ。

また、打者の弱点が分かっていれば、そこを突くのも配球の一つだ。打者のスイングや構えから弱点を見抜ける捕手になろう。強振してくる打者には変化球を、開く打者には外角を、回転が使えない打者には内角を、非力な打者にはストレートを、決して逃げない配球で投手をリードしていくことも重要な要素だ。具体的にどのボールを選択するかは、1ストライク2ボールになるまでに選択してきた配球が重要になる。ここまでに3球投げてきている。直前の球種とコース、3球までに内角のストレートを使ったか、どのボールで打ち取ることを想定してここまで組み立ててきたか、それらを考え、打者が振って来てもヒットになりにくい球種とコースを選択することが重要だ。ただし、このボールカウントは特別なケースを除いてストライクゾーンで勝負することがセオリーだ。

1ストライク3ボール

断然打者有利なボールカウントだ。このボールカウントになれば打者は狙い球を絞って打ってくるのがセオリーだ。それでも捕手はストライクを投げさせることを優先して球種とコースを決める必要があるのだ。簡単にフォアボールにしてはいけないのだ。このボールカウントでは、投手が最もストライクを取りやすい球種を選択することがセオリーだ。フォアボールで歩かせるよりヒットで出塁された方がナインも納得するのだ。ただし、走者がいる場合は、簡単にストライクを取りに行って打たれてはいけない。一塁が空いていれば、歩かせてもいいので厳しいコースで勝負をするのがセオリーだ。

具体的な配球は、３ボールから１ストライクを取ったのと１ストライク２ボールからこのボールカウントになったのでは考え方が違ってくる。打者は、３ボールから１ストライクを取られたときは、ストライクを取られた球種に狙いを絞ってくるのが一般的だ。それは、捕手がストライクが取りやすい同じ球を続ける傾向にあるからだ。なので捕手は、ストライクが取りやすいからといって同じボールを甘いコースに投げさせてはいけないのだ。同じボールを続けると打たれる確率はぐんと高くなる。１ストライク２ボールからこのボールカウントになったときは、それまでの配球を生かすことを考えて次の球の球種とコースを決めるべきだ。

このボールカウントの配球で大事なことは、どうしたいかを明確にして球種とコースを決めるべきなのだ。それは、打たれてもいいからフォアボールを出さないことを優先するか、フォアボールにしてもいいから打たれない球種とコースを選択するかだ。ただし、フォアボールを出さないことを優先しても、ど真ん中のストレートというのはあり得ない。多少甘くはなってもコースを突くのがセオリーだ。

2ストライク0ボール

断然投手有利なボールカウントだ。このボールカウントから打たれてはいけないのがバッテリーのセオリーだ。それは、このボールカウントからはストライクゾーンで勝負する必要がないからだ。ボール球で勝負でき、打者は少々のボール球でも振らなければいけない状況だからだ。捕手は、このことをしっかり頭に入れて配球することが重要だ。

打者は、このボールカウントでは三振したくないので、様々な球種やコースを想定して、さらに自分のストライクゾーンをいつもよりボール一つ分広げて投球を待つのがセオリーだ。ほとんどの打者がそうしていると思っていい。また、追い込まれているのでバットを短く握って当てにくるバッティングをするのが一般的だ。打ち気満々なので、ストライクが来ると簡単に打たれてしまうのだ。

だからといって、外角に大きく外す明らかなボール球を要求し打者に余裕を与える配球は、配球とはいえないのだ。2ストライク1ボールから勝負する次の球の布石となるボールを選択することが重要なのだ。例えば、内角高めのストレートを見せておいて外角低めのスライダー、または低めに落ちるチェンジアップで勝負する。外角にボールになるスライダーを見せておいて内角のストレートで勝負するなどだ。

意味のない無駄球は使わず、一球一球に根拠のある配球をすることが重要だ。基本は3球勝負でいいのだ。ただし、ストライクゾーンで勝負してはいけないのだ。ボール球を振らせる3球勝負なのだ。投手の癖やコントロールを考えボール球を振らせる配球をすることが重要だ。

2ストライク1ボール

このボールカウントも断然投手有利だ。投手が一番得意としている決め球を使う場面としては一番適している状況といえる。投手中心の配球でいくなら、ここで決め球を使うべきだ。ただし、ワンパターンの配球ではいけない。一試合の中ではこのボールカウントになる場面が多々あるはずだ。捕手は、このボールカウントになるまでの配球を生かして次のボールを決めることが重要なのだ。

打者は追い込まれているのでストライクゾーンをボール一つ分広げて待っているのだ。低めにくれば少々のボール球でも振ってくるのだ。特にストライクゾーンからボールゾーンに落ちて来る変化球は効果的だ。ほとんどの打者が振ってくると思っていいのだ。

捕手は、このボールカウントでもストライクゾーンで勝負するのではなく、打者が広げているボール一つ分のゾーンで勝負できることを考えて配球することが重要だ。また、打者の弱点が分かっていれば徹底的にそこを突いてもいいのだ。投手のコントロール、持ち球、球威、打者の特徴も考えながら、これまでの配球を生かすことが特に重要なのだ。

2ストライク2ボール

このボールカウントもまだ投手有利なボールカウントなのだ。2ストライク1ボールからこのボールカウントになったときと、1ストライク2ボールからこのボールカウントになったときでは打者とバッテリーの心理状態は違うが、投手有利なボールカウントには違いないのだ。

打者の心理状態は、2ストライク1ボールのときは、投手は際どいコースを突いてくると思っている。このボールカウントでは投手もボールにしたくないのでストライクゾーンで勝負にくると思っているのだ。チャンスが広がったと思っているのだ。一方捕手は有利なボールカウントから決めにいったボールで仕留められなかったと思っている。次の一球が難しくなるのだ。

逆に、1ストライク2ボールのとき打者は、バッティングチャンスだと思っていたが、このボールカウントにされてしまったという思いがあるはずだ。捕手は、このボールカウントにして次の球で打ち取ることを考えて配球をしているので次の球は決まっているはずだ。このボールカウントは平行カウントだが、打者とバッテリーの心理状態でどちらが有利ともいえなくなってくるのだ。このボールカウントは、バッテリーからすれば、まだ追い込んだ状況なので、もう1球ボールが投げられるのだ。逆に打者は、追い込まれている状況なので後がないのだ。捕手は、このことを理解して配球することが重要だ。

投手中心の配球をするなら、このボールカントからも投手が最も得意としている決め球を選択するのが配球のセオリーだ。ただし、ここまでに4球以上は投げている。打者も配球の傾向は分かってきているのだ。また、試合経過の中でこれまでの配球も研究されているのだ。特に試合の終盤になれば、相手チームも捕手のリードの傾向をしっかりと分析してきているのだ。逆に捕手は、打者の傾向と特徴が分かってきているはずだ。これまでの配球を生かしながら、投手の特長を生かした配球、そして打者の弱点を突いた配球をすることができるのだ。

配球に正解はないといわれているが、正解はあるのだ。正解がなければ配球など勉強しなくてもいいのだ。配球を勉強して打者を打ち取っていく正しい配球をすることでチームを勝利に導くことができるのだ。そこが捕手の重要な役割の一つなのだ。

2ストライク3ボール

このボールカウントはフルカウントといわれ投手、打者ともに互角と思われている。しかし、投手はストライクを投げないとフォアボールになるので、打者の方がやや有利といえる。特にコントロールの無い投手だと、断然打者有利になる。いつでもストライクが取れるコントロールのいい投手の場合が互角といえるのだ。バッテリーは2ストライク3ボールにしてはいけないのだ。このボールカウントになる回数が多い投手はツースリーピッチャーといわれ、コントロールが悪い投手の代名詞なのだ。ツースリーになると投手の球数も多くなり、野手も守りにくいのだ。ストライクを取らなければいけないので、打たれる確率も高くなるのだ。またフォアボールになると野手の集中力も切れるのだ。捕手はこのことを頭に入れツースリーにならないような組み立てをすることが重要だ。

このボールカントでは、ストライクゾーンにボールがくれば打者は必ず振ってくる。フォアボールを出したくないからといって投手はボールを置きにいってはいけない。捕手はこのことも投手に分からせることが重要なのだ。腕を振って自信を持って投げ込ませればいいのだ。打者はストライクゾーンを広げて待っているが、ここはストライクゾーンで勝負すべきなのだ。策を講じてボール球を振らせようと思わないことだ。ただし、走者がスコアリングポジションにいて一塁が空いている場合は、歩かせてもいいので厳しいコースで勝負するのがセオリーだ。

配球は単にボールカウントだけで考えるのではなく、点差や回の進み具合、アウトカウント、走者がいるかどうか、投手と打者の特徴や相性、このカウントになるまでの配球などを総合的に判断し、意味のある正しい配球をすべきなのだ。

3 捕手の技術

捕手の構え

捕手の構えには、投手が投げやすい構え方がある。走者がいないときは、両足は肩幅より少し広く開き、両足拇指球に均等に重心を乗せ、投手に正対し、上体と肘の力を抜き、リラックスしてどっしりと構える。

左手の人差し指が1から2時の方向を向くようにして構えるとキャッチャーミットの親指のラインが地面と平行になる。肘は上げないで、曲げ過ぎず、伸ばし過ぎないように余裕を持たせる。肘の角度は直角より少し広い100度程度に広げ、キャッチャーミットを体の中央に持ってきて、低めいっぱいに構える。キャッチャーミットの芯が投手方向を向くようにしてしっかり広げる。芯が投手に見えていないと投手は投げにくい。

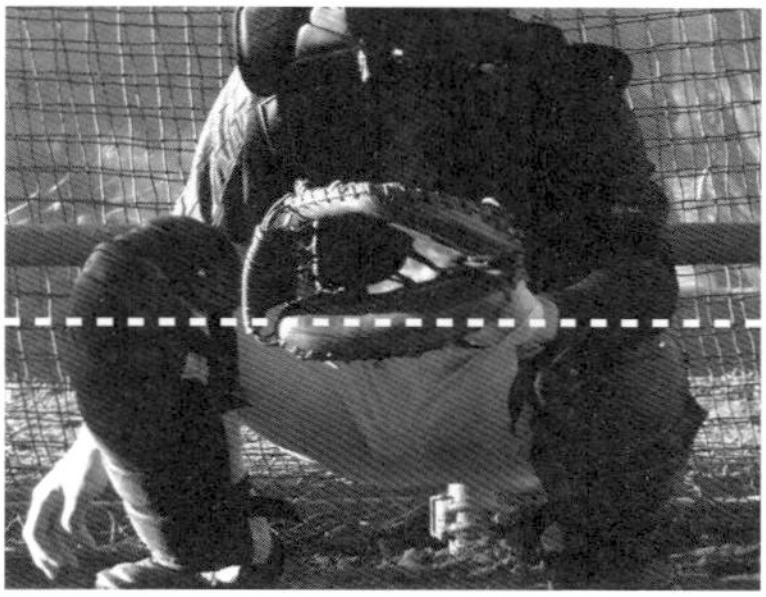

親指のラインと地面が平行になるように構える

人差し指が1から2時の方向を向くようにして構える

肘を膝より少し前に出し、上体に力を入れず、肘の角度は100度程度に構える

キャッチャーミットは身体の中心で、低めいっぱいに構える

走者がいるときは、右足を少し引き腰を少し浮かせて構える

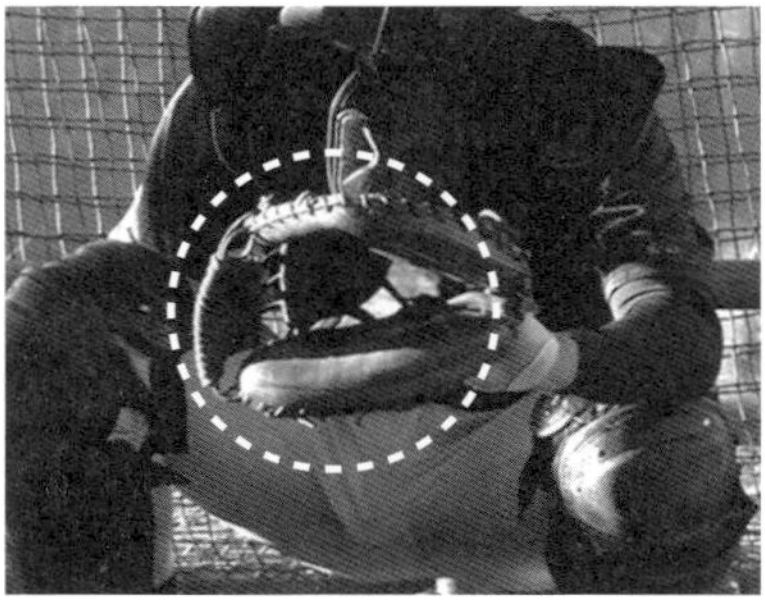

キャッチャーミットの芯が投手に見えるように構える

右手は、突き指防止と早くボールを握り替えられるように右膝の横に置き、親指を中に軽く閉じる。走者がいるときは、右足を半歩下げ、すぐに送球体勢に移れるように腰を浮かせて構える。また、コースの移動は投手が投球体勢に入ってからにする。早く動き過ぎると打者にコースを読まれてしまう。投球の基本は低めなので左右のコースのストライクゾーンいっぱいで、低めいっぱいに構える。

高めを要求するときは、高めのボールになる球か、ストライクゾーンの高めいっぱいかを明確にして、中途半端に構えないことが重要だ。また、左右のコースもストライクを要求するか、ボール球を要求しているかを明確にして構えることが重要だ。

キャッチングの技術

キャッチャーミットの芯で、大きな捕球音が出るように捕球できるようになることが重要だ。そのためには正しい捕球位置を知ることが大切だ。捕球は片手が基本。片手で捕球すると捕球範囲が広くなる。ファウルチップなどで右手を負傷することも防げる。ただし、片手での捕球も基本に忠実でないとキャッチング技術はアップしない。

キャッチャーミットの使い方は、捕球面がボールが進んで来る方向と直角になることが基本だ。肘は伸ばし過ぎず曲がり過ぎないことも基本の一つで、身体と捕球位置の距離間をつかむことが、どこで捕球するかを知るうえでとても重要な要素なのだ。

　どの位置で捕球するかは、キャッチャーミットが最も動かしやすい位置だ。捕手は、構える前に右手でキャッチャーミットの芯を叩く動作をするが、叩いたその位置が捕球ポイントなのだ。手は縦に、キャッチャーミットは横に使うことも基本の一つだ。キャッチャーミットは外から内に使い、捕球した位置でしっかり止めることが特に重要だ。ボールゾーンにきた投球をストライクに見せようとキャッチャーミットを捕球位置から移動させ内に入れる捕球方法は一昔前の捕球技術で、今では全く通用しない騙《だま》しのテクニックなのだ。球審がストライクかボールか、はっきり分かるように捕球するのが優れた捕手の捕球技術の一つだ。

捕球は片手が基本

キャッチャーミットの芯で捕球する

肘は伸ばさず、曲げすぎない位置で捕球する

高めのストライクゾーンにきたボールは腰を浮かさず、高めにきた分だけ肘を伸ばして捕球する。低めにきたボールと外角にきたボールはキャッチャーミットが押し込まれたり、下に落ちたりしないように少し肘を伸ばして捕球する。低めも外角も、その分だけ肘が伸びるが、前後は構えた位置と同じ位置で捕球する。肘を伸ばして投手方向で捕球したり身体に極端に近い位置で捕球したりすると、キャッチャーミットが動きやすく捕球も安定しない。肘を曲げて捕球できるところが一番安定する。構えた位置から逸れたボールは、コースによってキャッチャーミットの使い方が異なるが、キャッチャーミットをボールと直角に向けられる位置で捕球することが基本だ。

捕球は、人差し指の付け根を中心に、手のひら全体でつかむように捕る。捕球時に手首が折れ過ぎたり、伸びきったりでは正しい捕球ができない。どこにボールが来ても、捕手は捕るか止めなければいけない。キャッチングが上手くなる近道は、ピッチング練習時に考えながら捕球することだ。毎回100球も200球も受けると単調になりがちで、ただ捕るだけになりやすい。ピッチング練習時に捕手が学ぶことは多いのだ。正しい位置で捕球できたか、キャッチャーミットの芯で捕球できたか、大きな捕球音を出せたか、などをチェックしながら、一生懸命に捕球し捕球技術をアップすることが重要なのだ。

内角にきた球は重心を左足に移し、ボールの勢いに負けないように捕球する

低めは手首を少し返し、キャッチャーミットを落とさない

外角にきた球は、キャッチャーミットが外側に流れないように外から内に使う

高めのストライクゾーンにきた球は腰を浮かさずに捕球する

ボールゾーンにきた球をストライクに見せようとしてキャッチャーミットを移動しない

キャッチャーミットは捕球した位置でしっかり止める

ワンバウンドのブロック技術

ワンバウンドになる投球をブロックするには、プロテクターに当てて前に落とすことが基本だ。ボールを怖がらず身体に当てるコツをつかめば簡単に止められるのだ。捕手はマスク、プロテクター、レガースなどの防具を付けている。ワンバウンドした投球を防具に当てて正面に落とせば少しも痛くはないのだ。

ワンバウンドを止めるための姿勢は、両膝を着き上体を前傾させ顎を引く。キャッチャーミットを大きく広げ地面に着け、股の下に穴をつくらないことが基本だ。右手はキャッチャーミットの後ろに持ってきて、ボールが跳ねてもキャッチャーミットで捕りに行かず、身体全体を使って止めるのだ。捕球しなくていいのだ。捕球しようとしてキャッチャーミットを閉じると股の下に大きな穴ができ、ブロックできないことがある。ワンバウンドしたどんな投球でも、身体全体で止めに行き、後ろに逸らさないことが重要だ。

特に右手をミットの後ろに入れることと、ボールを目の前に落とす姿勢を素早くつくることが重要なのだ。試合でワンバウンドが来るのはストレートより変化球の方が多いはずだ。それは、捕手が低めの変化球を要求し、そのボールがワンバウンドになるからだ。なので予め分かっているはずだ。予想できるのだから、絶対に後ろに逸らしてはいけないのだ。変化球はバウンドが一定しないことが多い。安易に両膝を着いて前傾姿勢を取るだけだとバウンドしなかったり、逆方向に跳ねたりすることもある。最後までボールを見て身体全体でしっかり止めることが重要だ。

右や左に逸れたワンバウンドは、身体を使って角度を付け、止めたボールが正面に落ちるようにブロックすることが大切で、この止め方が優れた捕手のブロッキング技術の一つなのだ。

ボールが逸れても素早く動き、前に落とせるよう身体の角度を付ける

キャッチャーミットを大きく開いて、股の下に大きな穴を作らない

投球が逸れても、身体全体で止め、ボールを正面に落とす

捕手の送球技術

捕球していかに速く正確に投げられるか？　これが捕手の送球技術の永遠のテーマだ。捕球してから送球動作に移行していては素早い送球はできない。捕球しながら送球動作に移行できる技術を身につけることが重要だ。そのためには、基本となる構えがとても重要で、捕球前の構えができていないと素早い送球動作に移れない。走者を置いたときの構えができるようになったら、捕球から送球のステップとそのタイミングを身体で覚えることが重要だ。

一塁走者がスタートを切ったら、捕手はミットの位置はそのままで送球体勢に移行する。腰を浮かせ左足で地面を踏んで、捕球と同時にオーバーステップで軸足を直角に二塁方向へ向け、前足を真っすぐ出し、ボールを素早く握り変える。重心を軸足から前足に移し、腕のしなりを使って、上から腕を振りきって素早く送球する。

ステップは小さく早く、少しでも捕手がボールを保持している時間を短くすることが重要だ。この動きで素早く送球できる一連の動作を身につけることも優れた捕手になるための要素の一つだ。ボールの握り替えはキャッチャーミットを閉じないで、捕球と同時に右手方向に角度を変え、キャッチャーミットの中で右手に移し替えるようにする。また、素早く縫い目に指をかけることも重要だ。キャチャーミットからボールを落としながらの握り替えは、素早く握り替えられず確実性にも欠ける。

素早く握り替えるためには、キャッチャーミットの中でボールの勢いを止め右手に移すことが基本だ。捕球と同時にキャッチャーミットを閉じると、捕球と送球がそれぞれの動作になり素早く握り替えられない。

握り替えは、なるべく指が縫い目にかかるように握り替える。これは、毎日ボールを使って握り替えの練習をしていれば縫い目を握れるようになる。また、縫い目に指がかからなくてもボールを握り替え直してはいけない。そのまま送球できる技術を身につけることが重要だ。

一塁送球は、距離が短いので身体を素早く一塁方向に回転させコンパクトに送球する。送球は捕球前から送球動作に移る。このとき、身体は一塁方向へ回転させ、捕球と同時にステップを踏

一塁送球:捕球したらその場で素早く回転する

一塁送球:上体を浮かさずコンパクトに動く

一塁送球:前足を一塁方向に真っすぐ向けコンパクトに素早く送球する

三塁送球：キャッチャーミットはそのままの位置で腰を浮かせる

二塁送球：ミットを閉じないで移し替える

三塁送球：打者の後ろ側にバックステップする

二塁送球：二塁方向へステップする

三塁送球：上体を浮かさず、前足を三塁方向に出し素早く送球する

二塁送球：前足を二塁方向に真っすぐ向け、上から下に腕を振って送球する

んで身体全体を一塁方向に向ける。左肩と右肩、軸足と前足を結んだラインが真っすぐ一塁方向を向いていることが基本の一つだ。重心を軸足から前足に移動し、上から素早く送球する。左打者のときは、打者の後ろ側に大きくステップすることが重要だ。

三塁送球は、キャッチャーミットは構えたままの位置で、腰を浮かせながら捕球と同時にバックステップで打者を避ける。このとき膝が伸びて浮き上がってしまうと強いボールは投げられない。低い姿勢のまま、前足を三塁方向に真っすぐ向け重心を軸足から前足に移動して上から下に腕を振りきって三塁ベースの30センチメートル上に送球する。

送球するときは、足を使ってステップを踏むことが基本だ。決して上体にたよってはいけない。送球の一番の要素はフットワークなのだ。

捕手の打球処理

捕手の前に転がった打球を確実に捕球するためには、打球方向にキャッチャーミットを出し両手で挟み込むように捕ることが基本の一つだ。捕手ゴロの基本は、ボールの左側から回り込み、追いついたら顔の真下で捕球することだ。これが最も確実な捕球方法だ。

止まりそうな打球なら、右手だけでがっちり捕球する方が早く処理できる。ボールをしっかり見て捕球することが重要で、捕球時に走者や一塁手を見てボールから目が離れるとファンブルする。捕球したら身体の中心までボールを引き上げ送球方向をしっかり見る。送球方向へのステップをしっかり踏んで、身体を浮かさず、低い姿勢のまま打者走者と重ならないようにフェアグラウンド側に素早く送球する。

三塁線の少し強い打球は、早く追いつくことを優先し、ボールの右側から追いつき、捕球したら身体の回転を利用して左回りで送球する。弱い打球はボールの左側から追いつき右回りで送球する。

キャッチャーフライの捕り方

キャッチャーフライは強烈な回転がかかっているので、真下には落ちてこない。打球の性質を見極めることが重要だ。バックネット方向に上がったフライはグラウンド方向に戻って来る。捕手の真上に上がったフライは内野方向に切れ込んで行く。キャッチャーフライの捕球は簡単ではないうえ、気象条件によってはさらに難しくなる。

キャッチャーフライが上がったら、素早く打球を追い、まずは落下地点を予測する。バックネット方向なら、バックネット方向を向いて落下予想地点より一歩下がって両膝を曲げ、どの方向にも動ける姿勢で落下を待つ。最高地点から一気に落ちて来るのでボールから目を離さないで、キャッチャーミットとボールが重ならない位置でがっちりと捕球する。自分の真上から内野方向に上がったフライは、素早く落下地点に入り、バックネット方向を向く。このフライも落下予想地点より一歩下がって落下を待つ。一歩下がって落下を待つのは、落下予想地点がずれても前に一歩なら簡単に進むことができる。逆に後方へは動きにくく、落球のおそれが出てくるからだ。また、真上に太陽があり見にくいときは、キャッチャーミットまたは右手で太陽を隠し、ボールから目を離さないことが重要だ。

内野方向に高く上がったフライで、内野手が捕球するための声をかけてきたら内野手に任せるのもセオリーだ。それは内野手の方が捕りやすいからだ。

4 走者なしのときの捕手

内野ゴロの一塁バックアップ

走者なしで内野にゴロが転がったら、一塁のバックアップに回るのが捕手の役割だ。各内野手と一塁手の延長線上でバックアップすることが基本だが、サードゴロとショートゴロは一塁との延長線上に回り込むのが不可能だ。このケースは二塁手と右翼手がバックアップに向かうので、捕手は、一塁手がはじいた送球をバックアップするように回り込む。セカンドゴロは二塁手と一塁手の延長線上に回り込む。このときは、どんな悪送球になっても確実にバックアップできるように距離を取って回り込むことが基本だ。また、一塁手が捕球して投手に送球またはトスというケースもあるので、ミスが起きることを前提にしてバックアップに回り込むことが重要だ。

外野に飛んだ打球でもライトゴロまたは打者走者のオーバーランを狙って一塁に転送されるケースがある。このケースも捕手がバックアップに回り込むことがセオリーなのだ。

ポジショニングを指示する

走者なしのときは、走者を出さないようにするにはどうすればいいかを考えるのが捕手の役目だ。打者を三振、平凡なフライ、平凡な内野ゴロに打ち取ればいいのだ。そういう配球をするのが基本だが、たとえ、いい当たりをされても野手のポジショニングでヒットコースを狭めていればアウトを取れる確率が上がるのだ。

捕手は、打者の特徴や投手との力関係で、ある程度、打球がどの方向に飛ぶかが分かるはずだ。打球が飛ぶ方向を狭めればいいのだ。また、野手との連携で、球種やコースによって野手の守備位置を変化させるようにしていけばいいのだ。

野手が打者によって守備位置を変えるのは当たり前のことなのだ。どんな打者でも同じところに守らせていては、捕手としての価値はない。捕手にはすべての野手が見えている。捕手は打者を観察すること、それによって打球方向を指示し、野手を動かすことも重要な役割の一つなのだ。野手が一歩、二歩ポジショニングを変えるだけで、ヒットゾーンが大きく狭まることを知っておくことも重要なことだ。

5 走者一塁のときの捕手

送りバント対策

0アウト走者一塁のときに考えられる攻撃側の作戦は送りバントだ。このとき、捕手が考えなければいけないのは、何を優先するかだ。それは、送りバントをやらせて一塁で一つアウトをとるか、送りバントをやらせて二塁でアウトを取るか、送りバントを失敗させる配球をするかだ。ただし、送りバントと決めつけると痛い目にあう。ここでも、打者の動きや攻撃側のサインを見て守備態勢を指示するのが捕手の役割だ。

送りバントを失敗させるためには、内角高めの速いボールでフライを上げさせるか、外角低めのスライダーで空振りかファウルにさせるかで、この二つの球種を軸に組み立てていけばいいのだ。バントをさせて二塁でアウトを取りたいときは、三塁手または投手方向に強い打球になるようにバントさせることだ。右打者なら、内角ぎりぎりの速い球だとバントしにくく打球を弱めにくいのだ。左打者なら、外角ぎりぎりの速球が効果的だ。どんなケースでもそうだが、内外角のぎりぎりにきた球は打ちにくく、バントもしにくいのだ。二塁でアウトを取りたいときは、甘いストライクゾーンに投げさせるのではなく、ボールでもいいからぎりぎりを突くことだ。

走者には二塁に進まれていいから、送りバントをやらせて一つアウトを取りたいときがある。例えば、投手が立ち上がりにいきなりフォアボールを出したときなど一つアウトを取って投手を落ち着かせたいときがある。そんなときは、甘めのストライクゾーンにストレートを要求しバントをさせればいいのだ。一つアウトを取ると投手は落ち着き見違えるように楽になるのだ。投手は多かれ少なかれ立ち上がりは緊張するものだ。その緊張感を和らげ、いつものピッチングをさせるようにするのも捕手の役割なのだ。

三塁側にバントしてきたら、三塁手または投手が打球処理し、処理しない方が三塁ベースカバーに向かうのがセオリーだ。ただし、両選手が打球処理に向かい、三塁ベースカバーが遅れるときがある。そんなときは、捕手が三塁のベースカバーに回るのもセオリーの一つだ。

2アウト一塁のときは長打警戒、1アウトはゲッツー狙い

得点を許さないことを優先した守りは、外野手が深く守ることだ。このケースで長打を打たれても一塁走者をホームに還さない守りを指示するのだ。打者にもよるが、右中間、左中間を狭め

る守りが効果的だ。そのうえで長打を打たれない配球をするのだ。それは、低めを丁寧に投げさせることだ。高めはフライになる確率も高いが、長打になる確率も高いのだ。特に真ん中から外の高めは両腕が使いやすく、一番力が入りやすいコースなので禁物だ。

1アウト一塁で最も守備側にとって望ましいのは、ゲッツーを取ることだ。捕手は、内野ゴロを打たせる配球を覚えることが重要だ。一般的に高めは下から上に打つのでフライになりやすく、低めは上から下に打つのでゴロになりやすいのだ。このケースでは低めを要求することが配球のセオリーだ。しかし、ただ低めに投げさせればいいということではない。ゴロの打たせ方はいろいろで、打者によっても違ってくるのだ。詰まらせてゴロを打たせるか、泳がせてゴロを打たせるか、それとも動くボールでゴロを打たせるか、考え方で配球が変わってくる。

基本は、非力な打者なら内角の速い球で詰まらせる。強打者なら緩く低めに落ちる変化球で泳がせる。または外に逃げて行く変化球をひっかけさせる。ミートの上手い好打者ならツーシームやカットボールなどの動くボールでボールの上を叩かせる。などだが、1球で仕留めようと思うと失敗する。3球ないし4球目を勝負球と考え、それまでに布石を打つことで成功する確率が上がるのだ。

内野ゴロを打たせたら、一塁バックアップに動き出し、確実に二塁がアウトになったら全力で一塁のバックアップに向かうことが基本の一つでもある。

盗塁を阻止する

捕手の肩が弱いと簡単に盗塁を許してしまう。また、投手のモーションが盗まれたり、クイックができなかったりでも盗塁されてしまう。盗塁阻止は、投手と捕手の共同作業なのだ。

投手がセットポジションの姿勢から動き出し、捕手が捕球し送球、二塁ベース上で野手が捕球するまでに何秒かかるかで盗塁阻止ができるかどうかが分かる。一般的に速い走者なら、中学生では50メートルを7秒前後で走れるはずだ。高校生なら6秒5前後だろう。塁間ならリードも考えると中学生で3秒6、高校生なら3秒3程度で走れる計算になる。単純に計算すると、バッテリーはそれ以下のタイムでないとアウトにできない。投手がセットポジションから動き出して、捕手からの送球を二塁ベースに入った野手が捕球するまで、中学生で3秒5、高校生で3秒2以内になるように練習することが重要だ。捕手だけに限っていうなら、捕球から計測して二塁ベース上の野手が捕球するまでに、中学生なら2秒～2秒2、高校生なら2秒以内ならアウトにできるだろう。

捕手の二塁送球は肩の強さだけではない。捕球して送球するまでの速さ、そして二塁送球のコントロールだ。ボールが逸れてしまっては、いくら速くてもアウトにはできない。低いボールで左右にずれないことが重要なのだ。

走者が一塁にいるときは、いつ盗塁されてもいいように準備しておくことが重要だ。右足を少し引き、腰を少し浮かせて、両足拇指球重心で、いつでも送球体勢に移れる姿勢を取っておくことが重要なのだ。投手からの一塁けん制、走られないための間合い、また、走ってくることが分かっていればウエストしてアウトにすることも必要なことなのだ。

捕手前に転がった打球の処理

0または1アウト、バントなどで捕手の前に打球が転がったら、その瞬間に二塁でアウトにできるかどうか判断できるはずだ。アウトにできるなら迷わず、思い切って二塁に送球すべきだ。ただし、ぎりぎりなら無理をせず、必ず一つはアウトを取ることが重要だ。捕手の打球処理の頁でも述べたが、一塁送球ならボールの左側から回り込み、ボールを真下に見て、確実に捕球し、ステップを踏んで確実に送球する。

二塁送球なら、早く打球に追いつき、捕球から送球を素早く、そして、二塁方向へのステップを踏んで一発で送球することが重要だ。

1アウト一塁、3ボール2ストライクからの考え方

このケースで考えなければいけないのは、攻撃側は走者を動かしてくる可能性が高いということだ。投手はストライクを投げなければいけない場面なので、打者は強気で打ちにいけるからだ。

三振さえしなければ攻撃有利になる可能性が高いのだ。守備側は、このケースで最も避けたいのは長打を打たれることだ。またシングルヒットでも一塁走者に三塁まで進まれ、1アウト一、三塁にされる確率が高いのだ。内野ゴロでもゲッツーが取りにくい場面なのだ。このケースは、ランエンドヒット(※24)のサインが出ていると思えばいい。この場面で守備側にとって最も好ましいのは三振ゲッツー、次にフライを打たせることだ。

捕手は三振が取れる配球をしたいが、低めの変化球だとワンバウンドになり、三振が取れたとしても二塁送球が難しくになる。このケースは投手の最も得意なボールか打者の最も苦手なコースや球種を選択することが基本だ。三振を取って、セカンドで走者をアウトにできる準備をしておくことも重要だ。

盗塁されないためだけの配球になってはいけない

走者が一塁にいると捕手は、一般的にはストレート中心の配球になりがちだ。それは、盗塁されたときに、セカンドでアウトを取りやすいからだ。打者はそれを狙ってくるのだ。特に、初球はストレートから入りがちだ。ここでは、自分よがりの配球にならないようにすべきだ。走者が走ってくるタイミングを見極めることも重要だ。

(※24)ランエンドヒット:走者は走り、打者はストライクなら打つ攻撃

6　走者二塁のときの捕手

0アウト二塁の送りバント対策

0アウト二塁で最も多く使われる作戦は送りバントだ。送りバントと決めつけてはいけないが、大事な場面では多くのチームが送りバントを選択してくる。ベンチや打者の動きを見て、打ってくるか、バントかを判断することも捕手の重要な役割だ。

送りバントと判断したら、このケースで捕手が考えなければいけないのは、送りバントを失敗させる配球をするか、バントをやらせて三塁で走者をアウトにする配球をするかだ。バントをやらせて三塁でアウトにする配球は、左右のコースを突く配球だ。コースぎりぎりに来たボールはバントでもコントロールしづらいのだ。打者は、このケースは三塁手に捕らせようと三塁線にバントするのが基本だ。捕手はこのことが頭に入っていなければいけない。右打者なら、ストライクゾーンからボール1個分外れた内角のぎりぎりのボールを要求すると、打者は避けるか無理にバントするので上手くコントロールができないのだ。ボールになったら次は外角いっぱいのボールを要求するのだ。外角いっぱいに来れば、このボールも三塁線にコントロールするのが難しいのだ。また、バントは高めならフライになりやすいので、積極的に内角高めを使うことも有効だ。

バントを失敗させる配球は外のスライダーを使うことだ。早めに2ストライクを取って打者を追い込むと、攻撃側はバントしづらくなるのだ。追い込むと、スリーバントもあるが、打ってくる確率が高くなる。打ってくれば凡打が期待でき、1アウト三塁のケースになるのを防げる可能性が高くなるのだ。

バントを空振り、または見逃しで二塁走者をアウトにする

打者がバントを空振りしたため、飛び出した走者が二塁ベースに戻れず、捕手からの送球でアウトなる場面がよくある。二塁走者は投球と打者の動きが見えるため、打者がバントをしそうなら、なるべく早くスタートを切ろうとするからだ。捕手は、このこともしっかり頭に入れておくことが重要だ。このケースで打者がバントを空振りしたら、二塁走者は飛び出すということをだ。

捕手は、二塁走者のこの動きを利用して、打者にバントを空振りまたは見送らせて走者を二塁でアウトにする配球と作戦を準備しておくことが重要だ。バッテリーと二遊間でサインを決め連携することが大切だが、前提となるのは打者に投球を空振りまたは見送らせることだ。ストライ

クゾーンでの空振りは難しいので、ボール球でバットを引かせる作戦だ。その配球は、高さは真ん中で、外角にボール一つ半外すコースに投げさせるのだ。または、ストライクからボールになるスライダーを投げさせるのだ。

打者は、ボールだからぎりぎりでバットを引くはずだ。走者はストライクに見えるので、大きくリードするのだ。捕手は捕球して二塁ベースに入った野手に素早く送球してアウトにする。

0アウトでバントをしてこないなら、右打ち警戒

走者二塁で右方向へ転がされたら、三塁で走者をアウトにすることは、ほぼ不可能だ。0アウト二塁のケースで送りバントのサインが出ていなければ、打者は右方向へ転がすことを考えて打席に立っているはずだ。捕手は、このケースでは打者にフライを上げさせるか、三遊間方向にゴロを打たせる配球をすることが重要だ。右打者の内角、左打者の外角に投球がくれば左方向に打球が飛ぶかというと、そんな単純な問題ではない。好打者なら、右打者は押っつけて右方向に左打者は強引に引っ張って右方向に打てるのだ。

右打者が右方向を意識しているときは、外角に投球がくれば右方向のファウルになりやすいのだ。内角から真ん中に来ると右方向に打ちやすいのだ。左打者も同じで内角にくればファウルになりやすく、真ん中から外角にくれば右方向のフェアグラウンド内に打ちやすいのだ。捕手はこ

のことを頭に入れてリードすることが重要だ。ストライクとボールの出し入れや緩急を使って右方向へ打たせず打ち取る配球を覚えることが重要だ。

右方向へ打たせない基本の配球は、右打者なら初球は外角低めに速いボールでストライクを取ることだ。打って来てもファウルになるはずだ。ただし、甘めに入ると簡単にセカンドゴロを打たれてしまうので細心の注意をはらって外角低めを要求することが重要だ。2球目は外角のスライダーでストライクを取るのだ。このボールも打ってきたらファウルになる確率が高いはずだ。追い込んだら、ここでは安易に外のボール球を要求しないことだ。ここで大きく外したボール球だと打者に余裕が生まれるからだ。

打者は外角が2球続き、スライダーも見せられている。そのうえ右狙いなので突っ込み気味になっているはずだ。ここではインハイのボールゾーンに力のあるボール球を要求し身体を起こしにかかるのだ。打者が打ってくれれば、空振りか、バットに当たってもフライになるようなボールだ。打者が見逃して1ボール2ストライクになったら、低めの変化球で三振を狙いにいけばいいのだ。左打者の場合は、内角のストレートと変化球で追い込んで外のボール球を打たせるというのが配球の基本だ。内角を見せられた後の外のボール球は引っ張りきれないからだ。追い込んだら外のボール球や低めに落ちる変化球で、右方向に打たれずに打ち取れるのだ。

右打者も左打者も基本はファウルを打たせて追い込むということだ。

2アウトから得点を与えない配球

2アウト二塁からヒットを打たれると得点を取られる可能性が高くなる。このケースはヒットを打たれたくないのだ。試合終盤の競っている場面ならなおさらだ。

ここは二塁走者を二塁ベースに釘《くぎ》付けにするのは当然だが、投手を打者に集中させることも捕手の役目だ。打者はこのケースでは狙い球を絞って初球から打ちにくる。甘いコースでカウントを取りにいくと打たれるのだ。ここは初球の入り方が大事で、打者の弱点を徹底的に突くことが重要だ。パワーのない内角に弱点がある打者なら、デッドボールを怖がらないで徹底的に内角を突くことだ。

パワーがあり強振してくる打者なら、カーブなどの遅いボールでカウントを整えるのだ。初球に外角低めのカーブでストライクを取り、2球目は同じカーブでストライクからボールになる球を要求する。ここが重要なのだ。打者は初球でカーブを見ているので、カーブの軌道が分かりタイミングも取りやすくなっている。ストライクからボールになるカーブなら打ってくるのだ。ボールになるカーブを打たせて打ち取るのだ。

見逃されたら、次は思い切って速いボールで内角を突き、追い込んだら低めに落ちるチェンジアップで三振を取りにいけばいいのだ。ここで重要なのは、ボールになるカーブと内角に投げ込むストレートだ。それぞれに意味があり、このボールが決まれば打ち取れる確率がぐんとアップするのだ。

また、一塁が空いているので、打順を考え、強打者なら歩かせることも念頭に置いて配球することが重要だ。歩かせると決めたら中途半端な配球を止め、立ち上がって歩かせることも必要だ。

また、強打者なら打ち気満々で打席に入って来るはずだ。ボール球を続け、ボールを打たせて打ち取る配球もある。このケースは打ってこなければフォアボールでもいいので、ストライクを要求してはいけないのだ。

捕手前に転がったゴロの処理

送りバントが捕手前に転がったときは、捕手が素早く処理できれば三塁で二塁走者をアウトにできるのだ。難しいのは捕手よりの投手との中間地点に転がったゴロの処理だ。どちらが処理するかを早く判断できなければいけないのだ。

捕手は、自分で処理できると判断したならば、大きな声で投手を制止、素早く捕球し素早く三塁に送球して二塁走者をアウトにする。ただし、三塁が無理だと判断したら、一塁に送球して打者走者をアウトにする。このケースは、先の走者をアウトにすることを優先するが、必ず一つはアウトを取ることも重要なのだ。

三塁盗塁を警戒

競ってる場面で、特に注意したいのは二塁走者の三塁盗塁だ。2アウトからでも仕掛けてくることがある。それは、捕手が三塁に悪送球を投げたら1点入るからだ。1アウトからでも成功すれば1アウト三塁のケースがつくれ、得点できる確率が上がるからだ。

捕手は、なんとしてもこれを阻止しなければいけない。ここでの一番のポイントは、打者が右打者の場合、三塁のファウルゾーンに大きくバックステップして、打者を送球ラインから外すことだ。そして正確に素早く送球できればアウトにできるのだ。

ヒットを打たれたときの本塁上のプレイの次のプレイ

走者二塁からヒットが出たら二塁走者はホームを狙うのがセオリーだ。捕手は1点を守り抜くプレイをすることが重要だが、本塁上の結果にかかわらず次のプレイがあることを忘れてはいけない。打者走者は二塁走者の本塁突入を助けようと二塁へ向かうケースがある。二塁走者をホームでアウトにできるならそれを優先するが、アウトにできないと判断したら、外野手からの返球を前に出て捕球し打者走者を二塁でアウトにするのだ。

7 走者三塁のときの捕手

スクイズ警戒

0または1アウト三塁のときの攻撃側の作戦は、スクイズが考えられる。アマチュア野球の一発勝負の大会では、スクイズで1点を取ることが勝ちに繋《つな》がると考えられ、スクイズで多くの勝敗が決してきたといっても過言ではない。

捕手は、簡単にはスクイズを決められない配球をすることが重要だ。相手ベンチや打者、走者の動きを注意深く観察すると、スクイズのサインが出ている可能性が高い動きをするときがある。例えば、打者が走者を見る。立ち位置を変える。緊張した顔つきになる。準備動作がぎこちなくなる。ベンチは、サインを出した後、打者を見ないなどの動きだ。また、相手ベンチからの声援が、外野フライでいいぞ、などスクイズを連想させないかけ声になるときは特にあやしいのだ。そんなときは、思い切って外すことも重要だ。1球外すと、また外してくるのではないかと相手ベンチは考え、スクイズのサインが出しにくくなるのだ。相手ベンチと駆け引きをするのも捕手の重要な役割なのだ。

打者にとってスクイズがしにくいコースは内角高めと外角低めだ。特に内角高めの速いボールと外角低めに逃げていくスライダーは打者にとって厄介なのだ。これを組み合わせていけばスクイズを失敗させられる可能性が上がるのだ。ただし、打ちにきたときの高めは外野フライを打たれるリスクが高くなる。高めを要求するときは、細心の注意が必要だ。このケースは低めと緩急で勝負するのがセオリーだ。

基本となる配球は、初球は最もスクイズがしにくい外角低めのスライダーでストライクを取ることだ。初球がストライクなら、2球目は外角低めぎりぎりのストレートだ。2球目はボールになってもいいので甘くならないことだ。2ストライクと追い込んだらスクイズはしてこない確率が高くなる。それでもスクイズを警戒しながら3球目は内角にボール球を見せることが重要だ。

1ストライク1ボールになったら外角低めに再度スライダーでストライクをとりにいくのだ。このスライダーがポイントなのだ。これが決まれば、スクイズを失敗させ、ほぼ打ち取れる配球ができるのだ。

攻撃側の作戦としては、1ボール1ストライクまたは2ボール1ストライクのときが、最もスクイズが仕掛けやすいということを頭に入れておくことも重要だ。

外野フライを打たせない配球

0または1アウトで外野フライを打たれると、犠牲フライになり得点を取られる可能性が高い。捕手は、ここでは外野フライを打たれない配球をすることが重要だ。一般的に高めはフライになりやすく低めはゴロになりやすい。低めの変化球をどう打たせるかがポイントになる。

外野フライを打ちたい打者は、ベルトから上のストライクゾーンに来るボールを逆方向に狙って打つのがセオリーだ。初球を内角低めのストレートから入ると、見逃しかファウルになることが多い。初球は、内角低めのストレートを選択する。ストライクが取れ、身体を開かせることができる。ここでのポイントは次の球だ。打者は、初球のストレートが頭に残っているので、ストレートのタイミングで次の球を待っているはずだ。ここで外角低めのスライダーを投げさせれば、ストレートの意識がある分だけ泳ぎ、ボールの上部を叩き、ひっかけたゴロを打たせることができるのだ。

この変化球を見送られたときは、さらにストライクゾーンからボールゾーンに逃げて行くスライダーで空振りを狙う。1ボール2ストライクからの打者は、完全に外の変化球が脳裏に残っていて外のスライダーをケアして打席入っているはずだ。このカウントから内角にズバッーとストレートを投げさせれば詰まった内野ゴロに打ち取れるはずだ。

どんな投球でも身体を張って止める

この場面で、一番もったいないのはワイルドピッチまたはパスボールによって得点を許してしまうことだ。低めの変化球を要求したときは、必ずショートバウンドが来ると思うことだ。前もって準備しているのと、とっさの動きでは確実性に違いが出てくるのだ。

投手は、走者が三塁にいるときは外野フライも打たれたくないので、低め低めに投げてくる。その低めの変化球が止められない捕手だと、投手も自然とボールが高くなる。投手が低めに投げられるかどうかは、捕手を信頼しているかどうかが大きな要素だ。投手に信頼される捕手になることが優れた捕手になるための重要な要素の一つなのだ。

アウトカウントを増やしたいとき

0または1アウトのときで、1点取られてもいいからアウトカウントを増やしたいときがある。例えば、最終回で2点以上勝っている場面などだ。アウトカウントを増やしたいときは、まず、ポジショニングの指示をすることが重要だ。内野を深く守らせ、ヒットゾーンを狭くし、内野ゴロでもホームには送球せず一塁送球でアウトを取る守備態勢にするのだ。このことをチーム内で共有し徹底することが重要だ。

このケースでは、打者を歩かせて走者をためることが一番いけないのだ。アウトカウントを増やしたいのだから、ストライクゾーンで勝負して早めに追い込むか、打ってもらいたいのだ。初球にポンと上げてくれるようなバッティングをしてもらいたいのだ。また、例えいい当たりで外野への犠牲フライになったとしても、それでいいのだ。

捕手前に転がったゴロ

0または1アウトで捕手前にスクイズなどで打球が転がったら、捕手も処理することが求められるが、処理する位置によっては、出過ぎのために三塁走者をアウトにできないというケースもある。このケースは投手や野手が処理できるなら、投手や野手に任せてホームベースで送球を待つべきなのだ。ただし、捕手が自分で処理して走者にタッチできるなら、捕りに行くべきなのだ。このケースも捕手の素早い判断と素早い動きが求められるのだ。2アウトなら捕手も積極的に打球処理に向かい、確実に処理し、一塁で打者走者をアウトにすることが基本だ。

三、本間の挟殺プレイ（※25）

スクイズを外したときなど、三塁とホームの間に走者を挟んで挟殺プレイになったら、捕手は、

（※25）挟殺プレイ：塁と塁の間に走者を挟み、タッチしてアウトにするプレイ（ランダウンプレイともいう）

送球する手にボールを持ち、高く上げ、いつでも送球できる姿勢で、全力で追う。全力で追わないと走者が余裕を持ち、いつでも反転して逆方向に走ることができるからだ。全力で追うと、走者も全力で逃げないと追い付かれるので反転する余裕がなくなる。捕手は三塁ベース近くまで追い込んで、三塁手に送球して一発でアウトにするのが挟殺プレイの基本だ。

8 走者一、二塁のときの捕手

0アウトのときは、バントをさせて三塁でアウトを取ることを考える

0アウト一、二塁のときは、バントをしてくるチームがほとんどだ。バントをさせて三塁でアウトを取る配球をしよう。基本は、一塁手が前に守り一塁線を固める。打者は三塁線にバントをしてくるのがセオリーなので、投手は投球と同時に三塁線にマウンドを下り、打球を処理して素早くサードに送球する。三塁はフォースプレイなので、アウトにできる確率は高い。

打者は三塁手に捕らせようと、少々強めのバントを三塁線にしてくるはずだ。捕手はそうさせないよう内角高めいっぱいのストレートで攻める。初球がファウルになったら、外角のスライダーが有効だ。ただし、この場面でバントと決めつけるのも危険だ。打ってくる場合もある。状況を観察して、一球、一球考えることが重要だ。

また、どういう守備態勢を取るかも重要な場面だ。基本は中間守備で送りバントに対応し、打ってきたらゲッツーが狙えるポジショニングを指示することだ。

1アウトのときの守備態勢を指示する

どういう守備態勢を取るかを明確に伝えて、伝えたとおりのポジショニングになっているかを確認する。1アウト一、二塁のときは、状況によって守る位置を変えることが重要なのだ。

内野手は、基本的にはゲッツー態勢だが、外野手は、試合終盤で同点のときは前に守らせることが重要だ。どのくらい前に出るかは、ヒットを打たれても二塁走者をホームでアウトにできる位置だ。

1点差で勝っているときはどうするかだ。基本は前で、1点を守るのがセオリーだが、長打を打たれたら一塁走者まで還ってきて逆転されてしまう。ここまでの試合状況や相手打者などを判断して、捕手が指示すべきなのだ。

2点差以上で勝っているなら、外野を下げて2点を取られない守備態勢にすべきだ。このように捕手の判断一つで、局面が大きく動くのだ。後悔しないように徹底することが重要だ。

インフィールドフライのルールをしっかりと覚える

0または1アウトで走者が一、二塁または満塁のとき、内野にフライが上がり審判がインフィールドフライを宣告したら、インフィールドフライが成立する。インフィールドフライの基本は、平凡な内野フライを内野手が故意に落としてダブルプレイにするのを防ぐためのルールだ。インフィールドフライが宣告させたら打者走者はその時点でアウトになる。ただし、インプレイなので、各塁の走者は野手が落球すれば危険を覚悟で次の塁に走ってもいいし、塁に留まってもいいのだ。捕手は、このことをしっかりと頭に入れておくことだ。

例えば、走者満塁でセカンドフライが上がり、インフィールドフライが宣告されたにもかかわらず二塁手が落球した。それを見た三塁走者がホームに走った。二塁手は落球したボールを拾いホームに送球したが、捕手は捕球してベースを踏んで三塁走者をアウトにして、二塁走者をアウトにしようと三塁送球というような勘違いだ。このケースは、打者走者がアウトになっているのでタッチプレイになる。走者にタッチしないとアウトにならないのだ。ホームベースを踏んでもアウトにならないのだ。

こんな簡単なルールが分かっていない、または、試合中に勘違いがあってはいけないのだ。このことをしっかり覚えておこう。

各塁への送球がある

このケースは、一塁、二塁、三塁への送球があることを頭に入れておくことだ。ダブルスチール（※26）のときは三塁に送球して二塁走者をアウトにすることがセオリーだ。

（※26）ダブルスチール：2人の走者が同時に盗塁を試みること

ただし、このケースは、一塁走者のスタートが遅れることがある。一塁走者は捕手が三塁へ送球するので二塁へは投げてこないという安心感があるからだ。二塁走者のスタートが良くアウトにできないと判断したときや足の遅い一塁走者でセカンドへ送球した方が確実にアウトにできると判断したときはセカンドへ送球してもいいのだ。アウトにできれば隠れたファインプレイになるのだ。

また、このケースでは打者のバント空振りなどで二塁走者が飛び出したり、一塁走者が飛び出したりのケースもある。捕手は走者が飛び出したら、素早く送球して飛び出した走者をアウトにするプレイができなくてはいけない。

ただし、一塁へ送球するときは二塁走者の動きも視野に入れておくべきだ。一塁送球と同時に三塁に走られると送球の距離が投手から捕手、捕手から三塁より、捕手から一塁、一塁から三塁の方が長いのでアウトにするのが難しくなるのだ。また、それを狙っている二塁走者がいることを頭に入れておこう。

ヒットエンドラン対策

走者一、二塁で走者がスタートを切ると、三塁手がサードベースに入り、遊撃手が二塁ベースに入るのが一般的なフォーメーションだ。三遊間が大きく空くのだ。ここでヒットエンドをかけられ三遊間に転がされたらヒットになる確率が高くなる。

捕手はこのことを内野手に伝えておくことが重要だ。走者がスタートを切っても早く動き過ぎないことをだ。

捕手前に転がったゴロの処理

捕手前にゴロが転がったときは、捕手が素早く処理すれば三塁で二塁走者をアウトにできるのだ。このケースはフォースアウトなので、サードベースに入った三塁手の胸に強いボールを投げればいいのだ。三塁に送球して一塁転送でゲッツーも狙えるのだ。内野ゴロは二塁へ送球して一塁転送が基本だが、捕手からは三塁に送球して一塁転送と二塁に送球して一塁転送は送球距離が同じなので三塁に送球するのがセオリーだ。

このケースで一番いけないのは、フィルダースチョイス（※27）にすることだ。オールセーフになると満塁になり、相手にビッグイニングのチャンスを与えてしまうのだ。三塁が無理だと判断したら、一塁に送球して打者走者を確実にアウトにすることが重要だ。このケースも、先の走者をアウトにすることを優先するが、必ず一つはアウトを取ることが重要なのだ。

（※27）フィルダースチョイス：他の塁に送球すればアウトになるところを間に合わない塁に送球してオールセーフにすること

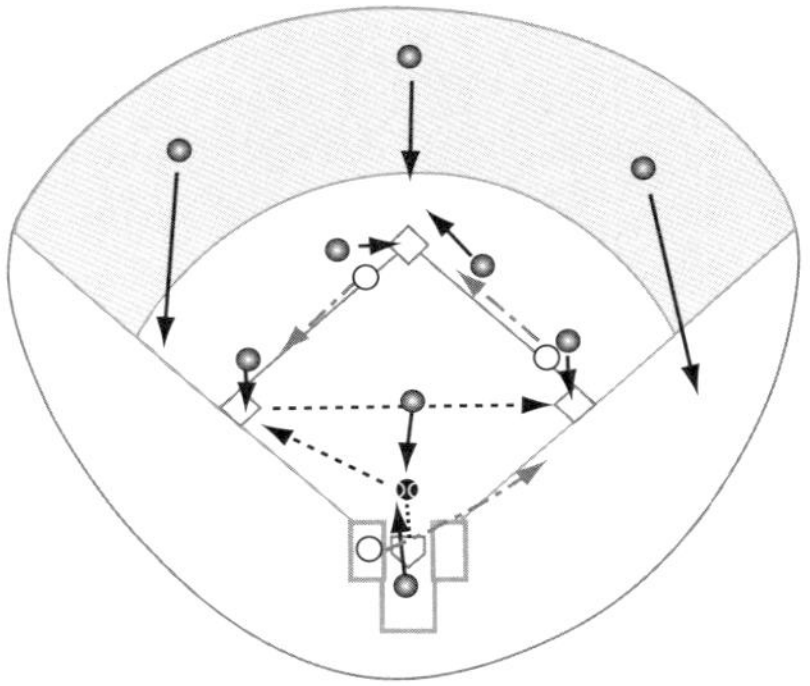

キャッチャーゴロ

捕手は三塁へ送球して二塁走者をアウトにする

9 走者一、三塁のときの捕手

一塁走者の盗塁またはダブルスチールを警戒

走者一、三塁のときは一塁走者の盗塁が考えられる。このケースは三塁に走者がいるので捕手の送球ミスが起きると得点を許す結果になる。自信の無い捕手はセカンド送球を見送る場面も多々ある。しかし、このケースでセカンド送球できないような捕手では強いチームはつくれない。

チームによって重盗阻止のフォーメーションは違うだろうが、捕手の送球は同じだ。一塁走者がスタートを切ったら、腰を浮かせ、捕球から送球体勢に素早く移れる姿勢で投球を待つ。捕球と同時にセカンド送球の体勢をつくりながら三塁走者を一瞬見て、地を這《は》うような低いボールでセカンドに送球するのだ。ここは決してボールを浮かせてはいけない。

一般的には二塁手が投手とセカンドベースの間に割って入ってきて、三塁走者がスタートを切っていればカットして本塁送球。走っていなければスルーして一塁走者をアウトにするプレイが基本だ。また、2アウトのときなどで二塁手が深く守って割って入れないときやどんなときも遊撃手が一人で対応するフォーメーションを取っているチームもある。内野手のフォーメーションについては「内野手のセオリーと野球知識」の章で詳しく述べるが、ここでミスすると相手に得点されてしまうのだ。

いずれにしても、捕手は正確に低いボールでセカンド送球できなければいけないのだ。それができれば重盗を防ぐことができるのだ。

ヒットエンドラン対策

このケースで一塁走者がスタートすると、一般的には遊撃手がセカンドベースに入り、二塁手が投手とセカンドの間に割って入る。ということは、一、二塁間、三遊間が大きく空くということだ。そこに転がされたら内野を抜けて行く確率が高くなるのだ。

一般的には、このケースはゲッツー態勢なので遊撃手と二塁手はセカンドベースに近づいて守っているはずだ。一塁走者がスタートを切っても打者の打撃を確認してセカンドベースに入っても間に合うのだ。このケースも早く動き過ぎないことを内野手に徹底させるのが捕手の役目だ。

スクイズ、セーフティースクイズも考えられる

捕手は、このケースでは一塁走者を走らせてから得点を取るための作戦を仕掛けられると考えがちだ。そう決めつけてはいけないのだ。攻撃側は、ここで1点を取りたいのだ。スクイズを敢行してでも1点を取りたいのだ。それは、スクイズが成功すれば、1点取って、さらにスコアリングポジションに走者を置いて攻撃できるからだ。

このケースで自分のプレイだけを考えて重盗対策のための配球になってはいけないのだ。重盗対策の配球とは、一塁走者を二塁でアウトにするための配球でストレート中心の配球になることだ。外されずにストレート中心の配球と分かっていれば、相手ベンチはスクイズのサインが出しやすいのだ。簡単に走られてはいけないが、ここは得点されないことを最優先に考えるべきだ。

相手のベンチ、打者や走者の動きやしぐさを観察して、どういう作戦で点を取りにきているのかを見極めることが重要なのだ。

1アウトならゲッツーで終わらせる

このケースでの最高の結果は、ゲッツーで終わらせることだ。内野ゴロを打たせるための配球をすることが重要なのだ。ここは外野フライも打たれたくないのだ。右打者なら内角を詰まらせる。

外角の変化球をひっかけさせる。左打者なら外角のボールを左方向に流させる配球だ。それもゴロになりやすい低めを突くことだ。

捕手前のゴロの処理

０または１アウトで捕手前にゴロが転がったらどうするか？　捕手は、捕球してセカンドが間に合うようなら、三塁走者を見て思い切ってセカンドに送球すべきなのだ。それを見て三塁走者がホームに走って来ても、遊撃手が前に出て捕球し、素早くホームに送球すればアウトにできるのだ。三塁走者がホームに走ってこなければ、遊撃手が一塁に転送してゲッツーも可能なのだ。

キャッチャーファウルフライ捕球後のプレイ

０または１アウト一、三塁でバックネット方向に上がったフライを捕球すると、一塁走者が二塁へスタートを切ることがある。ここで捕手が二塁ベースに大遠投すると三塁走者に楽々とホームインされてしまう。

このケースは投手がホームのベースカバー、二塁手がマウンド付近まで中継に入るのがセオリーだ。捕手は、マウンド付近で中継に入った二塁手に送球するのがセオリーだ。そうすれば三塁走者はホームに走れない。中継した二塁手からセカンドベースに入った遊撃手に送球すれば、一塁走者をアウトにすることができるのだ。そこから三塁走者がホームを狙っても、遊撃手がホームに送球すればアウトにできるのだ。

走者一、三塁からの挟殺プレイ

スクイズを外したり、三塁走者が飛び出したりして、三、本間の挟殺プレイになることがある。このケースで重要なのは、三塁走者を素早くアウトにして、一塁走者に三塁まで進まれないことだ。捕手が三塁走者を全力で追って、三塁手に送球して一発でアウトにすれば一塁走者は二塁止まりになる。三、本間で何度も送球を繰り返し、一塁走者に三塁まで進まれてはいけないのだ。

10 走者二、三塁のときの捕手

指示を明確に出し、全ナインと共有する

このケースでは、何を優先して守るかを全ナインと共有することが重要だ。アウトカウント、点差、回数、相手打者や打順によって内外野の守る位置やどういうプレイをするかを決めるのが捕手の役目だ。

基本的な考え方は、回が浅く、1点やってもいい場面なら深く守る。1点なら十分挽回《ばんかい》できると考えるからだ。浅く守ってヒットゾーンが広くなると序盤から大量点を奪われる可能性があり、大きなハンデを背負うことになる。それを避けたいからだ。内野ゴロで二塁手または遊撃手が処理できるゴロなら、1点やってもいいから一塁に送球してアウトカウントを増やす考えだ。ただし、0または1アウトのサードゴロやファーストゴロの場合は、三塁走者がスタートを切ってホームでアウトにできるならホームに送球してアウトにすべきなのだ。簡単に得点を与えてはいけないのだ。走者は基本的に内野が深く守っていても、サードゴロやファーストゴロならホームは狙わないはずだ。

試合の中盤から終盤で得点差が僅差で1点もやりたくないときは、内野は前進守備だ。内野ゴロはすべてホームでアウトにできる位置まで前進して守るのがセオリーだ。また、外野がどう守るかは、二塁走者をシングルヒットで還さない位置で守るか、定位置で守るか、深く守るかだ。これらの指示をしっかり出し、指示が伝わったかを確認することが重要なのだ。

スクイズ、ツーランスクイズを警戒

0または1アウト二、三塁のときの攻撃側の作戦はスクイズが考えられる。簡単にはスクイズを決めさせない配球をすることが重要だ。相手ベンチや打者、走者の動きを注意深く観察すると、スクイズのサインが出ている可能性が高い動きをするときがある。

スクイズを防ぐための配球は「走者三塁」の項で述べたが、ここでも同じだ。このケースでスクイズをされてしまったら、バックホームか一塁送球かを指示するのが捕手の役目だ。この判断を誤るとホームでアウトにできるケースでも一塁送球をさせ得点を取られたり、間に合わないのにホームに送球させフィルダースチョイスになり打者走者も生かしたりの結果になる。この判断は、極めて重要な判断なのだ。また、一塁送球で少なくても一つはアウトを取るのが鉄則なので、ホームが間に合わないときは一塁に送球させるが、二塁走者がツーランスクイズを狙ってくることがある。捕手は、二塁走者のスタートが見えているはずだ。野手が捕球したときの二塁走者の動きも見えているはずだ。三塁をオーバーランしていたら、三塁に送球させる判断力と明確な指示を出すことが必要だ。

また、一塁を指示して、一塁送球の間に二塁走者がホームを狙ってくる場合もある。このケースは一塁からホームへ転送されて来るので、捕手はホームベースの前に立ち、三塁からホームのライン上を空けておく必要がある。転送され捕球したら、右手にボールを持ち替えキャッチャーミットで包み込んで、どんな衝撃があってもボールをこぼさないようにして走者にタッチする。右手に握る替えるのは、ボールを直接握った方が、キャッチャーミットで握るよりしっかり握れるからだ。

このとき、腕だけでタッチに行かず膝を使って身体を回転させスライディングしてきた走者の足にタッチする。また、走者が回り込んできたら、走者を追わず、走者がベースにタッチする直前にタッチすることが基本だ。このタッチの基本は、どんなケースのときも同じだが、間一髪のときはボールを握り替える余裕はない。またボールが逸れたときも同じで、キャッチャーミットを持つ左手一本でタッチしなければいけない場面もある。左手一本の方が可動範囲が広く走者に届きやすいのだ。タッチプレイは臨機応変の対応が必要だ。

捕手前のゴロの処理

捕手前にゴロが転がったら、素早く追い付き、捕球したら三塁走者を見て三塁ベースに釘づけにして一塁に送球する。0または1アウトで捕手前に転がった打球を捕手が捕りに行く距離は3メートルが目安だ。それ以上、前に出るとホームベースが空き、三塁走者にホームを狙われ、得点を許す結果になる。これは、走者三塁、走者一、三塁のときも同じだ。

捕手はホームベースを守ることも重要だが、捕手前のゴロは、自分で処理しなければいけないのだ。

オーバーランを狙う

0または1アウトからの内野ゴロでバックホーム。ホームでのタッチプレイが終わったら、迷わずサードに送球して二塁走者のオーバーランを狙う。二塁走者は必ずオーバーランをしてくるはずだ。二塁走者がオーバーランをしてから、それに気付いて送球したのでは遅いのだ。オーバーランをする前を狙って送球するのだ。

11 走者満塁のときの捕手

内野ゴロホームゲッツー

0または1アウトのケースで最高の結果はホームゲッツーだ。捕手は、内野ゴロを打たせる配球をすることが重要だ。内野ゴロを打たせる配球は、これまでに述べてきたが、低めを丁寧に突くことだ。

このケースは、ホームゲッツー態勢かセカンドゲッツー態勢かで内野の守る位置が違ってくる。1点を守りたいならホームゲッツーで、1点やってもいいから確実にアウトカウントを増やしたいならセカンドゲッツーだ。それは、セカンドゲッツーの方がヒットゾーンが狭くなるからだ。捕手は、どちらを選択するかを明確に指示し守備態勢を確認することが重要だ。セカンドゲッツー態勢は遊撃手と二塁手が中間守備で守る。ホームゲッツー態勢は内野手全員が前進守備で守る。

ホームゲッツー態勢で内野にゴロが転がったときの捕手は、右足の拇指球を中心にホームベースを踏んで構える。ベースを踏む位置は、ベースの左右の中央で、踵が上がってもベースから拇指球が離れない程度の前方で、構えは両膝を曲げ、上体の力を抜き、送球がどこに来ても捕球できる体勢だ。送球を捕球したら、右足からステップして右足を一塁方向に直角に向け、左足を一塁方向に真っすぐ出し、重心を下げたまま右足から左足に重心を移動して送球する。

ここで重要なことは、右足を左足の前にステップすることだ。ステップによって走者が滑り込んで来てもスライディングを外すことができるのだ。

オーバーランを狙う

0または1アウトのときの内野ゴロでホームに送球されて来たボールを捕球してフォースアウト。ゲッツーを狙って一塁に転送しようとしたが、間に合わないと判断したら、一塁に偽投して、素早くサードに送球するのだ。サードへは二塁走者のオーバーランを狙って投げるのだ。

走者二、三塁のときと違うのは、一塁に偽投してから送球することだ。満塁のときはフォースアウトなのでタッチはいらない。捕球した時点では二塁走者は三塁ベースに到達していないはずだ。一塁に偽投することによって、オーバーランの時間を与えるのだ。

捕手前のゴロの処理

0または1アウトで捕手前に打球が転がったら、捕手が素早く追い付いて拾い上げ、素早くホームベースに戻ってベースを踏んでフォースアウトにする。ただし、投手や他の野手が捕れそうならば、投手や他の野手に任せてホームベース上で待つ。このケースは投手や他の野手が処理して捕手にトスまたは送球した方が早いのだ。

野球の知識

第4章

内野手のセオリーと

1 内野手に関するルール

正規の捕球とは

正規の捕球とは、打球が地面またはフェンスに触れる前に、グラブまたは素手で確実に捕球することだ。また、野手に触れた打球が地面に触れる前に、他の野手が捕球しても正規の捕球になる。ただし、帽子で捕球したり、グラブを投げてボールに当てて落ちて来たところを捕球しても正規の捕球にはならず反則捕球となる。その場合は打者走者に三つの塁が与えられる。

送球の捕球とは

フォースアウトなどでボールを保持して塁に触れればアウトになるときの捕球は、送球が地面についてバウンドしても、グラブや素手で確実に捕球すれば正規の捕球になる。ただし、ボールがグラブの中にあってもジャッグルして動いているときは正規の捕球にはならず、その間に走者がそのベースに到達すればアウトにはならない。捕球した後、送球のための動作中に落球したときは、捕球しボールを保持したとして捕球が認められる。

フォースアウト

フォースアウトは今までに何度も取り上げてきているが、特に内野手にとっては重要なルールなので、もう一度取り上げる。

フォースアウトとは打者が打撃を完了し打者走者となったため、押し出された各塁の走者が次の塁へ到達する前に、タッチされるか、ボールを保持した野手が先にベースに触れればアウトとなるルールのことだ。２アウトからフォースアウトが成立すれば、たとえ三塁走者がフォースアウトより先にホームベースに達していても得点とはならない。フォースアウトとは走者にタッチしなくてもベースを踏むだけでアウトにすることができるプレイなのだ。走者が後ろの走者や打者走者に追い出され、先の塁に進まなければならなくなったときの状態で起きるプレイをフォースプレイというのだ。

ただし、守備側が先に打者走者など後の走者をアウトにしたら、先の走者は進塁の義務がなくなるので、フォースプレイの状態ではなくなり、元の塁に戻っても先の塁に進んでもよくなる。後の走者がアウトになった時点でフォースプレイではなくなるので、走者をアウトにするためには、走者がベースに着く前にタッチすることが必要なのだ。

タッチプレイ

タッチプレイとは、フォースプレイと違って走者にタッチしなければアウトにできないプレイだ。進塁の義務がない走者をアウトにするにはタッチが必要なのだ。例えば、走者二塁のときの二塁走者は、打者が内野ゴロを打ち打撃を完了して打者走者となっても、押し出されることはなく、そのまま二塁に留まってもいいし、危険を冒して三塁に進んでもいい。守備側はこの二塁走者をアウトにするには、野手がボールを保持して二塁走者が二塁ベースか三塁ベースに到達する前にタッチするしかないのだ。このようなプレイをタッチプレイという。

インフィールドフライ

インフィールドフライも「走者一、二塁のときの捕手」の項で述べたが、再度、内野手の立場で取り上げる。インフィールドフライは、0または1アウトで走者が一、二塁または満塁のときに打球が内野フライになったときに宣告される。宣告されたら、その時点で打者はアウトになるのだ。打者はアウトになるので、各塁にいる走者は押し出されず進塁の義務は生じない。したがって、例え内野手が落球しても次の塁に進まなくてもいいのだ。

インフィールドフライは宣告されてもボールデッドにはならないので、内野手が落球すれば走者は危険を冒して次の塁に進んでもいいのだ。このときの内野手は、フォースプレイではないのでタッチプレイだということをしっかりと覚えておく必要がある。これを間違うと、とんでもないミスを犯してしまう。また、インフィールドフライは、打者が打ってフライとなったときだけ適用され、ライナーやバントがフライとなったときは適用されないのだ。

インフィールドフライは、野手が故意に落球してゲッツーを成立させるのを防ぐルールだが、バントのフライはワンバウンドで捕球してゲッツーにすることが可能なのだ。インフィールドフライかどうかは、勝手に自分で判断してはいけない。天候状況や野手の落下地点への入り方などによってコールされない場合もあるのだ。インフィールドフライが宣言されてもファウルになれば、打者はアウトではなくファウルになるのだ。内野手はインフィールドフライだから捕らなくてもいいと考えてはいけないのだ。

故意落球

0または1アウトで走者一塁、一、二塁、一、三塁、満塁のときに、内野フライまたはライナー、バントフライなどで内野手がゲッツーを狙う目的で打球をグラブに触れた後、故意に地面に落とした場合は故意落球で打者はアウトになりボールデッドとなる。

故意落球は、普通に捕れると判断されたものを故意に落とした場合のみに適用され、難しい打球がグラブに当たって落球したときは故意落球は適用されない。また、外野手には適用されないので外野手の故意落球はない。

アピールプレイ

攻撃側チームのルール違反に対して、守備側チームがアピールしてアウトにするプレイをアピールプレイという。アピールプレイはインプレイ中に、そして、次のプレイが行われる迄に行わなければ権利を失う。また、ボールデッド中のアピールプレイは認められない。ボールデッドになった場合は、審判がプレイを宣告した直後にアピールすれば、そのアピールは認められる。

アピールプレイの代表的な例は、三塁走者がタッチアップしたが、野手の捕球より離塁が早かったときなどだ。

ベースの踏み忘れ

内野手は走者のベースタッチをしっかり見ることが重要だ。走者がベースを踏み忘れたら、プレイが途切れたインプレイ中にボールを保持して空過したベースを踏みアピールすれば走者をアウトにすることができるのだ。

複数の走者がベースを通過したときは、何番目の走者が空過したかを告げることが必要だ。例えば、2アウト満塁でホームランを打たれたが、二塁走者が三塁ベースを踏み忘れたとすると、それをアピールしてアウトにすれば得点は1点しか入らないのだ。

フェアとファウル

一塁線、三塁線に転がった打球は、ベースの手前であれば捕球した位置がフェアグラウンド内であればフェアでファウルグラウンドならファウルになる。捕球したときの身体全体がフェアグラウンド内にあっても、捕球した位置がファウルグラウンド上ならファウルである。身体がどこにあったかではなく捕球した位置で決まるのだ。

ベースの手前でバウンドした打球は、ベースの上をかすっていればフェアでベースよりファウル側を通っていればファウルになる。バウンドした打球がベース付近を通過したときは、捕球位置ではなくベースを通過した位置でフェアかファウルかが決まる。

守備妨害（インターフェア）

野球のルールでは、基本的には守備側のプレイが優先される。例えば、二、三塁間のライン上でゴロを処理しようとした遊撃手が、二塁から三塁に走っていた走者と衝突し捕球できなかった。この場合は、守備妨害で走者がアウトになるのだ。走者は故意ではなく、また、ルール上の走路を走っていたとしてもアウトになるのだ。それは守備が優先だからだ。走者はどこを走っていても守備のプレイを妨げたら守備妨害になるのだ。内野手は、走者の走路に関係なく打球処理を優先していいのだ。

走塁妨害（オブストラクション）

走塁妨害には二つの種類がある。それは、走塁を妨害された走者に対してプレイをしている場合と走塁を妨害された走者にたいしてプレイをしていなかった場合だ。走者に対してプレイをしているときは、走塁妨害が起きた時点でボールデットになり、妨害がなければ進めたであろう塁（最低でも占有している塁プラス一つの塁）が与えられる。

走者に対してプレイが行われていないときは、プレイが止まるまでインプレイなのだ。プレイが止まれば、妨害がなければ進めたであろう塁まで進塁できるのだ。ただし、インプレイ中に、妨害がなければ進めたであろう塁を越えて次の塁を狙いアウトになれば、走塁妨害より次のプレイが優先されアウトになるのだ。

ボールを持っていない内野手、またはプレイをしていない内野手は走者の進塁を妨害してはいけないのだ。妨害したら、走塁妨害となり走者に最低一つの塁が与えられるのだ。内野手は、プレイをしていないときに走者の邪魔になってはいけないのだ。走者とぶつからなくても、走路に立って走者の進塁を邪魔したと審判が判断すれば、走塁妨害になってしまうのだ。また、ボールを保持していても走者の妨害をしたときは走塁妨害が適用されるのだ。特に危険なプレイをしてはいけないのだ。スパイクで走者を踏みつけるとか走者を狙ってボールを投げるなどの行為だ。また、スライディングしてきた走者の足がベースに届かないようにベースの前に足を出し、膝から下でベースをブロックするような行為もだ。

走者に打球が当たったとき

走者に打球が当たったら、その時点で走者はアウトになる。ただし、内野手が弾いた打球や内野手が守備機会を終え、その後ろに内野手がいないときに当たった打球ならアウトにならず、そのままの成り行きでプレイは続行される。また、0または1アウト一、二塁や満塁の内野ゴロを故意に当たってゲッツーを防ごうとしても、審判が走者に当たらなければゲッツーが成立したと認めれば二つのアウトが宣告される。内野手はこのことをルールとしてしっかり覚えておこう。

第4アウトの置き換え

フォースアウトとフォースアウトでないアウトの違いで得点が入るかどうかが異なるのだ。例えば、1アウト一、三塁で打者がショートライナーを打った。一走者も三塁走者も飛び出し、三塁走者はそのままホームベースを踏んだ。遊撃手は打球を直接捕球し、飛び出した一塁走者をアウトにするため一塁に送球してアウトにした。ただし、一塁のアウトより三塁走者のホームインの方が早かったのだ。このままだと、三塁走者のホームインが認められ得点が記録されるのだ。

これは実際に甲子園のセンバツで起こったプレイなのだ。このケースは、一塁はフォースアウトではない。得点を与えないためにはアウトの置き替えが必要なのだ。一塁から三塁に転送し、三塁ベースを踏んで三塁走者のアウトをアピールして、第4アウトと第3アウトを入れ替えてもらう。そうすれば、三塁走者が三つ目のアウトになり得点は入らないのだ。

ベース上に二人の走者がいるとき

同じベースを踏んでいる二人の走者のどちらかをアウトにするにはどうすればいいか？　フォー

スアウトの状態でないときは、それぞれのベースの占有権があるのは前の走者だ。例えば、三塁ベースに三塁走者と二塁走者が同時にベースを踏んでいる。このときに三塁ベースの占有権があるのは三塁走者なのだ。したがって守備側は、ボールを保持して二塁走者にタッチすれば、たとえベース上であっても二塁走者をアウトにできるのだ。ただし、守備側の基本は同時に二人の走者にタッチすることだ。一昔前のセオリーは先の走者からタッチして二人の走者にタッチする。そうすれば勘違いした三塁走者がベースを離れるので、離れた走者に再度タッチして二人ともアウトにするというものだ。

近年のセオリーは二塁走者から先にタッチして早くアウトを取ることだ。ルールはみんな分かっているのだ。そんなことで騙される選手は基本的にはいないのだ。早くアウトを取ることが重要なのだ。三塁走者から先にタッチしていると、その隙に二塁走者に逃げられ、再度、挟殺プレイをやり直すことになるのだ。

走者が次の塁のベースを回ってからの帰塁

走者が次の塁のベースを回ってからの帰塁は走塁のルールだが、内野手が知っておくべきルールなので、ここで取り上げる。

例えば、1アウト一塁から、ヒットエンドランで走者はスタートを切った。外野を抜けそうな大きな当たりだったので二塁ベースを蹴り三塁に向かった。二、三塁間で打球を確認すると、外野手が背走しながら捕球した。一塁走者は捕球されたので、急いで一塁ベースへ戻って行った。このケースでは、一塁走者は二塁ベースを再度踏み直して戻らないと、ベースを空過したことになる。このプレイはアピールプレイなので、空過した時点ではアウトにならないが、守備側がボールを保持して二塁ベースを踏み、空過をアピールすればアウトになるのだ。アピールは、次のプレイが行われる前のインプレイ中に行わないと消滅する。

CHIBA
CHIBA

2 内野手の技術

内野手の基本と心構え

内野手は、投手が打ち取った打球を処理して確実にアウトにすることが基本の一つだ。得点を与えずにアウトカウントを増やしていくのが内野手の役割なのだ。当たり前のプレイを当たり前にやってアウトカウントを増やしていくのだ。捕球や送球の技術を学び、正しい理論に基づいた練習を繰り返し行えば、守備は必ず上手くなる。

内野手は、常に次のプレイを意識し、他の野手と連携していくことが重要だ。それぞれのケースでポジショニングを考えることも重要なことで、状況に応じたポジショニングができなくてはいけない。また、走者や打者の特徴や捕手の指示が瞬時に理解できなくてはいけないのだ。

内野手は、各塁のベースを空けないことや送球のカバーを怠らないことも重要だ。バッテリーと協力し、カバーリングを徹底すると、チームの守備力はぐんぐんアップする。それに、ルールを熟知することも重要だ。野球のゲームは塁上や塁間で様々なプレイが起こる。ルールを知らないと戸惑うケースもある。野球のルールは複雑だが、野球選手なら、野球のルールを勉強し熟知しておくことは当たり前のことなのだ。ルールをしっかり覚え、ルールに基づいたプレイができるようになることが重要だ。

ボールから目を離さない

内野手は、どんなときもボールから目を離してはいけない。投手が持っているときは投手から、捕手が持っているときは捕手から、他の野手が持っているときは他の野手から目を離さず、いつ自分に送球されてきても対応できるように集中しておく。また、打球を捕球するときも、ボールがグラブに収まるまで目を離さないことが重要だ。捕球する前に走者を見たり、他の野手を見たりでボールから目が離れると捕球できる確率が下がりエラーの大きな要因になる。

瞬間的に動ける姿勢は人それぞれ。自分に合った構えを見つける

内野手の構え方には様々な構え方がある。どんな構えであっても大事なことは、一歩目が素早く動けることだ。構えの動きを止めないで目の高さを打者のインパクトに合わせれば打球の質が

分かりやすくなり、一歩目が素早く動ける。構えで動きを止めると、静から動になり、一歩目が出にくくなる。動きはどんなときも動から動の方がスムーズに動き出せるのだ。

テニスプレイヤーがサーブを受けるときのように、身体を左右に動かしながら瞬間的に動ける姿勢で待つ構えや陸上選手がスタートを切るときのように重心を落とし、両足を前後に出して素早く前にダッシュできる構えは野球の構えに応用できる。

基本は、軽くジャンプして着地をインパクトに合わせる体勢だ。この体勢なら左右に素早く動ける構えができるのだ。

インパクトに目の高さを合わせる。速く動ける姿勢は人それぞれ

動きを止めないで、どの方向にも動ける姿勢で構える

打球に反応し、一歩目を素早く動く

一歩目はクロスステップで動く

左右に動くときの一歩目はクロスステップで動く。打球が飛んだ方向の足に重心を移し身体の向きを変える。その体勢から一歩目を素早く出す。この一歩目で打球に追いつけるかどうかが決まる。軽くジャンプして着地した体勢をインパクトに合わせると一歩目が出しやすい。打球にいかに素早く反応し、いかに一歩目を素早く動くかが、内野手に求められる要素の一つだ。

一歩目を素早く動くためには集中力と準備が重要だ。打者のスイングに集中すると、インパクトで打球の飛ぶ方向が分かるはずだ。また、バッテリーのサインや打者の特徴で守備位置を変えたり、考えられる作戦を予測しておくと、一歩目が早く動けるはずだ。バランス良く素早く動くためには、常に両足の拇指球に重心を置くことと前傾姿勢を意識することだ。踵重心になると、捕球も送球も安定しない。

小刻みに動くとバウンドが合わせやすい

ゴロ捕球の基本は、素早く前に出て身体の正面で捕球することだが、それまでの細かい動きが重要だ。素早く動くためには、一歩目の歩幅を小さくして動くことだ。打球に早く追いつくためニ歩目からは歩幅を広げ速く動く。打球に追いついたら小刻みに動き、前へのスピードを緩める。

そうするとボールとの間が取れ、バウンドに合わせやすいのだ。

ゴロ捕球は、いかにしてバウンドに捕球のタイミングを合わせるかが重要で、バウンドを合わせるためのステップが踏めれば、安定した捕球ができ、捕球から送球も簡単になる。一歩目を小さな歩幅で素早くスタートし、二歩目から大きく動いて打球に早く追いつく。追いついたら、小さく小刻みに動いてバウンドを合わせる。このステップの使い方をマスターしよう。この基本ができれば、ゴロ捕球の技術が飛躍的にアップするのだ。

フットワークを使う

構えから捕球までを基本通りに動くと、難しいバウンドのゴロも簡単な打球になる。どんなバウンドのゴロでもフットワークを使って前に出て、ボールが落ちてくるところまで全力で移動する。ボールが地面にバウンドする直前に捕球できる位置まで移動すると、ボールの軌道が分かって捕球しやすく、簡単に捕れるはずだ。また、ぎりぎりで打球に追いつけなくても、バウンド直後を捕ればイレギュラーの影響も受けにくく簡単に捕球できるはずだ。また、始めからショートバウンドを狙って前に出る動きも基本の一つだ。最も難しい捕球位置は、バウンドしたボールが勢いよく上がって来る高い位置だ。ここで捕る癖が付くとエラーが多くなり、フィールディング技術はアップしない。

三塁手や一塁手が強い打球に差し込まれ、身体の中心付近で捕球することがあっても、平凡なゴロを待って高い位置で捕ってはいけない。必ず前に出て、ボールが上から下に落ちてくるところ、またはバウンド直後を捕球するようにしよう。そうすれば、大きく弾んだ打球や不規則なバウンドの打球でも比較的簡単に捌けるようになる。

構えから捕球直前まで目の高さを変えないで動く

ボールの右から回り込んで横からボールを見る。横からボールを見ると打球の方向、速さ、バウンドなどの性質が見極められる。正面から見るより横からの方が、はるかに打球の動きが分かりやすいのだ。

バウンドにタイミングを合わせ小さく回り込んだら、身体の正面で捕れるよう小刻みに動いて、打球との間を取る。打球の正面に入ったら腰を落とす。ボールをしっかり見て、グラブを下ろし捕球体勢に入る。捕球はグラブを大きく開いてボールに直角に出し、右手を添える。

インパクト時の構えからボールを捕りに行く動きの中で、目の高さを変えないよう低い姿勢で動くことが、ボールの動きを正確に捉《とら》えるために、特に重要なことなのだ。捕球体勢は、膝を曲げ、グラブを地面に着けて両手で捕球する。グラブは下から上に使う。捕球後は、身体の正面で両腕を割り、ステップを使って上から投げる。

また、右方向の強い打球など右から回り込めない打球もある。そういうときはバックハンドを使っての捕球など臨機応変に状況に合った捕球技術を使うのだ。そのためにも、すべての捕球技術を身に着けることが重要だ。

グラブを立てる

グラブを立てるとは、グラブをボールに対して直角に向けることだ。ボールに対してグラブを立てれば、打球の勢いを吸収し確実に捕球できるのだ。では、グラブのどこを立てればいいのか？　それは、グラブの芯のことで捕球する面のことだ。

グラブが寝るとボールを弾く

グラブの芯を立てる

投げ手でふたをする

グラブが寝てしまうと、打球の勢いを止められず、ボールを弾いてしまう。グラブを立てるには、腰を落とし、前傾姿勢で、身体の前で、グラブの指先を地面に着けるように出す。グラブを立てて捕球したら、投げ手でふたをするとボールがグラブからこぼれ落ちず、さらに確実に捕球できる。ふたは、投げ手の手のひらと指全体でボールを包み込むようにする。捕球したら、ステップを踏みながら、両手を身体の中心に引き上げる。引き上げたら身体の中心でボールを握り替えると送球が安定する。

身体の中心線よりやや左で捕球する

捕球姿勢は、両足を左右に開き、左足を少し前に出す。両足の拇指球重心で膝を曲げ、腰を落とす。左足と右足のつま先を結んだラインより前にグラブを出し、上体を前に倒し、ボールが見える位置で捕球する。捕球したら投げ手でふたをすることを忘れない。膝を曲げ、腰を落とし、上体が地面と平行になる姿勢で両手を前に出すと、捕球するポイントがはっきり見えるはずだ。捕球するまでボールが見えていると、捕球の確実性が増す。

捕球から送球は一連の動作でリズムよく行うとミスが少なくなる。捕球で動きを止めると送球のための新たな動きが必要になり、悪送球の原因になる。捕球の動きの中で、身体の軸より少し左側で捕球すると、動いている分だけ両手が身体の中心になり、次の動作に移りやすい。

両手で捕球するメリット

両手で捕球することは、捕球を確実にすることより、ボールを素早く握り替えられることのメリットの方が大きい。

捕球したら、投げ手でふたをして手のひら全体でボールに触る。そのまま両手を身体の中心へ引き上げ、ボールを握り替える。握り替えは、人差し指と中指がボールの縫い目にかかるように握り替える。普段からボールに触れ、握り替えの練習をしていると、指が勝手にボールの縫い目にかかるようになる。片手で捕球すると、握り替えまでに時間がかかり、素早く送球できない。

グラブは「下から上に」が捕球の鉄則

人の手は身体の中心から外側に使うより、外側から中心に使った方が、力が使え素早い動きができる。グラブの使い方も同じで、外から身体の中心に使った方がスムーズに使える。ゴロを捕球するときは、グラブを下から上に使うと確実に捕球できる。グラブを下から上に使うためにはグラブを地面に着けて、低い位置で捕球すればいい。そこからそのまま身体の中心に引き上げる。

上からボールを見て上から下にグラブを使い、ボールを押さえつけるように捕球するとバウンドに合わせにくく、送球も難しくなる。ボールは、なるべく下から見るように意識しよう。その意識を持って打球を処理すれば、上体が浮くことがなくなる。反復練習でグラブを下から上に使う技術を身に付けよう。これも、守備が飛躍的に上手くなるための重要なポイントの一つだ。

グラブのどこで捕球するか

ボールを両手で捕る利点は、確実に捕球することより、素早く握り替えられるメリットの方が大きいことは先にも述べた。片手で捕ると投げ手でボールをつかみに行く分だけ時間がかかり、握り替えが遅くなる。握り替え方は、両手で捕球し、捕球したら両手を身体の中心に持ってきて、胸の前で行う。試してみると分かるはずだが、捕球した位置で握り替えると安定しない。胸の前なら簡単に握り替えられる。ただし、レベルが上がってくると捕球と同時に握り替えが必要になることもある。では、グラブのどこで捕球すれば素早く握り替えられるか？

レベルの高い技術になるが、ポイントを押さえておこう。グラブにはフライを捕るのに適した個所と握り替えに適した個所がある。また、フライを捕るのに適した捕り方と握り替えに適した捕り方がある。フライは親指と他の指でつかんで捕るので、人差し指の付け根ぐらいで捕球する。遊撃手用や二塁手用グラブは芯が浅く小振りにできていて握り替えに適していないなど素早く握り替えるときは、中指の付け根に近い手のひらにボールを当て打球の勢いを吸収し、そのまま投げ手に握り替える。

正しいステップと正しい体重移動を身に付ける

正確な送球をするためにはボールの握りや腕の振りだけではなく、足の運びと体重移動が重要だ。これが正しくできれば、送球の精度はぐんとアップする。

右投げの場合、ゴロの捕球は右足も左足も踵から入り、左足のつま先が着地するのと同時に捕球する。捕球したら右足を左足の前に出し、送球方向へ直角に向ける。このとき、右足に重心を乗せる。ここで右足に重心が乗らないとパワーがためられず強いボールが投げられない。次に左足を真っすぐ送球方向に踏み出す。ここから、重心を右足から左足に移動する。重心を移動しながら重心の移動で生まれたパワーを使って送球する。そうすると強くて正確なボールが投げられる。正確な送球をするためには、正しいステップと体重移動が重要で、捕球から送球を一連の動作でリズミカルに行うことが大切だ。

肘を先行させボールを切って送球する

内野手はスナップスローを使って送球できることが重要だ。スナップスローとは、手首を利かせてコンパクトに投げる送球のことだ。捕球者が捕りやすい変化のない真っすぐ伸びて行くボールを投げるのだ。スナップスローはスナップだけで投げるのではない。体重移動と肘の使い方が重要で、特に肘を柔らかく使うことが大切だ。

コンパクトなテイクバックで軸足に重心を乗せる。このとき、左足のつま先、膝、腰、肩が開かないように閉じ、送球方向を見て身体の中心で両腕を割る。ここから下半身始動で重心を前足に移動する。腕は大きく回さず、肘から先に出し、身体の近くをとおす。肘の動きの後を追うように手首を出し、最後はスナップを利かせて送球する。

捕球から送球を意識する

捕球と送球は別々のものではなく、一連のもので一つのプレイである。ボールを捕るときに、投げることまで意識してプレイするのと、捕ることだけを意識してプレイするのとでは次のプレイに大きな差が出る。どんな練習をするときでも、捕球から送球までを意識することが重要だ。

素早く捕球して素早く正確に送球するには、効率の良い身体の動きが要求される。また、不安定な体勢で捕球したときや瞬時の判断で送球先を変更するときなど、足の先から指の先まで自在に使えないと素早い送球はできない。バランスを重視したトレーニングを取り入れ、身のこなしを良くしよう。捕球は、ボールを早く持ち替えるために投げ手を添える。いかに早くボールを持ち替え送球できるかは、投げ手をどこに置くかで決まる。

一塁手のベースの踏み方

内野手からの送球を捕球するときのベースの踏み方には基本があり、基本どおりにベースを踏めないと足がベースから離れたり、走者と交錯したりで確実なプレイができない。ベースはフェアグラウンド側の端を拇指球を中心にしてつま先から踵までの足の裏全体で踏む。そうすると、身体を伸ばして捕球しても、踵は上がるが拇指球がベースから離れることはない。

どこから送球されてくるかでベースを踏む位置が違ってくる。三塁手、遊撃手、投手からの送球はホーム側の内側を、二塁手からの送球はライト側の内側を踏む。ぎりぎりのプレイは大きく伸びて捕る。

両手を身体の中心に持ってきて方向転換する

方向転換して送球する技術を身に着けることは、内野手にとって、たいへん大事なことだ。試合では、外野からバックホームの送球をカットして各塁へ素早く送球という場面など、ボールを捕球後、方向転換して送球というケースは多い。その技術を身に着けるには、二つの大きな要素がある。

一つ目は、ステップの踏み方だ。ステップしないと方向は変えられない。小さく素早くステップして方向を変えることが重要だ。ステップの踏み方は、捕球と同時に軸足を直角に、前足を真っすぐ送球方向に向けることが重要で、このステップが踏めれば上体は自然と送球方向を向く。

二つ目は、捕球後、両手を身体の中心に持ってきて回転幅を小さくして方向転換することだ。回転幅を小さくするためには、両手を身体の中心に持ってくることだ。このとき、ボールは投げ手に握り替えるが、両手を割らずに方向転換する。この体勢だと簡単に、しかも身体の軸がずれずに方向転換できるのだ。

状況によって投げ方を変える

内野手はどの位置からでも投げられる技術が必要だ。距離が長いときは、上から身体全体の力を使って送球する。距離が近いときや間一髪のときはサイドやアンダーから送球する。この場合も、大きくテイクバックを取らずコンパクトに送球する。

定位置のときの三塁手や遊撃手の正面に飛んできた

両手を身体の中心に持ってきて方向転換

野手にいちばん近い位置を踏み、ぎりぎりのプレーは大きく伸びて捕る

打球は、確実に捕球し、上から正確に送球する。内野ゴロのバックホームや三塁前のセーフティーバントなど、間一髪のときは、アンダーまたはサイドから送球する。遊撃手のセカンドゲッツーなど距離が近いときは、サイドから柔らかいボールを送球する。

いずれの場合も重要なことは、小さなモーションで肘を先行させて素早く投げることだ。腕を身体から離すとコントロールが付きにくいので、身体の近くをとおして投げる。内野手は、これらの技術を身に付けよう。また、サイドやアンダーからでも指を使ってボールを切って送球することが重要だ。

トスは送球方向に動き、手のひらで

正確にトスする技術を身に着けることも内野手にとって重要な要素の一つだ。ダブルプレイを取るためには、普段の練習でトス、グラブトス、バックトスを絡めた練習で正確にトスができるようになることだ。相手の立場になってタイミングを合わせ、より捕りやすいボールを送球することが重要なのだ。技術的には、捕球者に分かりやすい動きで、捕球したらボールを早く見せることだ。

送球方向に動きながら、手のひらで押し出すように送球する

トスは、送球方向に動きながらボールをリリースするとコントロールが安定する。どこからボールが送球されるかが分かると捕球しやすいので、捕球者に早めにボールを見せることが重要なのだ。また、手のひらを使って、ボールが回転しないように投げる。ベルトから下は捕りにくいので、ベルトから頭までの間に投げる。リリース後も腕を残しておくと、捕球者はボールの軌道を判断しやすく捕球しやすい。

グラブトスは手首を使わず、腕の振りを利用して送球する。バックトスは、投げ手の肘と手首を上手く使って投げる。いずれも、普段から練習し、正確な送球ができるようにしておくことが重要だ。

フライの捕球は、捕球直前にグラブを出す

内野に上がったフライは、投手を除く野手が捕るのが基本だ。内野手は、捕れると判断したフライは積極的に捕りに行くことが基本だ。捕球者は大きな声で捕球する意志を伝え、他の野手も大きな声で任せたことを伝える。

捕球者は、落下地点の一歩後ろで打球を見ながら、打球が落ちて来たら一歩前に出て捕球体勢に入る。両足の膝を曲げ、どの方向にも動ける姿勢で待つ。上体に力を入れない。また、ボールを少し横から見た半身の姿勢の方が変化に対応できる。グラブは捕球直前に出すことが重要だ。

捕球する方の腕と足が前で、後ろ足の膝は変化に対応できるように、少し曲げておく。

ボールを一直線に見てボールと顔の間にグラブを出すと、グラブでボールが隠れることがある。捕球するまでボールが見えていることも重要だ。フライは背走して捕るよりも、前に出て捕球した方が簡単なので、外野のフライは深追いせず外野手に任せる。

中継は、一直線上に素早く移動し、大きな的になる

外野からの中継は、中継者の動き一つで好プレイやミスが起きる。まずは、外野手と送球位置の一直線上に入ることが重要だが、外野手の肩と送球位置までの距離や捕球体勢を考え、外野手に詰めたり、引いたりできることが重要だ。早めに中継ポジションに立ち、大きく両手を広げ、大きな声を出し送球の的となる。外野手が送球しようとしているときに、中継者が動いているようでは、送球目標が定まらず悪送球の要因になる。

送球方向に重心を移動しながら半身で捕球し、ワンステップで素早く送球する。送球方向に背中を見せたまま捕球すると、送球に時間がかかりワンテンポ遅れる。間一髪のプレイになることが多いので、捕手または野手が捕り

送球者の大きな的になる

やすく素早くタッチできる位置に送球することが重要だ。また、少々悪送球が来ても必ず中継する。前後左右に動くときも半身の姿勢を崩さず、逆回転をしないように素早く動く。

ベース上のタッチプレイ

タッチプレイはベースをまたぎ、捕球したらベースの前で素早く強くタッチする。ボールをぎりぎりまで待って捕球し、グラブを上から下に下ろしてタッチする。送球がワンバウンドでもベース上で捕球してタッチする。それは、ベース上まで待った方が早くタッチできるからだ。走者はスライディングをしてくるので、その勢いでグラブからボールがこぼれ落ちないように、しっかり握ってグラブの背側でタッチする。

捕球して、いかに早くタッチできるかは、捕球して、いかに早く送球できるかと同じように重要なプレイなのだ。捕球までにボールから目が離れるとミスの確率が高くなる。また、走者を怖がったり、走者の動きが分かっていないとタッチが遅れる。

一塁手の役割

一塁手の守備がチームにとってどれだけ重要であるか、考えてみよう。強いチームには、守備の上手い動きの良い一塁手がいる。一塁手の守備力が劣っているとトーナメントの戦いは勝ち抜けない。高校野球で甲子園に出場するようなチームには、守備力のある一塁手がいる。近代野球では、一塁手の役割が非常に重要になっている。また、少年野球では、内野手からの送球が不安定なため、一塁手の守備力が勝敗のポイントを握っているといえる。メジャーや日本のプロ野球では、打力に優れているものの守備力や肩に不安がある選手が守るという印象が強いが、それはプロレベルの基本が備わったうえでのことなのだ。

近代野球では、一塁手は、二塁手、遊撃手に次いで多くの要素が求められるようになってきた。どんな送球でも捕球できる捕球技術、素早く動いて素早く送球できるバント処理の技術、外野手からの送球を中継する技術など、1点を防ぐための需要な役割を担っているのだ。

相手ベンチが一塁なら相手監督のサインが間近で見られ、サインを見て一塁走者の動きを見れば作戦が分かることもある。試合の流れや相手の作戦などを読んで、投手や他の野手に伝え連携するのも一塁手の役目になってきたのだ。

二塁手の役割

内野手で一番技術が必要なポジションはどこか? それは二塁手なのだ。

二塁手は遊撃手とともに広い守備範囲があり、素早く捕球し素早く送球する技術はもちろんのこと、外野を抜けた打球を中継するときなど、強くて低いボールで大遠投しなければならないときもある。内野ゴロを捌くときは、三塁手や遊撃手は、一塁に送球するときも二塁に送球するときも身体を逆回転させて送球することはほとんどない。ところが二塁手は、一、二塁間のゴロを捕球して二塁方向に半回転して素早く送球する技術など細かい技術が必要なのだ。

近代野球では、二塁手が内野の要といっていいほど重要なポジションになっている。バッティングマシンの進化によって、どのレベルの野球でもバッティング技術がアップし、右打者が右方向に打ってくる打球が増えてきた。また、二塁には鋭い当たりばかりではなく、一塁方向に切れていく打球や二塁ベース方向にフックしていく打球など質の違った様々な打球が飛んでくるようになった。三塁手や遊撃手とは違った捕球技術やボールの握り替えの技術が必要なポジションになってきたのだ。

一試合で一番多く走り回るポジションでもあるのだ。サードゴロやショートゴロは全力で一塁のバックアップに走る。バント守備では、素早く一塁ベースに入る。走者一塁の内野ゴロはセカンドに入ってゲッツーを完成させる。センターから右の打球が外野を抜けたら外野に深く入ってボールを繋ぐ。センターから左の打球が外野を抜けたら遊撃手のカバーか第二中継に回る。以上のように内外野を走り回り、ボールを繋ぐのが二塁手の役割だ。また、一塁と二塁ベースをカバーするのも二

ベースをまたぎ送球を待つ

塁手の役割だ。

二塁手は野球の知識を深め頭を使い、先のプレイを読んで積極的に動けなければいけないのだ。

三塁手の役割

三塁手はホットコーナーと呼ばれている。一昔前は今とは違って右バッターが多かったため、右の強打者が思い切り引っ張った強烈な打球がサードを襲うことが多かった。そんな打球を華麗に捌き、ときには身体を張って止め一塁に矢のような送球でアウトにする。三塁手はハートが熱く、気持ちが強い選手が守るポジションだったのだ。ミスタープロ野球、長嶋茂雄が守り、日本中の野球少年が憧れたポジションでもあったのだ。そういう時代があり三塁はホットコーナーと呼ばれ、見てる観客を魅了するポジションでもあったのだ。

今でも強い気持ちが必要なポジションであることは間違いない。近代野球の三塁手は、投手が打ち取った打球を確実に捕球し、確実に送球してアウトカウントを増やしていくのが一番の役割だ。そして、一塁手と同じように、ピッチャーとの距離が近いのでピッチャーに声をかけたり内外野に声をかけたりすることができる大事なポジションでもあるのだ。また、バント処理や外野からの中継プレイなど細かい技術も必要だ。

近代野球においては、細かい動きや難しい動きは少ないが、ボテボテのゴロやセーフティーバントなど前へのダッシュ力が求められるポジションでもあるのだ。打者に近い分、強烈な打球も多いので、その打球に対する素早い反射神経も必要だ。また、それだけでなく、打球を恐れない強い気持ちと身体も必要だ。三塁手は守備機会が多く、送球の確実性も必要で、肩の強さとコントロールの両方が求められるのだ。

遊撃手の役割

遊撃手には、守備範囲の広さと肩の強さが求められる。遊撃手は打者からも遠く、一塁ベースまでも距離があり、打球に対しての素早い反応、深い位置からの送球、状況判断など必要な要素が数多くあるのだ。誰でも守れるポジションではなく、内野手の中でも最も能力が高い選手が守るポジションなのだ。

捕手、遊撃手、二塁手、中堅手はセンターラインといって守備が上手い選手が守るポジションなのだ。センターラインがしっかりしているチームは強いのだ。中でも遊撃手は、瞬発力、肩の強さ、瞬時の判断力、視野の広さなどが求められ、野手の中でも最も運動能力が高い選手が守るポジションなのだ。遊撃手を見るとチームのレベルが分かるのだ。それは、遊撃手に一番能力の高い選手を起用するのが一般的だからだ。広い守備範囲と肩の強さ、様々なフォーメーションの理解、三塁手、二塁手、外野手との連携、二塁、三塁のベースカバーも遊撃手の役割だ。

3 走者なしのときの内野手

打者を出塁させない守備態勢を敷く

内野手は、打者の特徴を観察し守備位置を変えることが重要だ。足が速い打者なら、三塁手、一塁手はセーフティーバントを警戒する。やや前に守り、投球と同時に打者がセーフティーバントの構えをしたら、素早くダッシュする。簡単にセーフティーバントを成功させてはいけないのだ。セーフティーバントに備えた準備をしていれば防げるはずだ。

スイングスピードが速い強打者タイプの右打者なら、三塁手、遊撃手は深く守り、遊撃手は三遊間を狭める。二塁手も二塁ベース寄りに深く守る。左打者の場合は一塁手、二塁手が深く守り、二塁手は一、二塁間を狭め、遊撃手は二塁寄りに深く守る。そうすることによってヒットゾーンを狭められるはずだ。近年のメジャーリーグの試合を見ていると内野手は打者によって極端な守備態勢をとっている。それによって普通の守備態勢ならヒットになっている打球が軽く捌かれているシーンを何度も見てきた。打者のデータや特徴を分析し、それを生かした守備態勢をとっているからなのだ。

内野手は、相手チームのデータ、打者のタイプ、バッテリーの配球によって守備位置を変えられることが重要なのだ。

ファーストゴロ、一塁手が捕球して投手へトス

一塁手が捕球して投手へのトスは、投手にタイミングを合わせることが重要だ。一塁ベースに入る投手に、ボールを捕球することとベースを踏むことを同時にやらせようとするとミスが起きる。投手は早めにトスを捕球して、余裕をもってベースを踏むことができればミスがなくなるのだ。

一塁手は、捕球した位置から動かず、そのままトスしようとすると、肘や手首を大きく使わないとトスできない。肘や手首を使ってのトスはコントロールが定まらない

ボールを早めに見せる

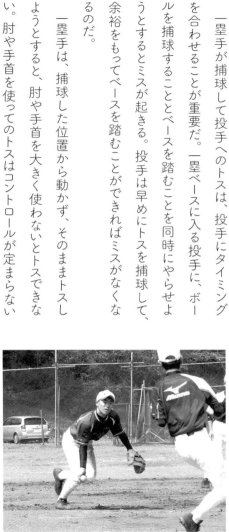

のだ。基本は、捕球したら投げ手にボールを持ち替え、投手にボールを見せるのだ。投手はボールが見えると、ボールの出どころが分かり捕球しやすくなる。一塁手はボールを見せたまま、送球方向に動きながら投手とのタイミングを合わせる。ベースの手前で、手のひらで押し出すようにボールを離す。そうすると回転しない素直な捕りやすいボールが送球できるのだ。トスしたら、腕をそのまま残しておくと、ボールの軌道と腕の振りが一致するので、さらに捕りやすくなる。

長打を打たれたときの一塁手

走者なしで長打を打たれたら、一塁手は、打者走者の一塁ベースタッチが確認できるフェアゾーンの内側まで移動し、ベースタッチを確認する。確認したら、打者走者の後ろから追って行って二塁ベースをカバーするのが一塁手の基本だ。

例えば、右中間を大きく破られたときは、バックサードのフォーメーションになる。このときのフォーメーションは、右翼手と中堅手が打球処理に向かう。二塁手と遊撃手は三塁送球への中継地点に入る。そうすると二塁ベースが空くのだ。そこをカバーするのが一塁手の役目なのだ。

打者走者が二塁ベースを大きくオーバーランしたときの帰塁を狙ったり、二、三塁間に挟んだりしたときの二塁ベースカバーの役割を担うのだ。

サードゴロ、ショートゴロの二塁手

サードゴロ、ショートゴロが飛んだら、二塁手は打球方向に動くのではなく、一塁のバックアップに回るのがセオリーなのだ。反射的に打球方向に身体が動き、そのまま二塁ベースをカバーするのが基本と思っている選手がいるが、これは間違いだ。このケースで二塁ベースに入っても何の役にも立たない。一塁送球が悪送球になったときの二塁ベースには遊撃手が入ればいいのだ。二塁手は一塁ベースのバックアップに回り、三塁手または遊撃手の悪送球に備えるのだ。

サードゴロ、ショートゴロは一塁手のバックアップに回る

外野に打球が飛んだときの二塁手

ライト方向に打球が飛んだら、二塁手は必ず中継に入る。二塁手の動きひとつで長打を防げることもあるのだ。ライト線のヒットのときは打者走者に二塁まで進まれないように、右翼手と二塁ベースの一直線上に入ってボールを繋ぐのだ。右翼手はライン上に走りながら捕球するので送球とは逆の動きになりやすい。その分、送球が難しくなるので、二塁手がそれをカバーするのだ。

右翼手の動きが遅れる分だけ右翼手に近づいて、早くボールをもらうのだ。

右翼手の頭、または右中間を抜かれたら二塁打は阻止できない。打者走者に三塁に進まれないように三塁へのラインをつくるのだ。二塁手は打球を追って外野に深く入り、最短距離でボールを繋ぐのだ。ラインの入り方は、打球方向と三塁ベースを見ながら動くと最短で繋げる中継位置が分かる。このケースも外野手は送球方向に背を向けて打球を追っているので、打球に追いついていても送球体勢はできていないはずだ。外野手に近づいて早くボールをもらうことが重要だ。

このとき、二塁手は中継位置から三塁までの距離感がつかめていなくてはいけない。捕球して素早く正確に送球できなくてはいけないのだ。また、広い球場の場合は、第二中継に遊撃手が入るので、その距離感や周りの状況が分かっていることも重要だ。常に視野を広く持って臨機応変に対応できることが重要だ。

センターオーバーや左中間を抜かれたときは、遊撃手が中継に向かう。二塁手は遊撃手のバックアップに回るのだ。遊撃手と三塁までの距離があるときは第二中継に入る。レフト線のヒットのときは、二塁ベースに入って、打者走者が二塁へ走ってきたときのタッチプレイに備える。

二塁手は、外野に深く入り最短距離でボールを繋ぐける

外野に打球が飛んだときの遊撃手

レフト線のヒットのときは、二塁ベースと左翼手の中継地点に入って様子を見る。打者走者が二塁を狙ってきたときは、左翼手はワンバウンドで直接二塁へ送球するはずだ。送球が逸れたときは、中継して二塁ベースへ素早く送球するのだ。レフトオーバー、センターオーバー、左右間を抜かれた打球は、外野に深く入ってボールを繋ぐのが遊撃手の役目だ。打球の状況によって、バックセカンドやバックサードになるので、それを早く判断することが重要だ。また、途中で返送する位置が変わることもあるので、変更された中継地点に素早く入れることも重要だ。

外野手が内野手に背を向けて打球を追っているときは、打球に追いついても素早い送球体勢がつくれない。遊撃手は、外野手に近づいて早くボールをもらうことが重要だ。遊撃手も二塁手と同じように、この時

遊撃手は、レフトオーバー、センターオーバー、左右中間を抜かれたら、外野に深く入ってボールを繋ぐ

遊撃手は、ライトオーバーや右中間を抜かれたら、二塁手のバックアップまたは第二中継に入る

点で送球位置への距離感がつかめていなくてはいけないのだ。そして、素早く正確に送球ができることが重要なのだ。

ライトオーバーと右中間を破られたら、二塁手が中継に向かうので、そのバックアップに回る。二塁手と三塁ベースまでの距離があるときは第二中継に入るのだ。ライト線のヒットのときは二塁ベースに入って、打者走者が二塁へ走ってきたときのタッチプレイに備える。

セーフティーバントに対する備えを怠らない

内野にもヒットゾーンがある。三塁手や一塁手が下がって守り、セーフティーバントへの警戒が薄いときの三塁線、一塁線のバントは内野安打になりやすい。また、投手、二塁手、一塁手の中間地点へのプッシュバントもそうだ。一塁手と三塁手は打者がバントの構えをしたら素早くダッシュしセーフティーバントに備えることが重要だ。

打順やアウトカウント、足の速さなど何も考えないで、ただ守っているだけだと不意を突かれ、簡単にバントヒットを許すことになる。セーフティーバントをやってくるのは足の速い打者だけではない。投手との力関係、投手や内野手の守備力、打者の打力、回数やアウトカウント、走者の位置など試合の流れの中で、相手の意表を突くバントやセーフになる技術を持った選手のセーフティーバントがある。内野手は、これらのことを頭に入れしっかり対応することが大切なのだ。

4 走者一塁のときの内野手

基本はゲッツー態勢

0または1アウトで走者一塁のとき、攻撃側が打ってくるならゲッツー態勢が基本だ。一塁手は走者をフリーにしないためベースに着いて構え、投球と同時にベースを離れ打球に備える。二塁手と遊撃手は中間守備で二塁ベース寄りで守る。

内野手は、内野ゴロなら二塁へ送球し、一塁走者から先にアウトにするのがセオリーだ。ファーストゴロも二塁へ送球し、一塁走者から先にアウトにするのが基本だが、捕球した位置がベースに近く確実にゲッツーが取れるなら、一塁ベースを踏んで二塁へ送球するのも基本の一つだ。

一塁手の技術

打球を処理してセカンドへ送球するプレイは、一塁手なら必ず身に付けておくべき技術の一つだ。

左投げ一塁手と右投げ一塁手ではこの技術が異なり左投げ一塁手の方が簡単だ。左投げ一塁手は、ボールの左から回り込んで捕球しそのまま二塁方向へステップを踏んで送球すればいいのだ。このケースが一塁手は左投げが有利といわれている要素の一つだ。

右投げ一塁手の正面または右方向の打球は、左側からボールを見て正面に入り捕球したら右回りに回転して送球する。捕球したらステップを使って、軸足を二塁方向に直角向け前足を真っすぐ出して重心を移動して素早くコンパクトに送球する。

左方向の打球を処理するときは、左に動き正面で捕球するが、そこから右回りに回転すると左に動いている身体を逆回転させなければならず、送球が難しくなり遅れる。この場合は、そのまま左回りに回転し、その回転の勢いを生かして送球する。ただし、上体にたよらずステップを使って送球することが重要だ。また、このケースはベースタッチか二塁送球かを素早く判断することが需要だ。

一、二塁間のゴロで正面に入りにくい打球は、打球を追って、そのままバックハンドで捕球する。バックハンドで捕球すると、そのままの体勢から回転しなくてもステップを踏むだけで素早く送球できる。無理に正面に入る必要はない。バックハンドで捕球し、ステップを踏んで素早く送球できる技術を身に着けることも一塁手の基本の一つなのだ。

一昔前は、どんなゴロでも正面に入ることが基本だったが、近年は、ゴロの捕球方法にも様々な要素があり、より確実に捕球でき、より早く送球できる方法や打者走者や走者を確実にアウト

左方向の打球は、そのまま左回りに回転する

回転の勢いを利用して送球する

にするためにはどうプレイすればいいかが見直され、試合で生きるプレイが基本として取り入れられるようになったのだ。

バックハンドやシングルハンドキャッチは悪い捕り方ではないのだ。ときと場合によって使い分けるべき捕球方法なのだ。また、ゴロはどんなゴロでも前に出て捕るというのが基本の一つだが、捕球直前にバウンドが合わなかったら、一歩引いて捕りやすいところで捕ることもエラーをせず、打者走者や走者をアウトにできるプレイの一つなのだ。

内野手は、この捕球方法も基本の一つとして身に着けることが重要だ。

二塁手の技術

セカンドゴロを捕球して二塁ベースに入った遊撃手に送球する動きは、他の野手にはない二塁手独特の動きで、二塁手がしっかりと身に着けなければならない技術の一つだ。

正面付近に飛んできた打球は、前に出て捕球し身体を半回転させて送球する。身体を回転しすぎないことがポイントだが、身体が二塁方向を向かないのもいけない。捕球したら、前足を軸にステップを使って半回転する。二塁方向に軸足を直角に向けボールを早く遊撃手に見せ、サイドから回転の効いた柔らかいボールを送球する。半回転したときに身体がライト方向に流れないように重心を低くして、上体を浮かさず、軸足から前足に重心を移動して送球する。

捕ってから送球するまでいかに早くプレイできるかが二塁手に求められる技術だ。身体の動き、捕球位置、身体の回転、ボールの握り替え、サイドからの素早い送球の技術をトータルで身に着けることが重要なのだ。

一、二塁間のゴロは左方向に移動し、右方向に身体を半回転させてからの送球になるので重心の移動が難しく難易度が高くなる。プレイを安定させるコツは早く打球に追いついて正面で捕球することだ。難しい打球を簡単な打球に見せるのも二塁手の技術だ。この場合は距離があるので、サイドから強いボールで送球する。遊撃手がスムーズに捕球から送球に移れる位置に投げられる技術を身に着けることも重要だ。

一、二塁間のゴロをぎりぎりでシングルハンドで捕球したときは、右回りに回転できないので、そのまま左回りに1回転して回転の勢いを利用して送球する。動きが大きくなっているので上体だけを使うと悪送球になる。ステップを使って軸足でしっかり踏ん張り、重心を低くして狙いを定めて上からしっかり送球する。

二遊間のゴロはトスを使う。捕球したら二塁ベース方向に動きながらボールを遊撃手に見せる。タイミングを合わせて遊撃手が捕球しやすい位置に送球する。間一髪のプレイになるときはグラブトスやバックトスも必要になる。これも普段から練習すれば素早く正確にトスできるようになる。これも二塁手が身に着けるべき技術の一つなのだ。

正面で打球を処理する

半回転して二塁へ送球する

バントのフォーメーション

０アウトなら一般的にはバントで送ってくるはずだ。内野手は送りバントに備えることが重要だ。

一塁手は、走者がいるので投手が投球モーションを起こすまではベースを離れられない。右足をベースに着け、けん制球が来たら素早くタッチできる体勢で構える。二塁手、三塁手、遊撃手は中間守備でバントに備える。

投手が投球モーションを起こし、打者がバントの構えをしたら三塁手と一塁手は前進してバントに備える。打者が足を左右に開いてバントの構えをしたら、打ってこないので、バントに備えてダッシュする。投球前に打者が足を開かずにバントの構えをしていたら、バスターやヒットエンドランがあるので、この場合は早く動きすぎないことが重

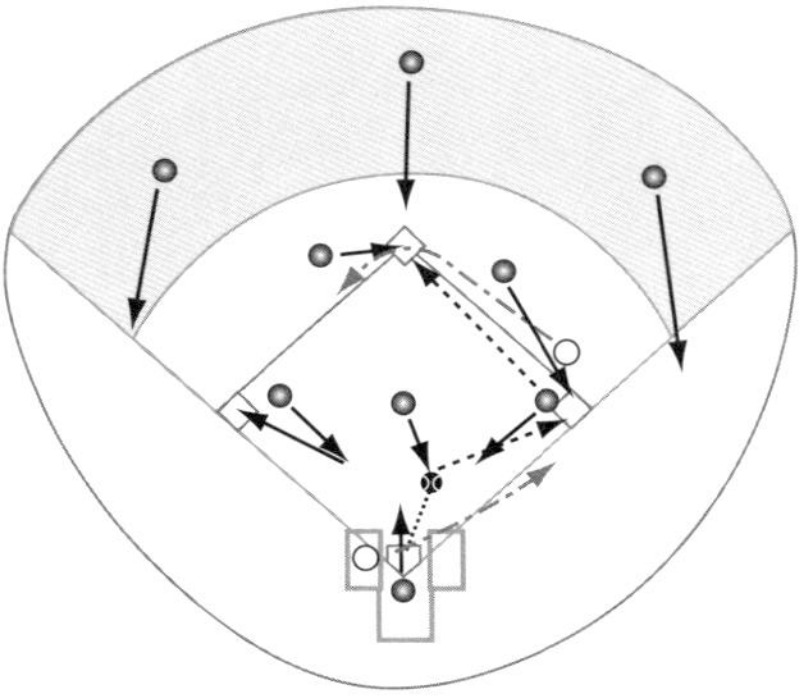

オーバーランを狙う

二塁手は捕球したら素早く二塁に送球する

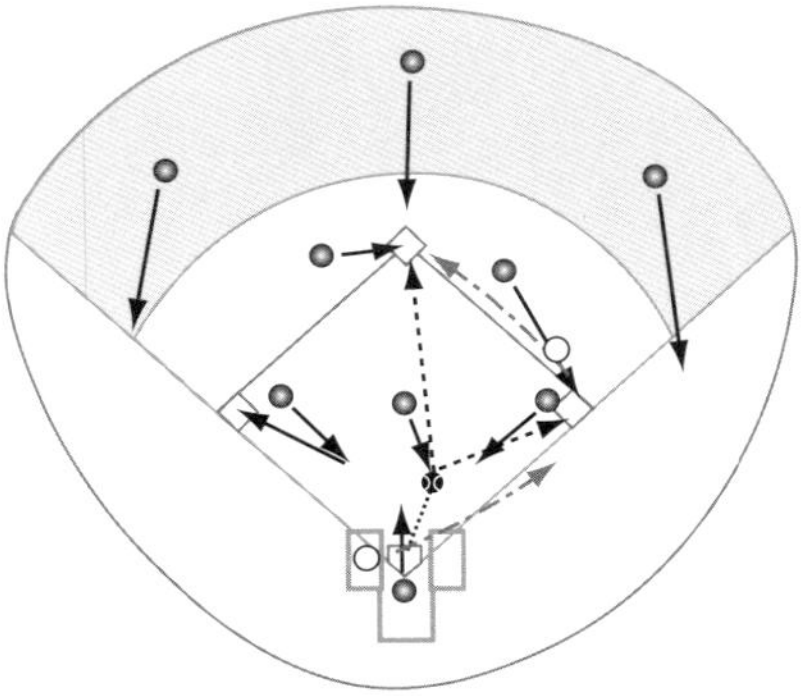

バントフォーメーション

一塁手、三塁手が前進して打球に備える。二塁ベースに遊撃手、一塁ベースに二塁手が入る

要だ。

バント守備は、一塁手も三塁手も一塁走者を二塁でアウトにするつもりで前進することが基本で、打球が正面なら、素早く捕球し、素早く二塁へ送球して一塁走者をアウトにする。二塁が間に合わなければ、一塁カバーに入った二塁手へ送球して確実にアウトを取ることもセオリーの一つだ。

遊撃手が二塁ベースに、二塁手が一塁ベースに入るのが走者一塁のときのバントフォーメーションなので、二塁手の一塁ベースカバーが遅れてはいけない。三塁手は、投手または一塁手が打球を処理したら、三塁ベースを空けないようにベースに戻ることも基本の一つだ。一塁手は前進したら投手や三塁手が捕球しても中途半端に一塁ベースに戻らないことも基本だ。一塁ベースには二塁手が入るので捕球が重ならないことが重要なのだ。二塁手は投手や内野手からの送球を捕球して打者走者をアウトにしたら、二塁へ送球して一塁走者のオーバーランを狙う。一塁走者がオーバーランをしてから送球したのでは遅いのだ。オーバーランをする直前を狙って送球することが重要なのだ。

長打を打たれたら、走者をホームに還さない

走者一塁で外野を抜くヒットを打たれたら、一塁走者をホームまで還さない中継をするのが内野手の役割だ。

センターから右の打球は二塁手が、左の打球は遊撃手が外野に深く入り込んでボールを繋ぐのだ。外野手が捕球した位置とホームの一直線上で、少しのロスもない位置で中継する。

捕球者の位置とホームベースを見て中継に入ると正確に一直線上に入れる。捕手の指示だけ聞いて直線上に入ろうとするとずれやすい。また、内野手は一直線上に入るだけではなく、捕球者が送球しやすい位置まで詰めたり引いたりすることが重要だ。

外野手が送球方向に背中を向けてボールを追っているときは、ボールに追いついてもすぐには送球体勢が取れないのだ。なので遠くへ正確な強いボールが投げられない。それをカバーするのが内野手の役目なのだ。早くボールをもらい、早く送球することで一塁走者の本塁生還を防ぐのだ。

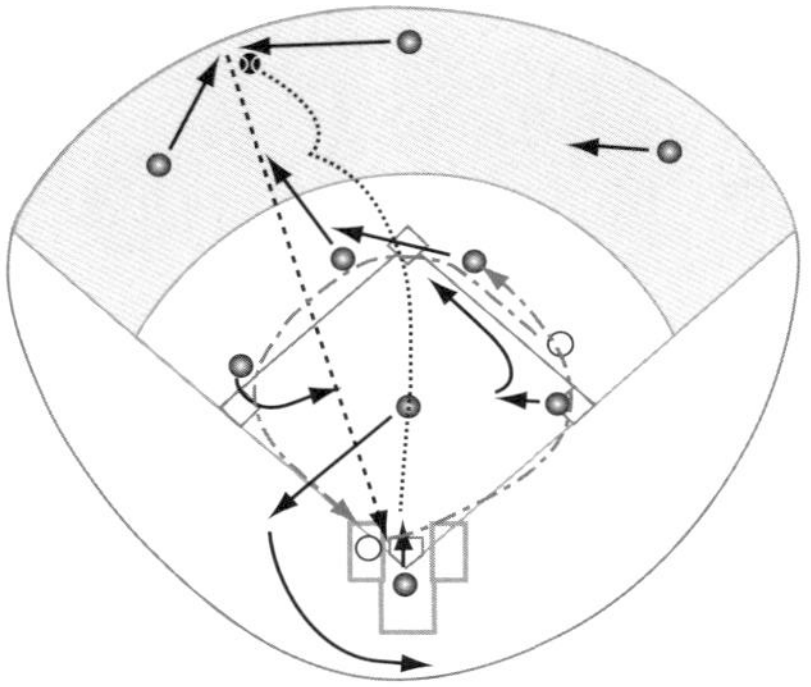

左中間を破るヒット

遊撃手が外野に深く入り込んでボールを繋ぐ

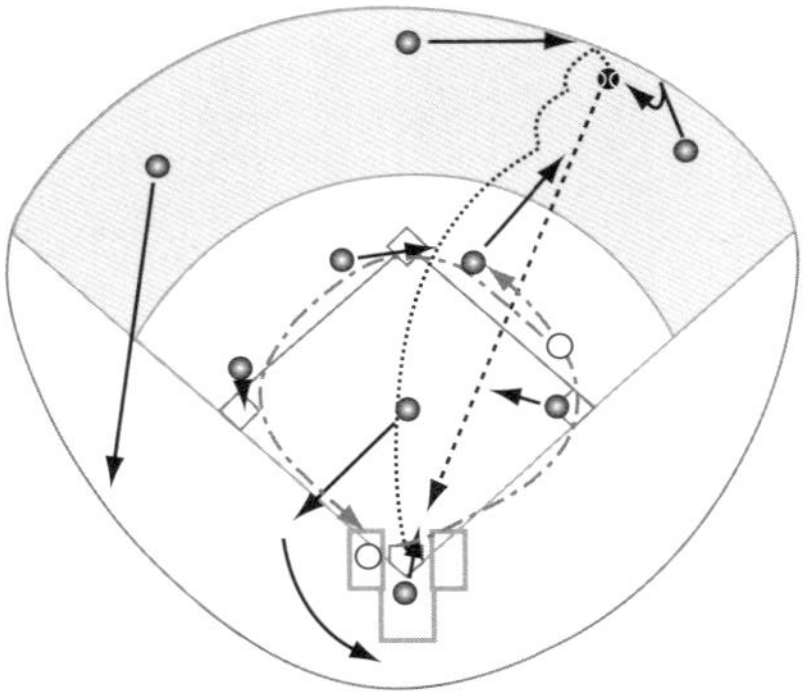

右中間を破るヒット

二塁手が外野に深く入り込んでボールを繋ぐ

ホームが間に合わないときはバックサードに切り替える。

オーバーランをするだろう走者を狙う

走者は自分が進んでいるベース上でプレイが行われていないときは、次の塁を狙うためにオーバーランをするのが基本だ。内野手は、そのオーバーランを狙って送球することが重要なのだ。オーバーランをしてから送球したのでは遅いのだ。オーバーランをする前を狙うのだ。

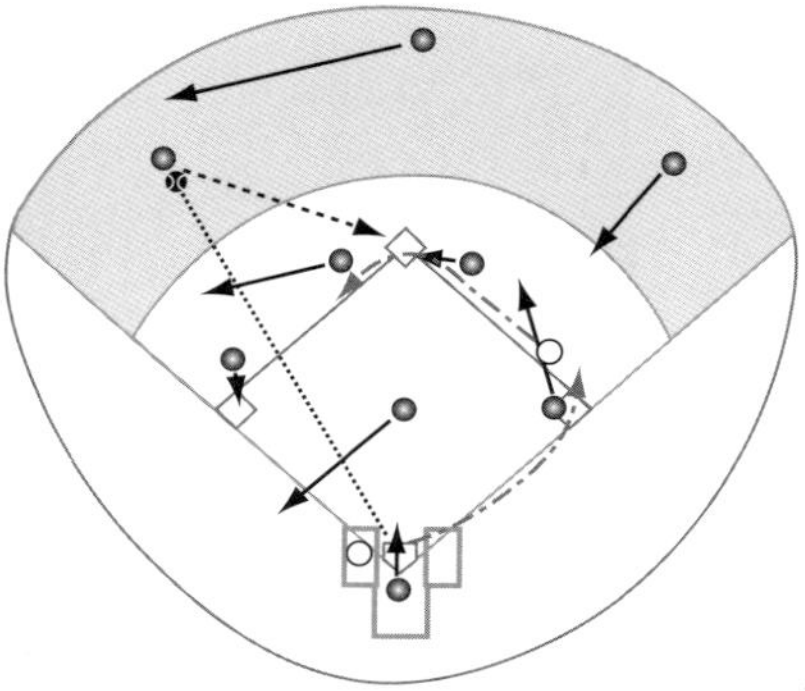

レフト前ヒット

二塁手が二塁ベースに入って左翼手からオーバーランを狙っての送球を待つ。一塁手が二塁送球のバックアップに回る

5 走者二塁のときの内野手

0アウト二塁のときのバント守備

走者二塁のときの投手（68頁）でも述べたが、1アウト三塁になれば得点を取られる確率が高くなる。なので攻撃側はバントで走者を三塁に進める作戦を取ることが多い。特に試合の終盤で僅差ならなおさらだ。守備側は、バント処理で二塁走者を三塁でアウトにできれば攻撃側のチャンスを潰し流れを一気に持ってくることができるのだ。

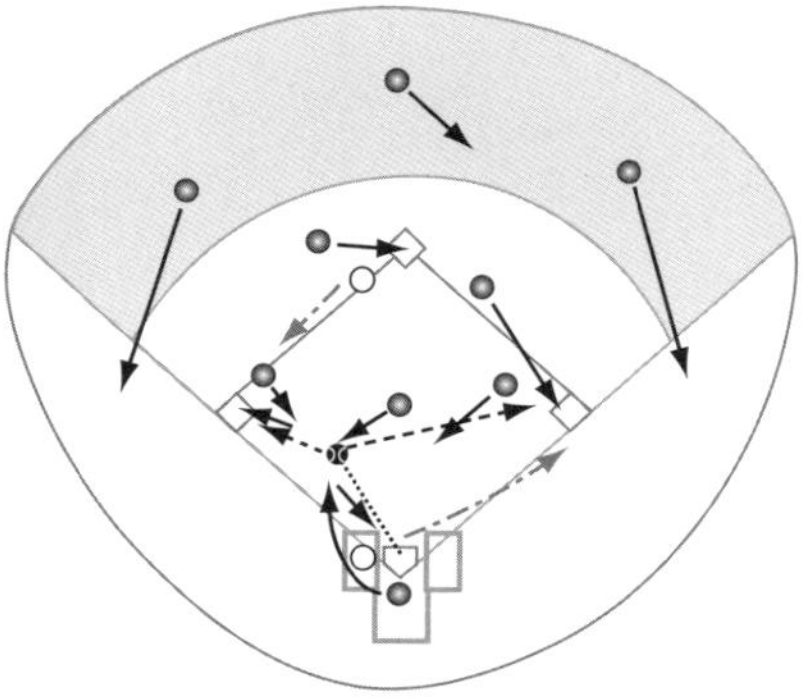

バントフォーメーション

投手が三塁側に下りる。一塁手が前進。三塁手は投手が処理できれば三塁ベースに、できなければ前に出て打球処理。二塁手が一塁ベースに入るこのケースは一塁手が前進守備で守り、打者がバントの構えをしたら一気にダッシュする。マウンドから一塁線までは一塁手が処理する。三塁方向は投手がマウンドを三塁方向に下り、投手が処理できれば三塁でアウトにすることが可能なのだ。投手が処理できなければ三塁手が処理することになるが、そうなると打者走者を一塁でアウトにするしかなくなるのだ。

このケースでは投手と三塁手が衝突したり譲り合ったりしてオールセーフにしてはいけないのだ。走者には三塁に進まれても打者走者は必ずアウトにすることが重要なのだ。また、投球と同時に三塁手と一塁手が前に出て遊撃手が三塁ベースに入るバント処理のフォーメーションもある。

0または1アウトのときの内野ゴロ

平凡なサードまたはショートゴロのときは、二塁走者は三塁にスタートを切らないのがセオリーだ。二塁手は二塁ベースに入って二塁走者に大きなリードを取らせてはいけない。三塁手、遊撃手は捕球したら走者を見て、二塁ベースに釘付けにして一塁に送球する。走者がスタートを切っていれば、三塁手は走者にタッチもしくは走者を追って行って、二塁に送球してアウトにするのだ。ショートゴロなら遊撃手は捕球後、三塁に送球すれば簡単にアウトにすることができるのだ。

一塁手は、三塁手または遊撃手から送球されてきたボールを確実に捕球し打者走者をアウトにする。この間に二塁走者が三塁にスタートを切ることがある。一塁手は捕球して終わりではなく、常に次のプレイがあることを頭に入れておくことが重要だ。三塁送球は素早く低いボールを正確に投げることが大切で、悪送球になったら得点を与えてしまうのだ。

ファーストゴロとセカンドゴロは走者を三塁でアウトにするのは難しい。打者走者を確実にアウトにするのがセオリーだ。

ヒットを打たれたときの内野手

このケースで外野にシングルヒットを打たれたら、二塁走者はホームを狙うのが一般的だ。内野手はそれを防ぐために中継に入るのだ。センター前、ライト前のヒットなら一塁手が、レフト前のヒットなら三塁手または遊撃手が中継に入る。三塁手が中継に入ったら遊撃手は三塁ベースに、遊撃手が中継に入ったら三塁手が三塁ベースをカバーする。

中継に入る内野手は、外野手が捕球した位置とホームベースの一直線上に入ることが基本だ。中継者は、外野手の捕球位置を予測し、ホームを見なくても、どこに入れば一直線上になるかが分かっていなければいけない。

内野手は中継した瞬間に、二塁走者がホームに向かっていなければ、素早く三塁に送球して走者のオーバーランを狙うのだ。二塁走者がホームに向かっていれば、打者走者はアウト覚悟で二塁に向かうことがある。二塁手は二塁ベースを空けないことも重要だ。

外野フライのときの内野手

センターまたはライトへの深いフライは、二塁走者がタッチアップで三塁に進むのが走塁のセオリーだ。センターまたはライトから三塁への中継地点に入りボールを繋ぐのが内野手の役割だ。センターフライは遊撃手が中継地点に入り二塁手が二塁ベースに入る。ライトフライなら二塁手が中継地点に入り、遊撃手が二塁ベースに入る。

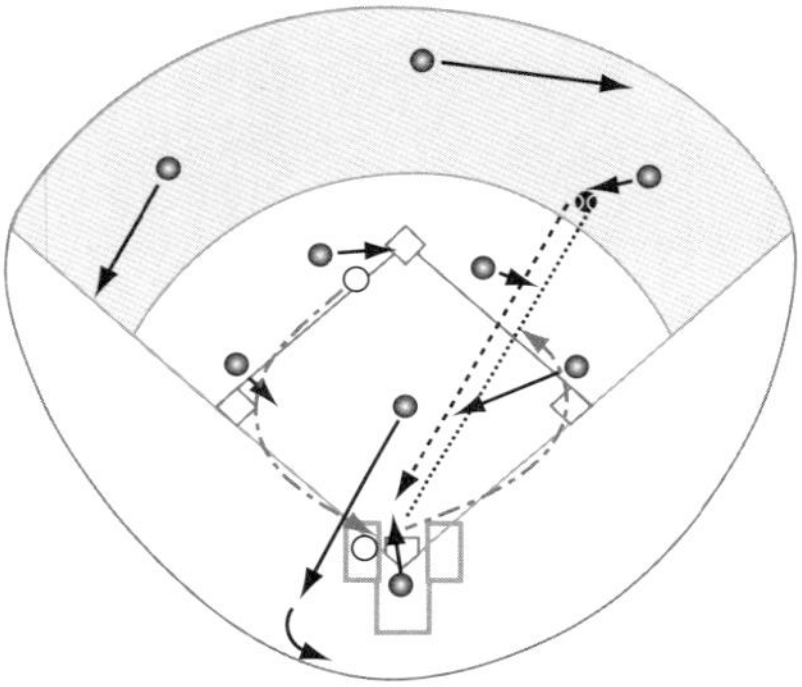

ライト前ヒット

一塁手が右翼手と本塁の中継に入る。遊撃手が二塁ベースに、三塁手が三塁ベースに入る

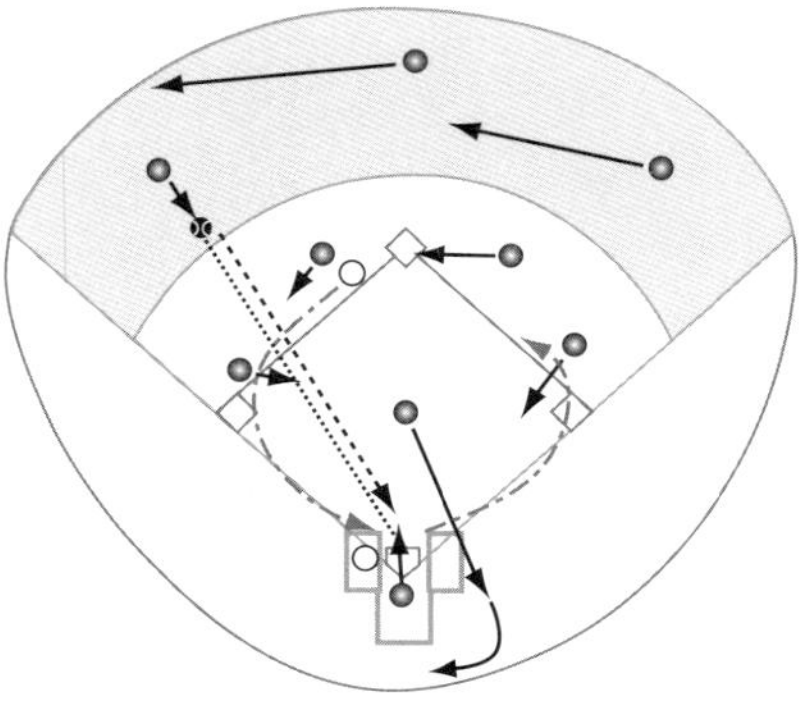

レフト前ヒット

三塁手が左翼手と本塁の中継に入る。遊撃手が三塁ベースに、二塁手が二塁ベースに入る

外野手からの送球を中継するのが内野手の役目だが、外野手から三塁に好返球が返ってきたら、中継しないでスルーするのも中継者の役目なのだ。カットするかスルーするかは三塁手の指示に従うが、どの位置に返球が来たらスルーしてアウトになるか予め分かっていることが重要なのだ。

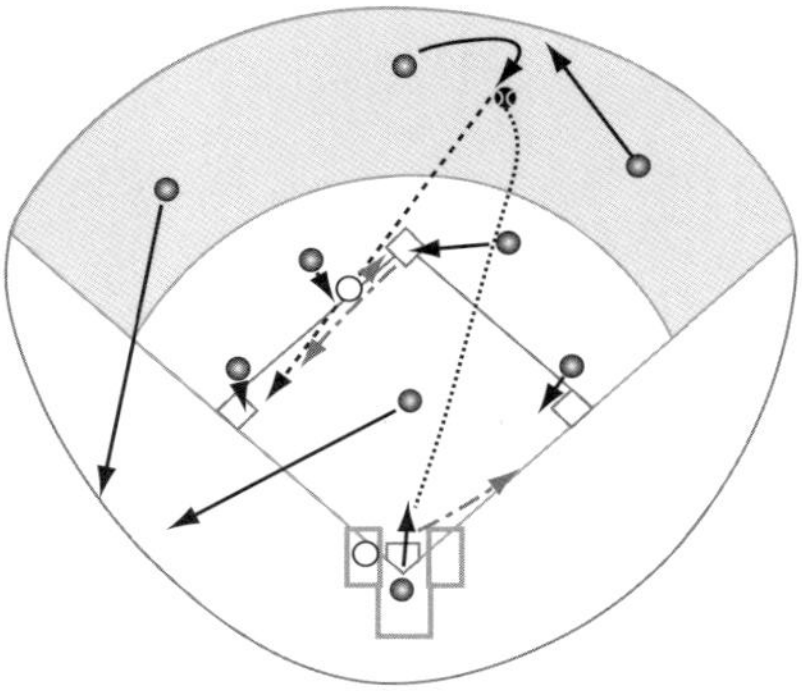

センターフライ

三塁手が三塁ベースに、遊撃手が中堅手と三塁ベースの中継に入る。二塁手が二塁ベースに入る

6 走者三塁のときの内野手

ポジショニングを考える

0または1アウト走者三塁のときは、バックホームか1点取られてもいいからアウトカウントを増やすかを、内野手全員で共有してポジショニングをすることが重要だ。一般的には得点を与えたくないので、前進守備で守り三塁走者の生還を許さないのがセオリーだ。普通のゴロなら三塁走者をホームでアウトにできるところまで前に出て守るのが前進守備だ。内野ゴロならホームに送球して必ずアウトにすることが重要だ。

三塁走者も前進守備ならスタートを切らないのがセオリーだ。内野手は、ゴロを捕球したら三塁走者を見て、三塁ベースに釘付けにして一塁に送球する。この、走者を見るということがセオリーで、とても重要なことなのだ。定位置で守るなら一塁に送球してアウトカウントを増やすのがセオリーだ。そのためのポジショニングなのだ。

スクイズ、セーフティースクイズを警戒する

０または１アウト三塁のケースでは、攻撃側は１点を取りたいのだ。１点を取るための作戦で一番多く使われるのがスクイズだ。前進守備でもうまくバントを決められたら、失点を防ぐのは極めて難しいからだ。また、スクイズバントは誰でもできるからだ。

一塁手と三塁手はその準備をしておくことが重要だ。打者がバントの構えをしたら、投球と同時に前進しスクイズに備えるのだ。正面に転がればホームに送球してアウトにすることが可能なのだ。ここではダッシュするスピードと捕球から送球のスピードが求められる。捕球した位置からそのまま素早く正確にアンダーから投げられるまたはグラブトスの技術が必要なのだ。

外野フライを打たれたときの内野手

０または１アウト三塁で外野フライを打たれたら、三塁走者はタッチアップをするのがセオリーだ。このときの内野手はバックホームの中継に入るのだ。打球の位置によって一塁手、三塁手、遊撃手の誰かが中継に入る。ここでも外野手とホームの一直線上に入るのが基本だ。外野手の定位置からのバックホームは、ホームを見なくても正確に一直線上に入れることは当然のプレイなのだ。それができないようでは内野手失格だ。

スクイズを外したときのランダウンプレイ

スクイズを外したら、捕手が三塁走者を追って三塁ベース方向に追っていく。三塁手はホーム側の三塁ベースの前で走者と捕手が重ならない位置で送球を待つ。捕手からの送球を捕球した瞬間から走者を追える体勢で送球を待つのだ。捕球したら素早く走者にタッチして早くアウトにすることが基本だ。タッチできないときは素早く全力で追ってタッチする。それでもタッチできないときは、深追いせず三、本間の中間ぐらいまで追ったら、ホームのベースカバーに入っている投手に送球し、右回りでホームのベースカバーに回るのだ。

CHIBA

7 走者一、二塁のときの内野手

送りバントの守備態勢

0アウト一、二塁のときの攻撃側の作戦は、送りバントがセオリーだ。このケースのバントフォーメーションは、一塁手が前に守り、打者のバントの構えと同時にダッシュする。投手は三塁側にマウンドを下りる。三塁手は三塁ベースに戻れる位置まで前に出てバントに備える。打者がバントをしたら、一塁手または投手が捕球して三塁に送球する。三塁手はベースに戻って送球を待つのが基本だ。このケースは上手く処理できればフォースプレイなのでアウトにできるのだ。三塁線にバントされ、投手が捕球できなければ三塁手が捕球して一塁に送球して打者走者をアウトにする。

また、バントしてくるのが分かっていて、どうしても二、三塁に進まれたくないときは、三塁手と一塁手が投球前にダッシュして遊撃手が三塁ベースに入るフォーメーションもある。投手は一塁手と三塁手のダッシュに合わせて投球し、バントをやらせて三塁手、一塁手、投手の誰かが捕球して三塁に送球しフォースアウトにするプレイだ。このプレイは、二塁手が一塁ベースに入るので内野ががら空きになる。逆を突かれてヒッティングにこられたらヒットゾーンが広くなっている分ヒットになりやすい一か八かのプレイだ。

内野ゴロはセカンドゲッツーが基本

０または１アウトのときの内野ゴロは、セカンドゲッツーで二つのアウトを取るのが基本だ。１アウトならチェンジ。０アウトなら２アウト三塁になり、攻撃側のチャンスを一気に潰すことができる。

このケースで、三塁ベースの近くで三塁手が捕球したときは、ベースを踏んで二塁または一塁送球というプレイもある。その方がより確実に二つのアウトを取れるのだ。また、０アウトのときは、三塁ベースを踏んで二塁送球、二塁から一塁転送で三つのアウトを取ることもできるのだ。

内野フライはインフィールドフライ

０または１アウトのときの内野フライはインフィールドフライになる。インフィールドフライについては内野手に関するルール（１８８頁）で解説したので省略するが、バッターアウトだからといって気を抜かないことだ。確実に捕球してアウトを一つ増やすことが重要だ。

外野フライのときの内野手

このケースは走者二塁のときと同じで、二塁手がタッチアップをしてくることがある。遊撃手または二塁手が外野手と三塁ベースの中継に入ってボールを繋ぐ。走者二塁のケースと違うのは、一塁にも走者がいるということだ。

二塁走者がタッチアップで三塁に進む間に、外野手から三塁にボールが送球された隙《すき》を突いて一塁走者が二塁を狙うことがある。三塁手は三塁ベース上のプレイの結果にかかわらず素早く二塁に送球して一塁走者をアウトにすることが重要なのだ。常に次のプレイがあることを頭に入れ、プレイを切らないことが重要なのだ。また、外野からの中継に入った遊撃手や二塁手は二塁走者を三塁でアウトにすることが難しいと判断したら、返球を中継して一塁走者が二塁へ向かっていれば、二塁へ送球し一塁走者をアウトにすることが重要だ。中継に入った内野手は周りが見えていることが特に重要なことなのだ。

ヒットを打たれたときの内野手

走者一、二塁でヒットを打たれたら走者二塁のときのフォーメーションと同じだが、一塁走者もいるので、常に次のプレイがあることを忘れてはいけない。捕手または中継した内野手から三塁または二塁に走者のオーバーランを狙って送球されてくる。内野手は一瞬たりともボールから目を離してはいけないのだ。

例えば、レフト前ヒットを打たれ三塁手が中継に入る。遊撃手は三塁ベースに、二塁手は二塁ベースに入る。中継した三塁手は二塁走者がホームに向かっていなければオーバーランを狙って三塁へ送球する。また、二塁走者がホームに向かいホームでアウトにできないと判断したら二塁へ送球して一塁走者のオーバーランを狙うのだ。

8 走者一、三塁のときの内野手

1アウト一、三塁はセカンドゲッツーがセオリー

1アウトならセカンドゲッツーで終わるのが最高の結果だ。走者が一塁にいるときの内野手は、平凡な内野ゴロなら確実にゲッツーが取れる守備力があることが当たり前のことなのだ。ただし、判断を間違ってはいけないのは、打球はいつも同じではないということだ。ゲッツーが取れないようなボテボテのゴロもあり、内野の間に飛んだ難しいゴロもある。どんな打球でもゲッツー狙いではいけないのだ。

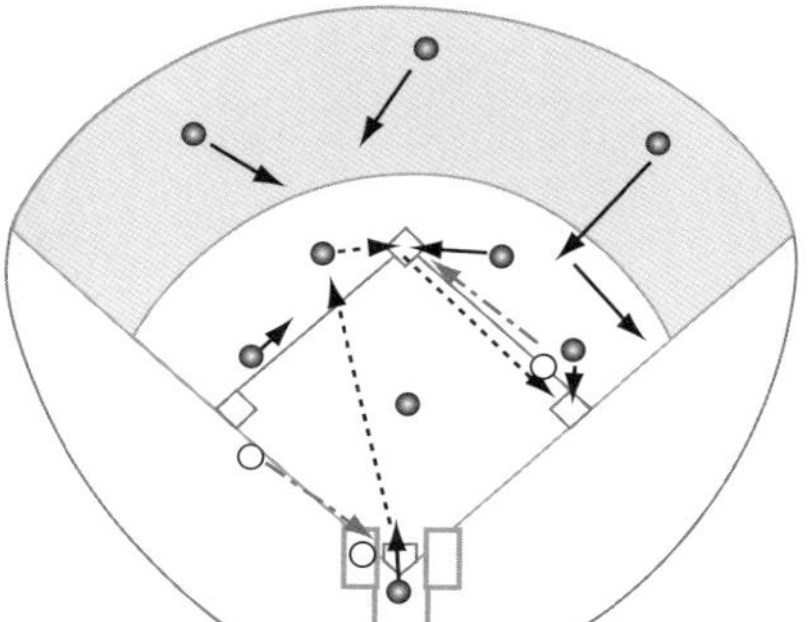

中間守備でセカンドゲッツー

（ショートゴロの場合）
遊撃手が捕球して二塁送球、二塁手が二塁ベース上で捕球し一塁転送

簡単に点を与えてはいけないのだ。ゲッツーが取れないなら、バックホームで三塁走者をアウトにすることもセオリーの一つなのだ。

0アウト一、三塁の内野ゴロ

0アウト一、三塁の内野ゴロで三塁走者がホームへスタートを切ったらどうするか。1点やってもいいからゲッツーを取ることへの指示が出ていなければ、バックホームが基本だ。1点を簡単にやってはいけないのだ。

三塁走者がスタートを切っていなければ、二塁へ送球してゲッツーを成立させるのもセオリーだ。ただし、内野手がセカンド送球した時点で三塁走者がスタートを切ることがある。この場合は、セカンドベースに入った二塁手または遊撃手は、一塁走者をフォースアウトにして一塁へ送球せず、ホームに送球し三塁走者をアウトにするのだ。

どこでアウトを取るかの意思を共有する

0アウト一、三塁は点差、回数、アウトカウントで、どう守るかの判断が変わってくる。大差で勝っているなら、アウトカウントを増やすゲッツー態勢だ。1点もやれないなら、一塁走者に走られてもいいから前進守備で守るのが基本だ。どの守備態勢で守るかは、それぞれの判断ではなく、ベンチまたはキャプテンまたは捕手の判断によって内野手全員が共有しておくべきことなのだ。

ゲッツー態勢の中間守備は、一塁手と三塁手はベースに着いてけん制球に備え走者に大きなリードを取らせてはいけない。投手が投球モーションを起こしてからベースを離れ打球に備えるのだ。二塁手と遊撃手はやや二塁ベース寄りのライン上付近で守り、内野ゴロになったら素早く二塁ベースに入れるようにしておく。

重盗対策

中間守備での重盗対策は、遊撃手が二塁ベースに入り、二塁手と二塁の中間点まで割って入り、捕手からの送球に備える。捕手の送球と同時に三塁走者がスタートを切ったら二塁手がカットしてホームに送球する。三塁走者が走らなければスルーして一塁走者を二塁でアウトにする。

これが一般的な重盗対策だが、ゲッツー態勢の中間守備で守ると、一塁手がベースに着き、二塁手はセカンドベース寄りに守る。そうすると、一、二塁間が大きく空くのだ。引っ張りタイプの左打者のときや2アウトのときは、二塁手は一、二塁間を詰め深く守るのがセオリーだ。深く守ると一塁走者が盗塁を試みたときに割って入れない。このケースは遊撃手一人のプレイになる。遊撃手は二塁ベース上で捕手からの送球を待ち、三塁走者がスタートを切ったら前に出て捕球し、そのままホームへ送球して三塁走者をアウトにするのだ。

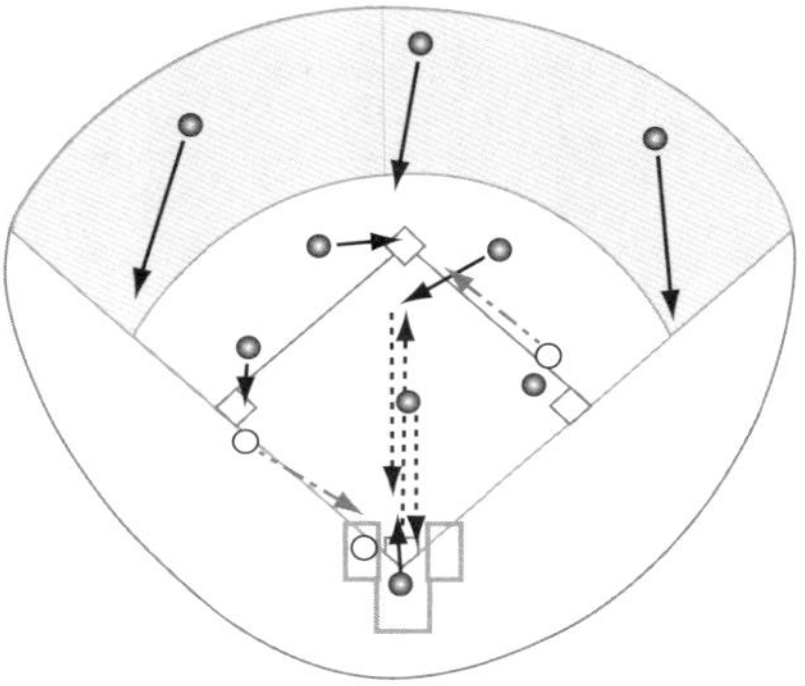

重盗対策

二塁手が投手と二塁ベースの間に割って入って、三塁走者がスタートを切ったら捕球して本塁に送球

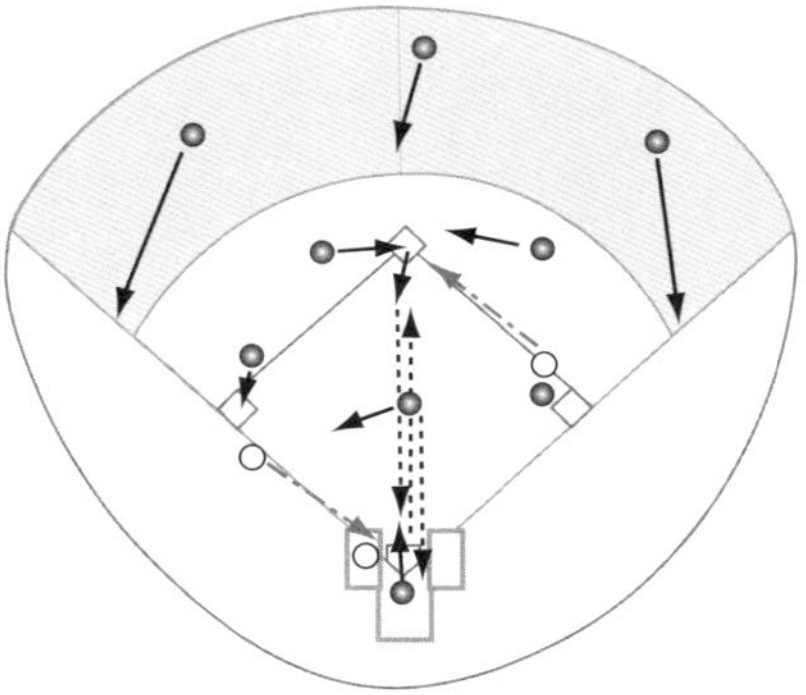

重盗対策

二塁手が深く守るので割って入れない。遊撃手は三塁走者がスタートを切ったら前に出て捕球し本塁送球

外野フライのときの内野手

0または1アウトのときは、外野フライで1点取られるのは仕方がないとしても、一塁走者に二塁まで行かれてはいけないのだ。外野フライでバックホームのときは、どんなときも内野手は、外野手とホームのライン上の中継に入る。中継が繋がらなかったり、外野手が直接ホームに送球したりすると、一塁走者までもがタッチアップで二塁へ進んでしまうのだ。

内野手は、中継地点で外野手の大きな的になり、大きく動かないことが重要なのだ。外野手が送球する瞬間に内野手が動いていると、外野手の送球目標がずれて送球ミスが起きやすくなるのだ。外野手が中継に入った内野手の頭を狙って投げれば、ホームにはワンバウンドの好返球になる位置が内野手の中継地点なのだ。

ランダウンプレイは走者を早くアウトにする

走者一、三塁のときは、一塁走者を挟んだケースと三塁走者を挟んだケースがある。一塁走者を挟んだときは、三塁走者がホームを狙ってスタートを切ることが多い。内野手は三塁走者の本塁生還を許してはいけない。三塁走者をアウトにすることを優先するのだ。

一塁けん制で走者を挟んだら、二塁手が一、二塁間に割って入って、一塁手からの送球で早くアウトにすることが重要だ。そうすれば、三塁走者はスタートが切れないはずだ。スクイズを外して三塁走者を挟んだときは、捕手が追って行きワンプレイでアウトにすることが基本だ。何度も送球を繰り返していると、一塁走者に三塁まで進まれてしまう。一塁走者に三塁まで進まれてはいけないのだ。

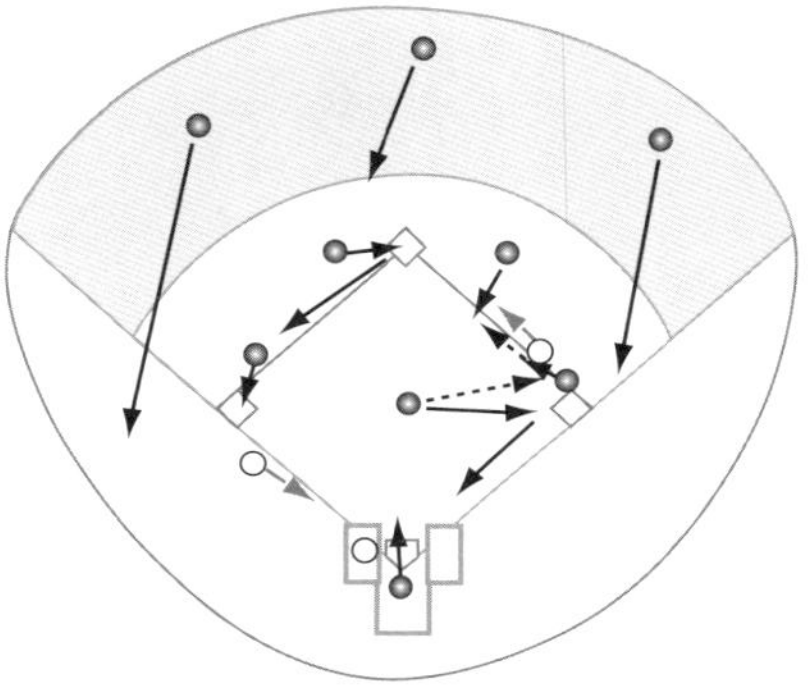

一塁走者のランダウンプレイ

二塁手が割って入って、一塁走者を早くアウトにする。三塁走者がスタートしたら三本間のランダウンプレイにする

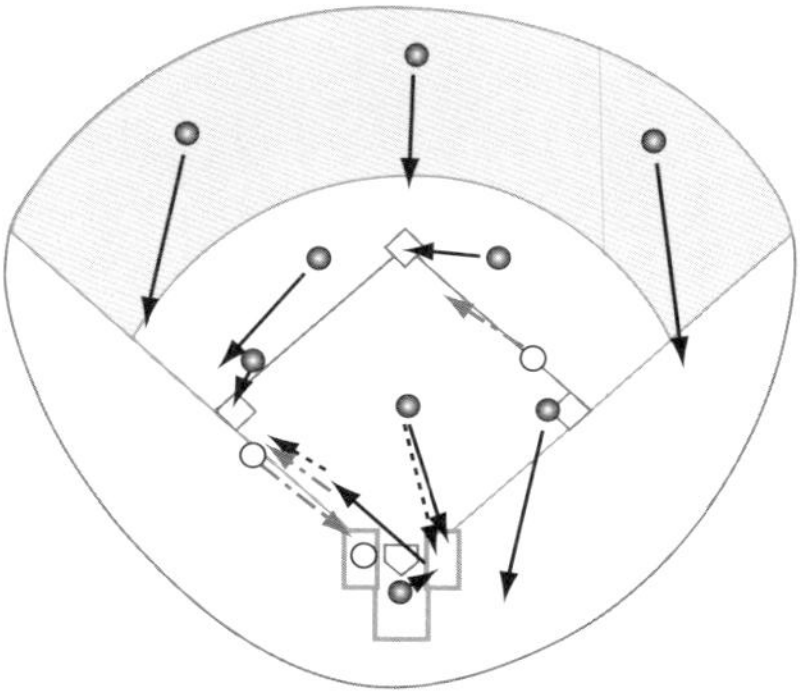

三塁走者のランダウンプレイ

捕手が三塁方向に追っていきワンプレイで早くアウトにする。一塁走者に三塁まで進まれてはいけない

9 走者二、三塁のときの内野手

0または1アウトなら前進守備がセオリー

1点を与えない守備態勢は前進守備だ。内野ゴロを捕球したら素早くホームに送球して得点を与えないことが重要だ。三塁走者がスタートを切っていなければ、三塁走者を見て一塁に送球する。

僅差で2点を取られたくないときは、二塁走者をフリーにしないことが重要だ。遊撃手または二塁手が二塁けん制に入れる位置にいて、投球モーションと同時に守備位置に動くようにする。遊撃手か二塁手のどちらがその役目をするかは打者によって変えればいいのだ。

1点を与えてもいいからアウトカウントを増やしたいときは、定位置で守るのがセオリーだ。ゴロを捕球したらホームには送球せず一塁に送球してアウトカウントを増やすのだ。ただし、ショートゴロ、サードゴロで二塁走者がスタートを切っていれば二塁走者をアウトにするのもセオリーの一つだ。0または1アウトで走者二塁のとき、ショートゴロ、サードゴロで二塁走者がスタートを切ったら三塁に送球して者者をアウトにするのに走者二、三塁のときは一塁に送球するチームがある。1点やってもいいからアウトカウントを増やすという意味を勘違いしているのだ。確実にアウトにできるなら先の走者からアウトにするのがセオリーなのだ。定位置で守っていればホームは間に合わない、またはクロスプレイになる。ならば一塁に送球してアウトを増やすことが基本だが、二塁者者が三塁に走っていて確実にアウトにできるなら、そちらをアウトにすることを優先すべきなのだ。それはアウトカウントを増やしスコアリングポジションの走者を無くすと得点を取られる確率が低くなるからだ。

三、本間のランダウンプレイ

スクイズを外したときなど、ランダウンプレイになることがある。ランダウンプレイについては走者三塁のときの内野手で述べたが、走者二、三塁のときは少し違う。二塁走者が三塁ベースに到達していれば、捕手は送球せずに三塁ベースまで追って行って二人の走者にタッチする。そうすれば占有権のない二塁走者がアウトになる。二塁走者が到達していなければ、三塁に走りこんで来るタイミングで捕手が送球するのだ。このとき三塁手は、二塁走者が三塁ベースに着く前に二塁走者から先にタッチしてアウトにする。その後、三塁走者をアウトにすれば二つのアウトが取れるのだ。

また、三塁ベースまで追って行って三塁走者をアウトにできず、二塁走者が二塁ベースに向かって走り出したら、二塁ベースをカバーしている二塁手に送球して二、三塁間のランダウンプレイにするが、このケースは塁の若い二塁方向に追って行くのではなく、二塁手が三塁方向に走者を追って行って、三塁走者を追い出すのだ。三塁走者を追い出して三、本間のランダウンプレイにすればいいのだ。それは、二、三塁間でランダウンプレイをしていると三塁走者に隙を突かれホームへの生還を許す可能性があるからだ。

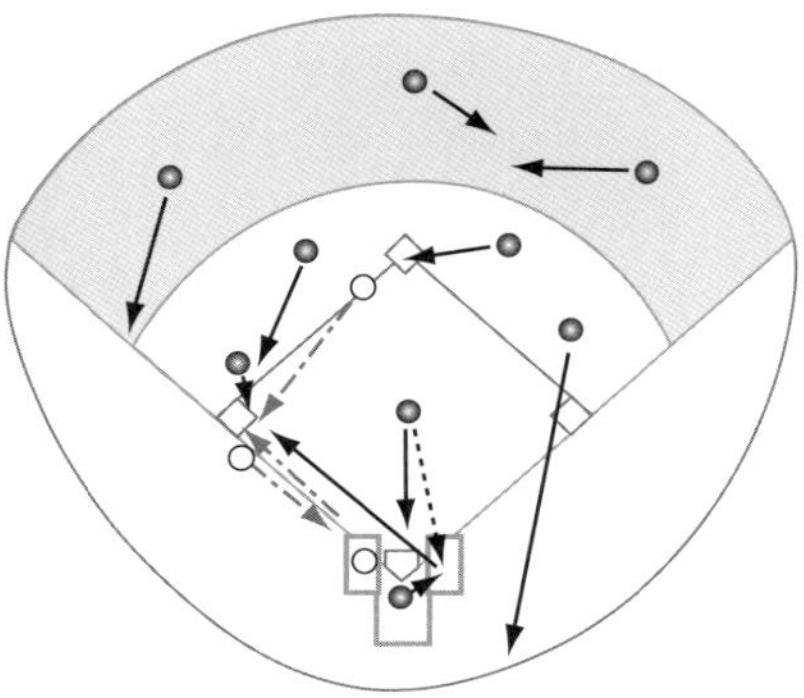

三塁走者のランダウンプレイ

捕手が全力で三塁走者を追って行って二塁走者が三塁に到達していれば三塁ベース上で二人の走者にタッチする

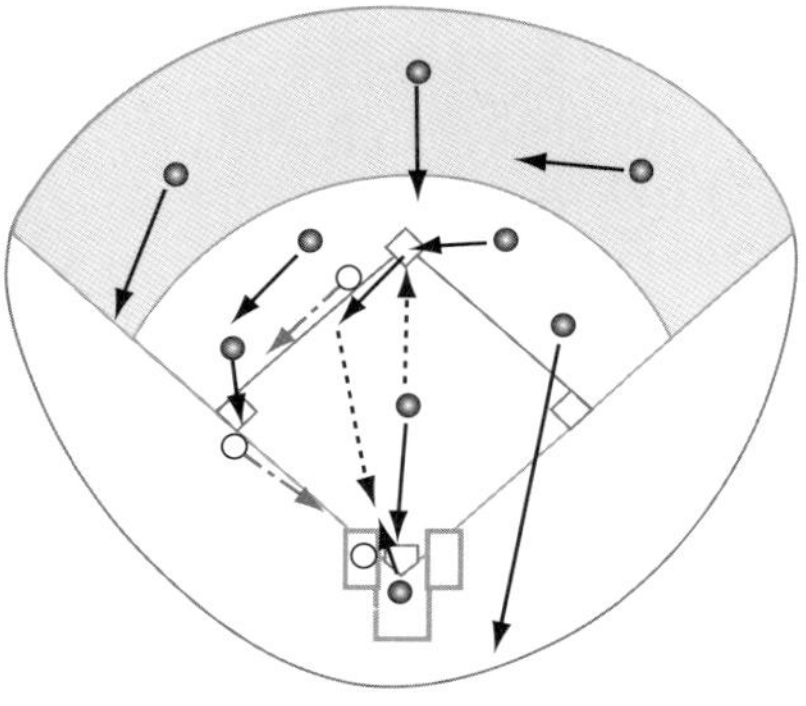

二塁走者のランダウンプレイ

二塁走者を三塁方向に追い、三塁走者を追いだして三本間のランダウンプレイにする

スクイズまたはツーランスクイズを警戒する

0または1アウト二、三塁は攻撃側にとって、これほど絶好のチャンスはないのだ。このケースでは、攻撃側は少なくとも1点、できれば2点を取りたいのだ。1点を取るためにはスクイズが一番確実な作戦だ。一塁が空いていてホームはタッチプレイになる。成功する確率が高いのだ。

守備側は1点もやりたくない場面では、前進守備でスクイズや内野ゴロに備えるのがセオリーだ。ただし、二塁走者をフリーにするとシングルヒットで2点を簡単に取られてしまう。2点を取られたくないときは、二塁ランナーをフリーにしないことだ。

前進守備で内野手の正面にバントの打球が飛んで来たらホームでアウトにできるくらいの守備力を身に付けておくことが重要だ。それは思い切り前にダッシュして捕球と同時にグラブトスで正確に送球できる技術だ。

それでも上手くバントを決められたら、1点取られるのは仕方がない。内野手は一塁に送球して打者走者をアウトにするが、二塁走者がホームを狙っているケースがある。特に三塁線にスクイズを決められ、三塁手が打球処理しているときは二塁走者の動きが見えない。三塁手は、打球を捕球して二塁走者を見る余裕はないのだ。このときの三塁手は一塁送球が基本だが、捕手の指示、あるいは他の野手の声がしっかり聞こえていなければならない。ツーランスクイズがあることが分かっていれば対応できるのだ。

外野フライのときの内野手

0または1アウトで外野フライを打たれたら、三塁走者はタッチアップでホームを狙う。内野手は、その中継に入るのがセオリーだ。右翼手の正面から右のライトフライは一塁手がホームとの中継に入る。正面から左のフライは、ホームと三塁との2本のラインをつくるのだ。ホームへの中継は一塁手が、三塁への中継は二塁手が入る。このケースは三塁手が三塁ベースに、遊撃手が二塁ベースに入る。右翼手の捕球位置によってホームが間に合わないと判断したら、三塁への送球があるのだ。

センターフライも同じようにホームと三塁の2つのラインをつくる。ホームの中継に一塁手が、三塁の中継に遊撃手が入る。三塁ベースに三塁手が入り、二塁ベースに二塁手が入る。レフトフライの中継には、定位置より右方向なら遊撃手が、定位置から左方向なら三塁手が入る。三塁ベースには中継に入らない遊撃手か三塁手が、二塁ベースには二塁手が入る。

ヒットを打たれたときの内野手

このケースでヒットを打たれたら、シングルヒットなら走者二塁のとき、長打なら走者なしのときのフォーメーションと同じだ。常に走者のオーバーランを狙って、オーバーランをする直前を狙って送球することが重要だ。

4

10 走者満塁のときの内野手

0アウトならホームゲッツーがセオリー

点差、回数、打者の特徴によってポジショニングを変える。チーム全員で意思統一しておくことが重要だ。一般的には、0アウトなら前進守備でホームゲッツーが基本だ。1アウトなら中間守備でショートゴロ、セカンドゴロはセカンドゲッツーがセオリーだ。サードゴロ、ファーストゴロはホームゲッツーが無難だ。ボテボテのショートゴロ、サードゴロならゲッツーが取れないのでホームへ送球してアウトを一つとる。フォースプレイなので簡単にアウトが取れるはずだ。簡単に1点をやってはいけないのだ。

0アウトでも1点やってもいいなら中間守備で、ショートゴロ、セカンドゴロはセカンドゲッツーでアウトカウントを増やすのがセオリーだ。重要なことは、チーム全員でどうポジショニングをとって、どう守るかを共有しておくことなのだ。ビッグイニングにならないよう最少失点に食い止めるのが内野手の役目なのだ。

２アウトなら一番簡単にアウトにできるところでアウトを取るのがセオリーだ。例えばサードゴロで捕球した位置から三塁ベースが近く、ベースを踏めばいいだけの場合はわざわざ一塁に送球することはないのだ。また、ショートゴロで二塁ベースに二塁手が入って楽に二塁でアウトを取れるときは二塁に送球して一塁走者をアウトにした方が確実で簡単にアウトにできるのだ。

外野フライのときの内野手

０または１アウトで外野フライを打たれたら、三塁走者はタッチアップでホームを狙う。内野手は、走者二、三塁のときと同じフォーメーションになる。

ただし、このケースは走者が各塁にいる。三塁走者だけがタッチアップをする場合と二塁走者や一塁走者もタッチアップする場合がある。優先すべきは三塁走者をホームでアウトにすることだが、それが無理なときは二塁走者に三塁へ進まれないことも重要だ。それも無理なら一塁走者にまで二塁へ進まれないことだ。普通の守備力があれば、一塁走者に外野フライで二塁に進まれることはない。一塁走者はホームや三塁でプレイが行われている隙を突いて二塁に進むのだ。ホームや三塁でのプレイはクロスプレイになることが多い。内野手は、アウトかセーフの判定を待たずに次のプレイをすることが重要なのだ。

ヒットを打たれたときの内野手

満塁でヒットを打たれたら、三塁走者の本塁生還は防げない。シングルヒットなら走者一、二塁のとき、長打なら走者一塁のときのフォーメーションと同じだ。内野手は他の野手と連携して、どの走者にも隙を見せてはいけないのだ。

このケースの攻撃側は絶好のチャンスで、それもヒットが出て1点でも多く取りたいと思っている。各走者は次の塁を狙って少しでも多くのリードを取るのがセオリーなのだ。内野手はそこを狙って送球するとオーバーランの走者をアウトにすることができる。これは、普段の練習からやっておかないと咄嗟にはできないプレイだ。ワンプレイの後、とにかく可能性のある塁に送球することが重要なのだ。他の内野手もボールから目を離していると、捕球できずに走者に一気に進まれてしまう。また危険でもある。

その他のケース

0または1アウトのときはスクイズ、ツーランスクイズ、セーフティースクイズもある。内野フライはインフィールドフライになる。2アウトなら振り逃げもある。また、様々なケースからランダウンプレイにもなりやすい。すべての内野手には、どんなプレイにも対応することが求められる。

進ハイスクール

野球の知識

第5章　外野手のセオリーと

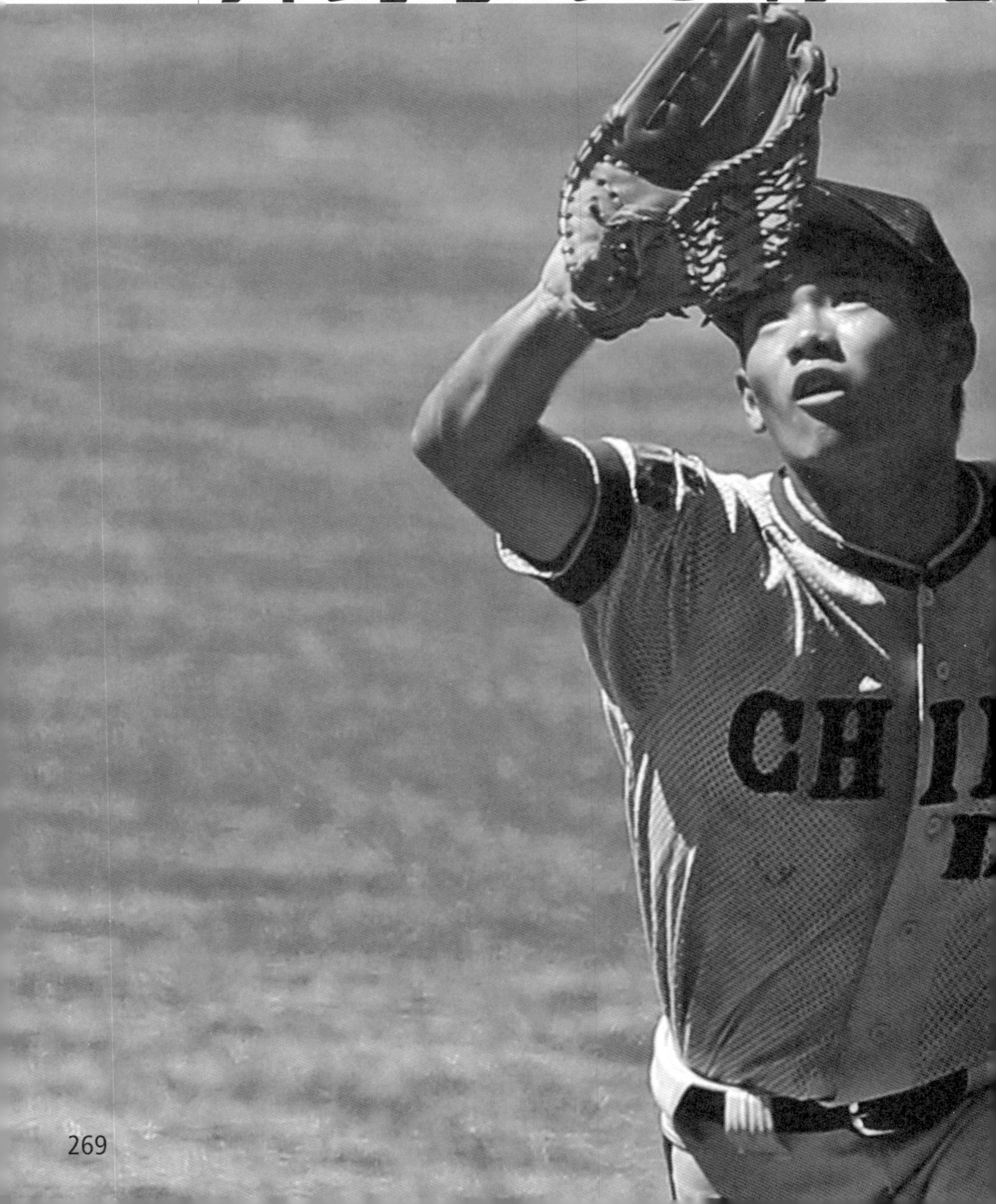

1　外野手に関するルール

外野フライの捕球

ホームラン性の打球を捕球し、そのままスタンドに落ちたらどうなるか？　捕球した後、スタンドに倒れこんでも打者はアウトになるのだ。ただし、走者がいれば各走者には一つの塁が与えられる。

アウトかホームランかの区別は、フェンスに登って捕ったらアウトで、ホームランエリア内で捕球したらホームランになるのだ。アウトにするためには、捕球した瞬間の両足がフェアグラウンド内にあるか、片足がフェアグラウンド内にあり片方の足が浮いている状態であることが条件だ。ホームランエリアに片足でも着いて捕球したらアウトにはならずホームランになるのだ。また、フェアグラウンド内でグラブに当たった打球が直接ホームランエリアに落ちれば、これもホームランになる。

外野を抜けそうな打球、またはホームランになりそうな打球を何とか止めようとグラブを投げて打球に当てたり、帽子で捕球したりはルール違反なのだ。こんなプレイで打球を止めたら、打者走者には三つの塁が与えられる。また、これらの行為がなければホームランになっていたと審判が判断すれば、ホームランになるのだ。

フェアとファウル

ライン際のフライをグラブに当てて落とした場合、フェアかファウルかの基準は外野手が打球に触れた位置がフェアゾーンかファウルゾーンかによるのだ。フェアゾーンならフェアでファウルゾーンならファウルになる。ボールが地面に落ちた位置ではない。また、外野手の身体全体がフェアゾーンやファウルゾーンにあっても関係ないのだ。

外野手に故意落球はない

どこに走者がいても外野手には故意落球がないのだ。あまり勧められたプレイではないが、ルールとして覚えておいてもらいたい。例えば、１アウト走者一、二塁の場面で浅いセンターフライが上がり、中堅手は故意にグラブに打球を当てて落とし素早く拾って二塁送球、一塁走者をフォースアウトにして、二塁走者を二、三塁間に挟んで挟殺プレイに持ち込み二つのアウトを狙うというようなプレイだ。内野手なら故意落球が適用されるが外野手にはされないのだ。

走者のタッチアップの時期

各塁の走者がタッチアップしてスタートを切れるのはどの段階からなのか？　例えば、外野手がフライをファンブルして地面に落ちる前に捕球した場合など、走者がスタートを切れるのはどの段階なのだろうか？　それは、外野手が打球に触れた瞬間からなのだ。このケースは外野手が完全捕球していなくても、外野手が打球に触れれば、走者はその段階からスタートしてもいいのだ。

CHIBA

2 外野手の技術

構える前にやるべきこと

外野手も内野手と同様に構えるまでやるべきことがあるのだ。それは、シミュレーションだ。それぞれのケースによって、自分がどう動くかを想定しておくことが重要なのだ。走者がどこにいて、どういう打球が来たらどう動くか？　また、捕球したらどこへ送球するか？　などを想定しておくと自分がやるべきプレイが咄嗟に判断できるのだ。

また、ポジショニングをどうするか？　風向きや強さなど気象条件がどうなっているか？　フェンスまでの距離はどのくらいあるか？　など、外野手は幅広くいろいろな状況を想定をしておくことが重要なのだ。構えまでにこういった準備をしておくことが良いプレイにつながる。これらの準備を怠らないことが良い外野手になれる条件の一つだ。

外野手の構えとスタート

外野手は守備範囲が広いので足が速くないと務まらない。また、足が速いだけでなく一歩目のスタートが素早く切れることも良い外野手になれる条件の一つだ。一歩目のスタートを良くするためには、構え方と重心の置き方にポイントがある。両膝に両手を置いて構えると、身体が固まり、素早いスタートが切れない。素早いスタートを切るためには、上体の力を抜いて、両手を膝から離し、前後左右どの方向にも動ける姿勢で構えるのだ。どちらかの足を少し前に出して構えると、どの方向にも動きやすい。

構えは内野手より少し高くなるが、スタートしてから目の高さが変わらないように打球を追えることが重要だ。素早いスタートを切るためには、一歩目で身体を浮かさないように低くスタートを切ることがポイントだ。そうすることで、目の高さを保ちながらスムーズにスタートできるのだ。

両手を膝から離し、上体の力を抜きどの方向にも素早く動ける姿勢で構える

外野フライの追い方

フライを追うときに、頭が左右にぶれたり、上下に動きが大きかったりだと、目線がぶれてボー

ルを正確にとらえられなくなる。その結果、落球する確率が高くなるのだ。できるだけ上体をぶらさず、頭の動きが少なくなるように、目線がぶれないように走ることが重要だ。

グラブは最後に出す

フライを追って落下地点に入っても、グラブを出すのはぎりぎりまで待つことが捕球の基本だ。グラブを早く出し過ぎると打球を追うスピードが遅くなったり、上体に力が入り動きがぎこちなくなる。また、グラブでボールが隠れ打球を見失うことも考えられる。グラブは、捕球直前に打球と視線が重ならない位置に出し、ボールが見える位置で捕球することが重要だ。

捕球姿勢

フライは確実に捕球することを心がけよう。捕球する位置は身体から遠すぎても近すぎてもいけない。肘を少し曲げ、顔の近くで余裕を持って捕球できる位置が最も確実に捕球できるポイントなのだ。肘を伸ばして捕球したり、身体にくっつく位の位置で捕球したりだ

片足を半歩引いて、動ける姿勢で落下を待つ

と捕球が安定せず、落球の原因になる。

両足を左右に開いて捕球をするより、半歩引いて半身の形で捕球する方が捕球が安定する。半身の方が、気象の変化や打球の変化などによって落下地点がずれた場合でも簡単に対応できるのだ。両足を揃えて捕球すると、後方に落下地点がずれると捕球しにくくなるのだ。

外野フライの捕球から送球

外野フライは、落下予測地点から4、5歩下がって待つ。その方が打球の変化に対応できるうえに、送球の勢いをつけることができるからだ。後ろからタイミングを合わせ、加速で生まれた勢いを止めないように、動きながら片手で捕球する。

投げ手は、ボールを素早く握り替えられるよう肩の高さまで上げておく。捕球位置は、肩より上の、ボールとグラブが重ならないところが最も確実だ。グラブでボールが隠れると、簡単なフライでも捕れないことがある。

捕球したらグラブを閉じ、身体の中心に下ろす。後ろから前への勢いをそのまま持続して、大きくステップする。送球方向をしっかり見て、軸足に重心をしっかり乗せる。どんなときも身体の中心で両手を割ると送球が安定する。前足を送球方向に真っすぐ出し、グラブを持つ手の肩を送球方向に向ける。トップでは投げ手の肘を肩の高さより上に上げる。前足に重心を移動しながら、後ろから前へのパワーを使って、身体全体で大きく送球する。腕は上から下に振り切る。身体全体でスルーは完全に前足重心になり、肩が回りきる。フォローな送球をするためには、目線が大事で、最後まで送球目標をしっかり見ることだ。目線がぶれずに、基本どおりの送球ができれば走者に次の塁に進まれることはなくなる。

どんなときも正確な送球をする

外野手は守備範囲が広いので、前後左右どの地点に打球が飛んで来ても対応できるように構える。間を抜かれると長打になるので、抜かれないように素早く動く。打球に早く追いつくには、一歩目のスタートが重要だ。レフト線やライト線、または外野手の間に飛んで来た打球は、回り込んで捕球する。回り込むことによって打球に追いつけ、横から追ったボールを正面

落下予想地点から4、5歩下がって待つ

後ろからタイミングを合わせ捕球する

後ろからの勢いを使って送球する

のボールにすることができる。捕球は、重心を下げ、ボールをしっかり見て、グラブを大きく開いてボールに対して直角に出す。捕球は片手で良い。外野手の間を抜けそうな打球の場合は、追いついても両手で捕球すると捕球範囲が狭くなり、動きを止めなければ捕球できない。

打球に素早く追いつき正確で強いボールを内野に返球するには、送球方向への勢いを止めないで捕球することが重要だ。捕球したらグラブを身体の中心に持ってきてボールを握り替える。ここまでの勢いを利用して、送球方向へ大きくステップする。着地と同時に、軸足に重心を乗せる。前足を真っすぐ出し、グラブを持つ手の肩を送球方向に向け、トップをつくる。身体全体を使い上から下に腕を振り切って投げる。後ろから前への勢いで軸足が身体の前に来る。

捕球前からの加速を生かして送球できれば、強くて正確なボールが投げられるのだ。

目を切って追うと早く追いつける

打球の追い方は、間を抜かれないように回り込んで追うことが基本の一つだ。ゴロの捕球は、グラブを下から使い、捕球したら身体の中心に引き上げる。捕球は内野手の場合は両手が基本だが、外野手は、ゴロの捕球から送球の場合は片手が基本だ。

フライは、4、5歩後ろから前に出て捕球する。これは打球の変化に対応できるからと、後ろから前への加速をつけると、強くて正確な送球ができるからだ。

捕れるかどうか分からないぎりぎりの打球は、目を切って捕球に向かう。目を切ると不安になるだろうが、ボールを見ないで走った方が早く打球に追いつけるからだ。外野手は、打者のインパクトの瞬間に打球の質とおおよその落下地点が判断できなければいけないのだ。おおよその落下地点が判断できれば、そこに向かって目を切って走れるのだ。落下地点付近に来たら打球を確認し落下地点に入る。捕球は半身で片手の方が捕球範囲が広くなる。

左翼手の役割

左翼手は、堅実に守り、素早く正確に送球できることが求められる。距離があるときは遊撃手や三塁手に正確に送球できる技術も必要だ。フライは確実に捕球し、正確に送球できなければいけないのだ。

センター方向から左中間方向に飛んだ打球は、必

ゴロ捕球は下から上にグラブを使う

ぎりぎりのフライは目を切って追う

落下地点に来たら打球を確認する

ず中堅手のバックアップをすることが左翼手の役割の一つだ。走者がいるときはバックアップをしながら、中堅手に返球位置の指示をするのも左翼手の役割だ。また、センターだけでなくサードやショートに飛んだ打球も左翼手がカバーに回りバックアップするのだ。さらには、他の野手の三塁送球や投手が三塁けん制をしたときの三塁バックアップも左翼手の役割なのだ。二、三塁間や三、本間のランダウンプレイのときも三塁のバックアップをするのが左翼手の役割だ。

中堅守の役割

中堅手には守備範囲の広さが求められる。そのためには足が速く、深い位置からの送球も多いため肩の強さも求められるのだ。中堅手は、センター方向に上がったフライを確実に捕球し、正確に送球できる技術があることは当然で、それ以外の技術も求められるのだ。

また、左翼手、右翼手のバックアップをするのも中堅手の役割なのだ。外野に飛んだ打球にはすべて動き、打球処理や送球処理の指示を出すことも重要な役割だ。センターラインである中堅手は外野の要であり、捕手、遊撃手、二塁手とともにチームの中心選手が務めるポジションなのだ。なので、外野を動き回り、正確な状況判断で失点を最小限に抑えることが求められる。そのためには、野球の知識を熟知していることが中堅手としての重要な要素の一つなのだ。

ショートゴロやセカンドゴロのバックアップに回るのも中堅手の役割だ。そのほか、投手の二塁けん制、盗塁や捕手からの二塁けん制、バント処理後の二塁送球などのバックアップをするのも中堅手の役割だ。

右翼手の役割

右翼手には、右方向へ切れていく打球や当たり損ねの難しい打球を処理できる守備力が求められる。また、バックホームやバックサードなど長い距離を正確に送球できる肩の強さも求められる。

サードゴロやショートゴロの一塁送球のバックアップは右翼手の役割だ。また、一塁けん制のバックアップも右翼手の役割なのだ。ライトフライを確実に捕球し、正確に送球することが右翼手の役割だが、センター方面から右中間方向に飛んだ打球を中堅手が処理するときのバックアップをするのも右翼手の役割だ。走者がいるときはバックアップをしながら、送球位置の指示をすることも右翼手の役割なのだ。また、センターフライだけではなくセカンドゴロやファーストゴロのバックアップをするのも右翼の役割だ。

3 走者なしのときの外野手

カバーリングの基本

外野手はカバーリングの基本をしっかりと覚えることが重要だ。

走者なしのときのサードゴロ、ショートゴロは、左翼手が三塁手、遊撃手のカバーに回り、右翼手が一塁送球のバックアップに回る。中堅手は三塁手、遊撃手からの送球が悪送球になったときに備えて二塁のバックアップに回る。

センター方向のショートゴロは中堅手も遊撃手のカバーリングに回る。ファーストゴロ、セカンドゴロは右翼手が一塁手、二塁手のカバーに行くが、一塁手、二塁手の捕球を確認したら、急いで一塁ベースのバックアップに回る。左翼手と中堅手は守備が乱れて走者が二塁を狙ったときの二塁のバックアップに回る。センター方向のセカンドゴロは中堅手が二塁手のカバーに回る。

レフト前のヒットやレフト線のヒットまたは左右間のヒットで左翼手が打球処理するときは、中

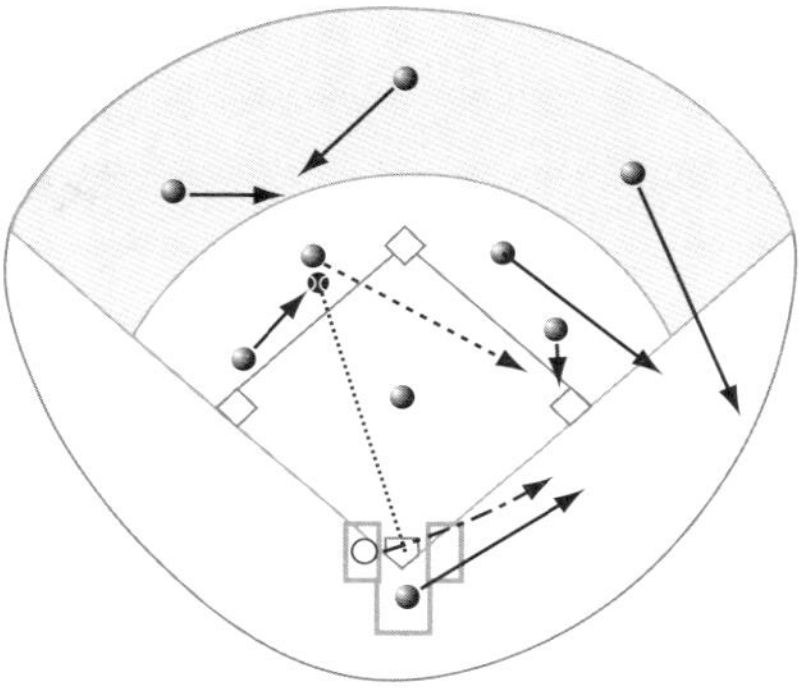

ショートゴロ

左翼手、中堅手が遊撃手のカバー。右翼手が遊撃手から一塁の送球のバックアップ。中堅手はそのまま二塁送球のバックアップに回る

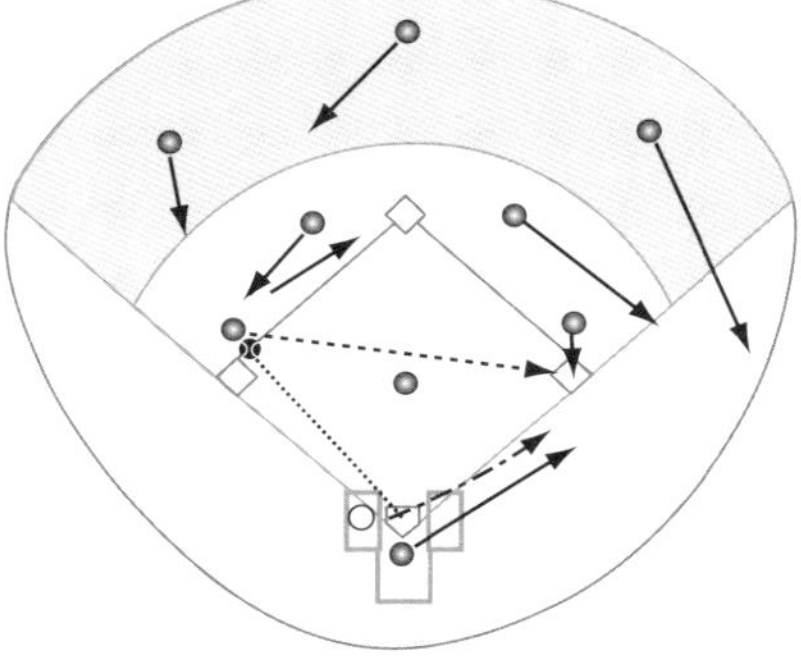

サードゴロ

左翼手が三塁手のカバー。右翼手が三塁手から一塁の送球のバックアップ。中堅手は二塁送球のバックアップ

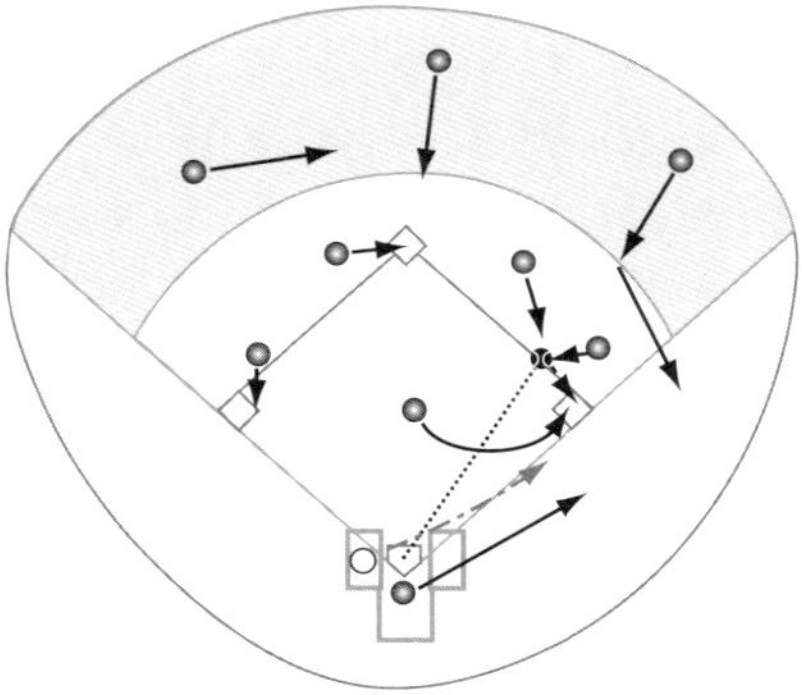

ファーストゴロ

右翼手が一塁手のカバー。右翼手は一塁手の捕球を確認したら一塁送球のバックアップに回る。左翼手、中堅手は二塁送球のバックアップ

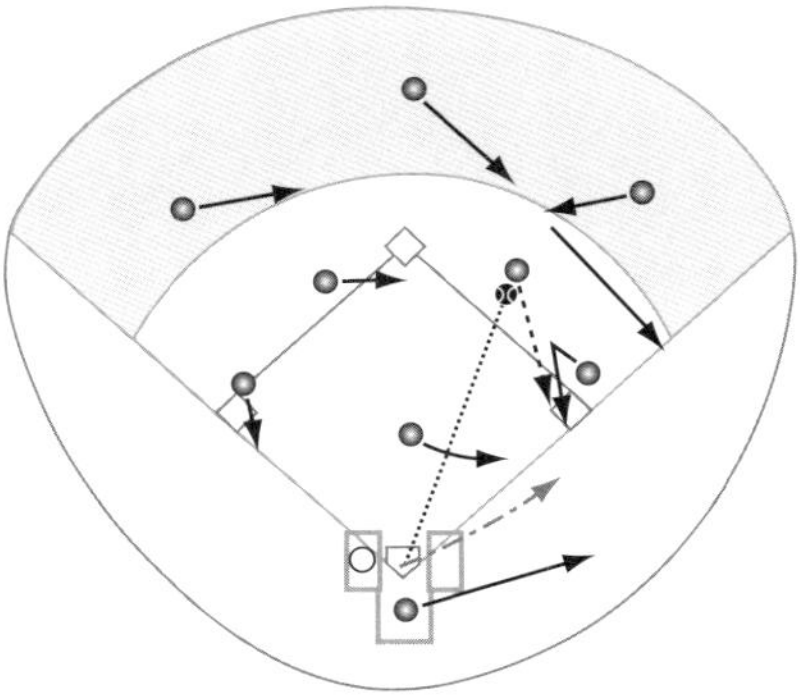

セカンドゴロ

中堅手、右翼手が二塁手のカバー。右翼手は二塁手の捕球を確認したら一塁の送球のバックアップ。左翼手は二塁送球のバックアップ

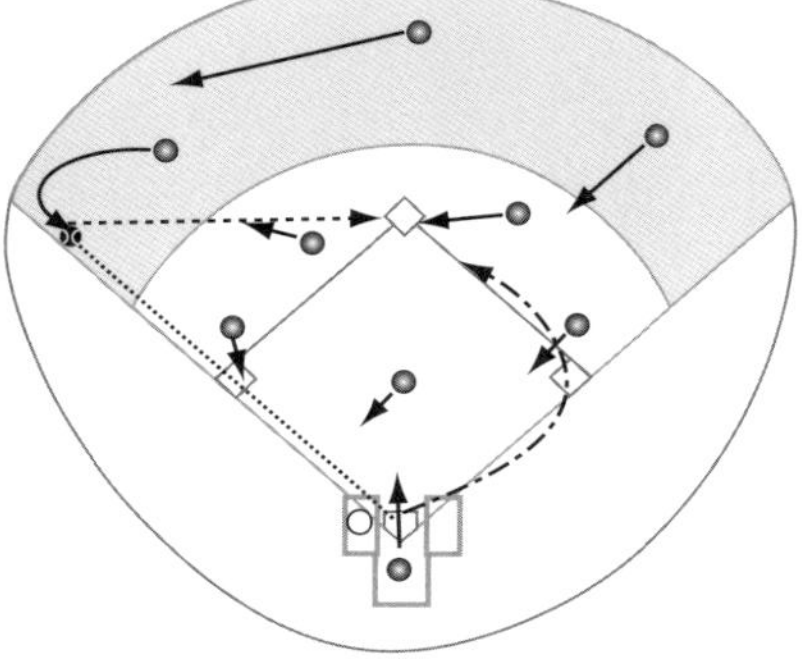

レフト線のヒット

中堅手は左翼手に近づき送球位置の指示。右翼手は二塁送球のバックアップ

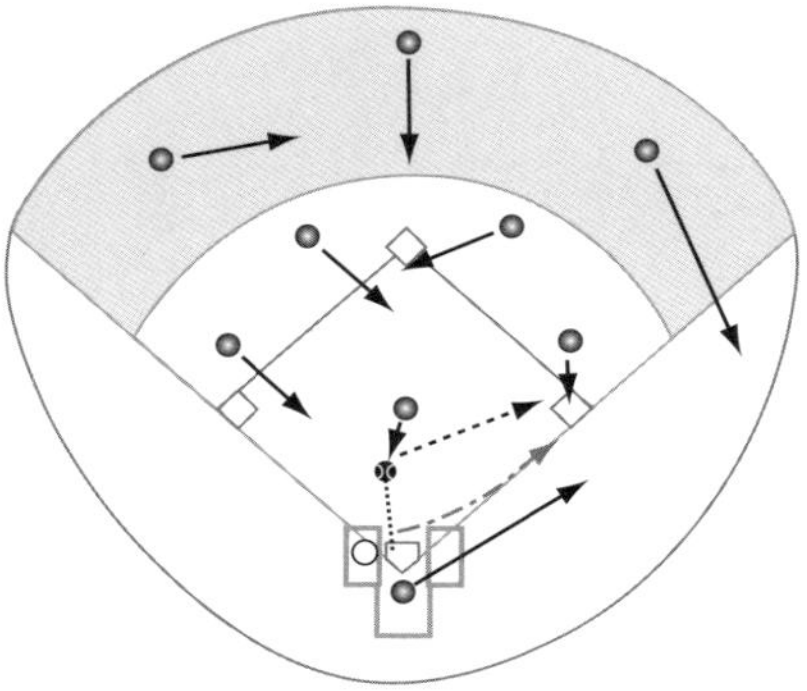

ピッチャーゴロ

右翼手は一塁送球のバックアップ。中堅手はピッチャーゴロがセンターに抜けたときのカバー。左翼手はミスが出て二塁送球になったときの二塁送球のバックアップ

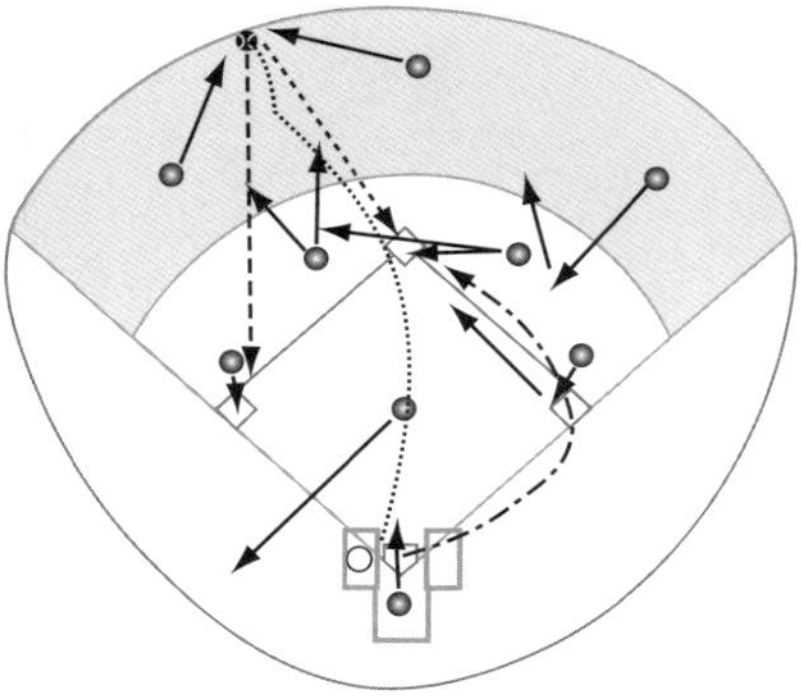

左中間のヒット

左翼手、中堅手が打球処理。打球処理しない方がカバーに回る。右翼手は二塁送球のバックアップ

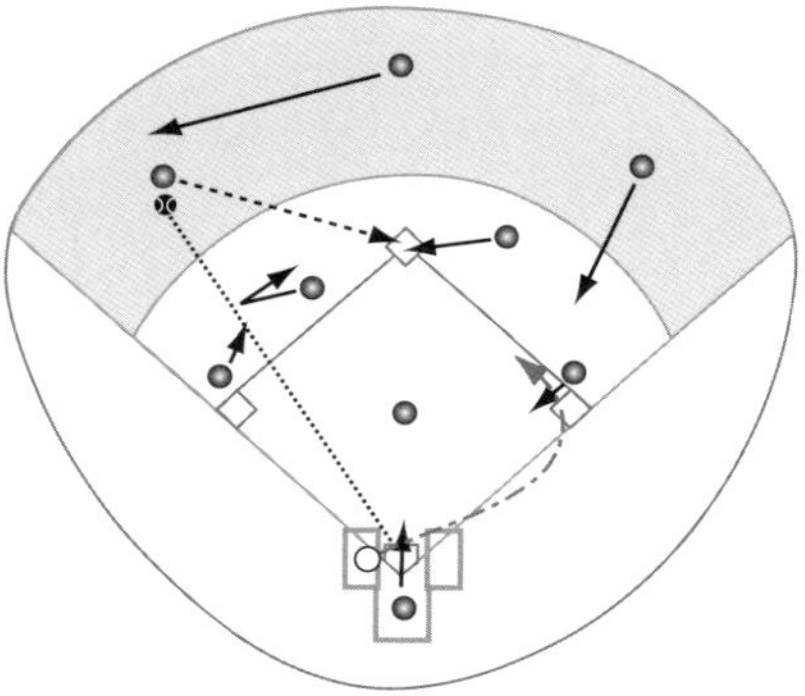

レフト前のヒット

中堅手は左翼手のカバーに回る。右翼手は二塁送球のバックアップ

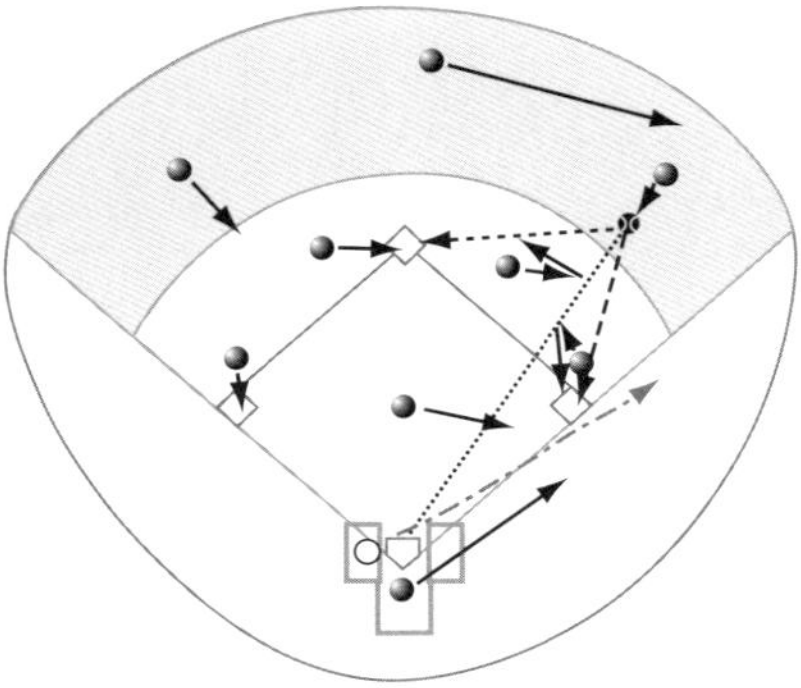

ライト前のヒット

中堅手は右翼手のカバーに回る。左翼手は二塁送球のバックアップ

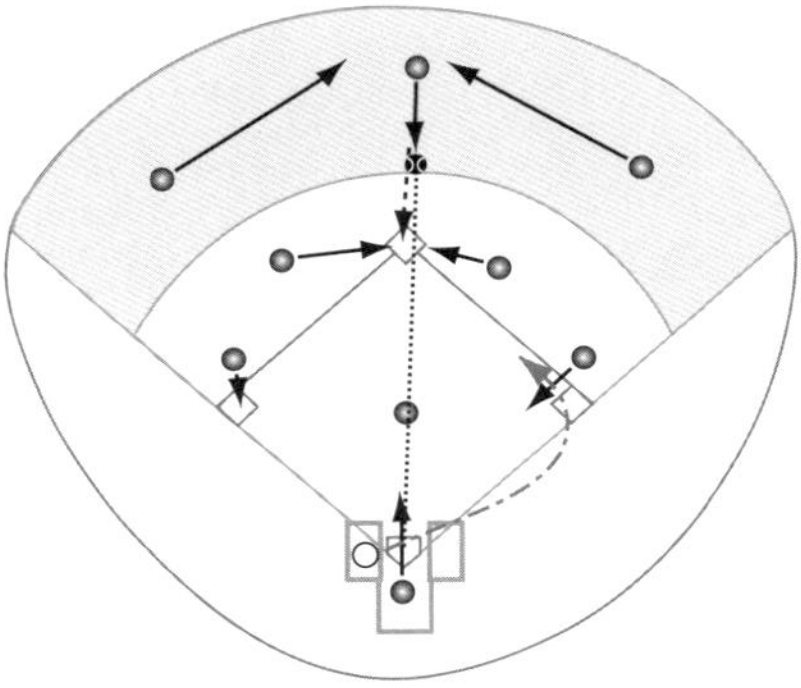

センター前のヒット

左翼手、右翼手とも中堅手のカバーに回る

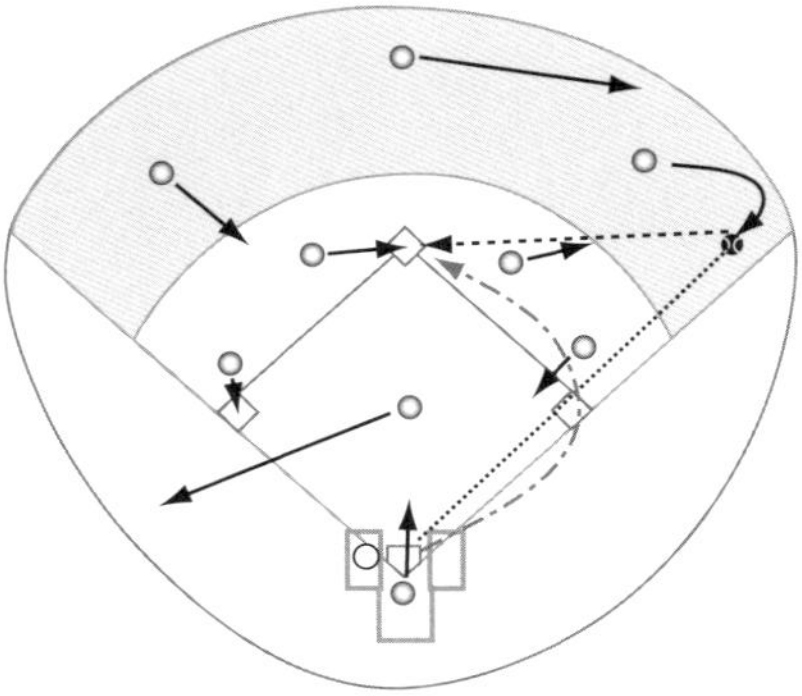

ライト線のヒット

中堅手は右翼手に近づいて送球位置の指示。左翼手は二塁送球のバックアップ

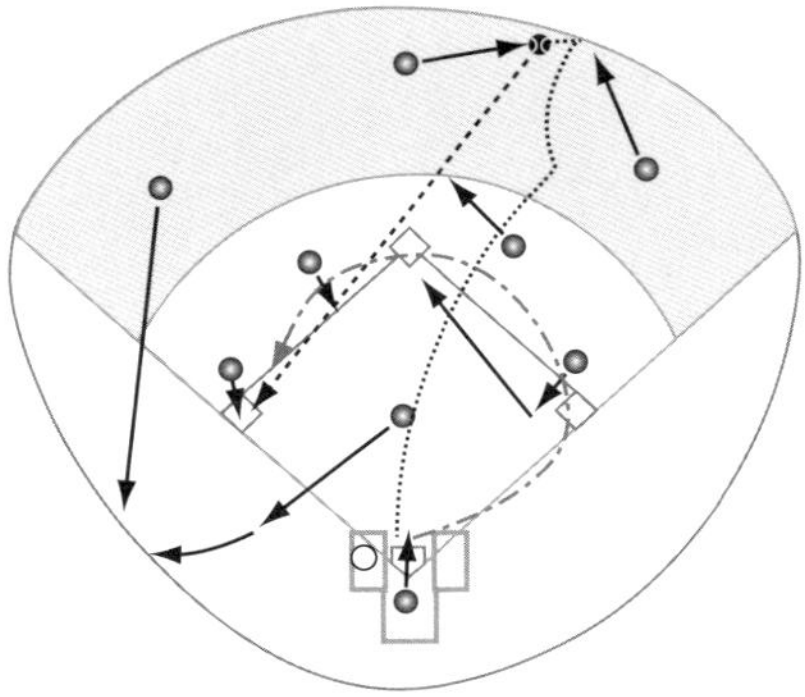

右中間のヒット

中堅手、右翼手が打球処理。打球処理しない方がカバーに回る。左翼手は三塁送球のバックアップ

堅手が左翼手のカバーに回り、右翼手は左翼手から二塁送球のバックアップに回る。左右間のヒットで中堅手が打球処理するときは、左翼手がカバーに回る。センター前ヒットのときは、左翼手も右翼手も中堅手のカバーに回る。右中間のヒットで中堅手が打球処理するときは右翼手がカバーに回る。ライト前ヒットやライト線ヒットのときは、中堅手が右翼手のカバーに回る。左翼手は右翼手から二塁または三塁送球のバックアップに回る。

4 走者一塁のときの外野手

0アウトのときはバントを想定し、やや前に守る

0アウトで走者が出たときの攻撃側は、送りバントで走者を二塁に進めるのがセオリーだ。外野手はバントに備えややや前に守り、素早く内野手や各ベースのカバーリングに動くのがセオリーだ。また、走者に大きなリードを取らせないために投手からのけん制球も多くなる。捕手からのピックオフプレイもあるので右翼手はそれらをしっかり頭に入れ素早く確実なカバーリングをすることが重要だ。

ただし、打ってきそうなときは定位置で守ることも基本の一つだ。打ってくるかバントしてくるかは打者の様子を見れば分かるはずだ。

1アウトのときはゲッツー態勢

1アウトのときはゲッツー態勢がセオリーだ。内野手はゲッツー態勢で守る。このときの外野手のポジショニングは長打が出たときに一塁走者をホームに還さないように深く守りながら、内野ゴロのときの内野手や各ベースのカバーリングに素早く入れるように準備しておくことが重要だ。

走者がいればそれだけカバーすべきところも多くなる。カバーリングの基本をしっかりと身に付け基本通りの動きができることも外野手の役割の一つだ。

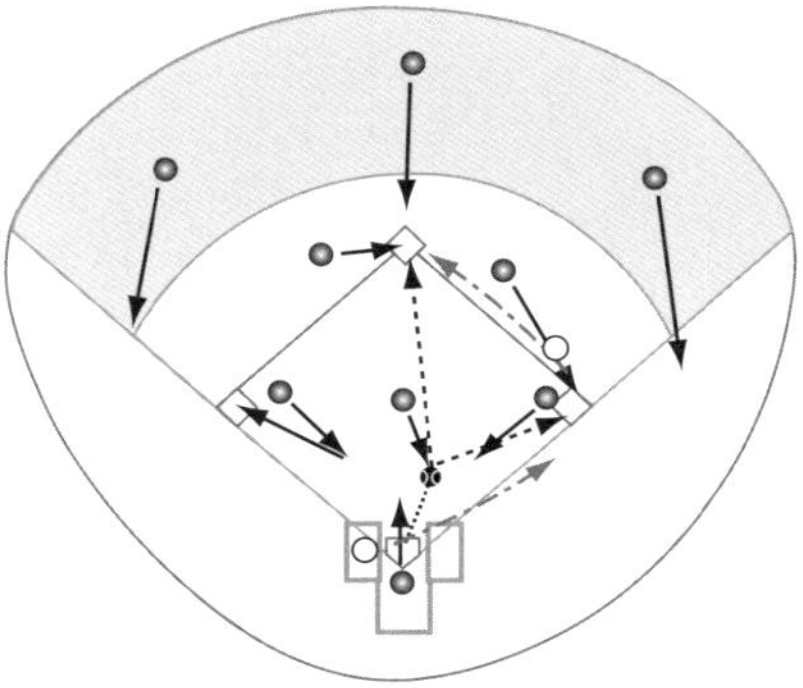

投手前バント

中翼手が二塁送球のバックアップ。右翼手が一塁送球のバックアップ。左翼手はミスが出たときの三塁送球のバックアップに備える

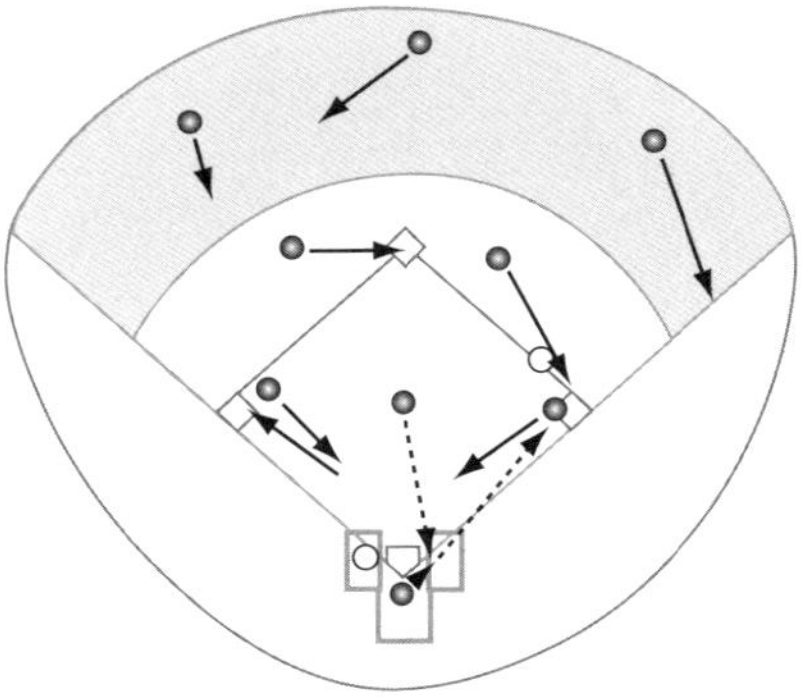

捕手からのピックオフプレー

右翼手が一塁送球のバックアップ。左翼手、中堅手はミスが出たときの二塁送球のバックアップに備える

まず、頭で覚え身体がしっかり反応できるようにしておくことが重要だ。1アウト一塁のケースは、攻撃側は打ってくるので長打もある。左中間、右中間を詰めて守るのもセオリーだ。

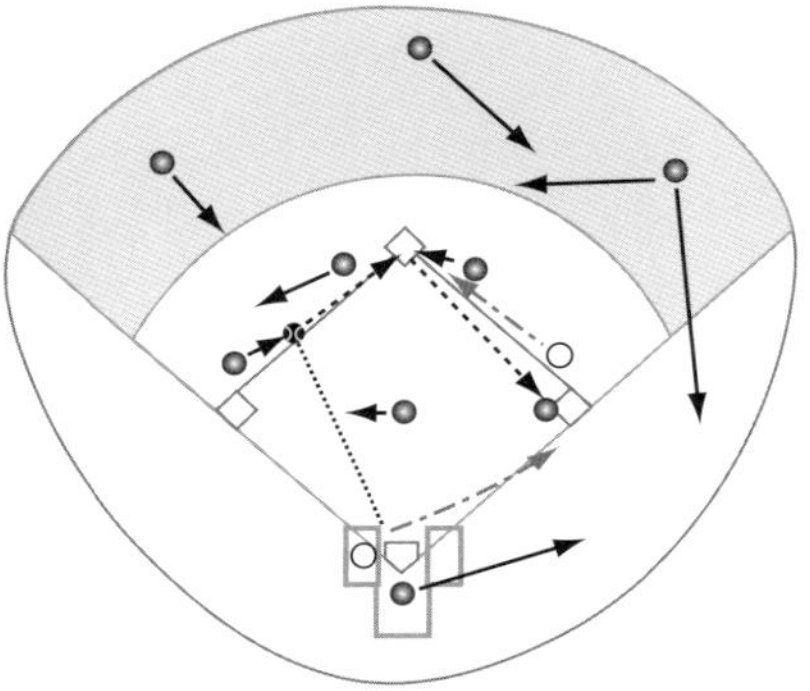

サードゴロ

左翼手が三塁手のカバー。中堅手が二塁送球のバックアップ。右翼手は一塁送球のバックアップ。中堅手のポジショニングによっては右翼手が二塁送球のバックアップに回る

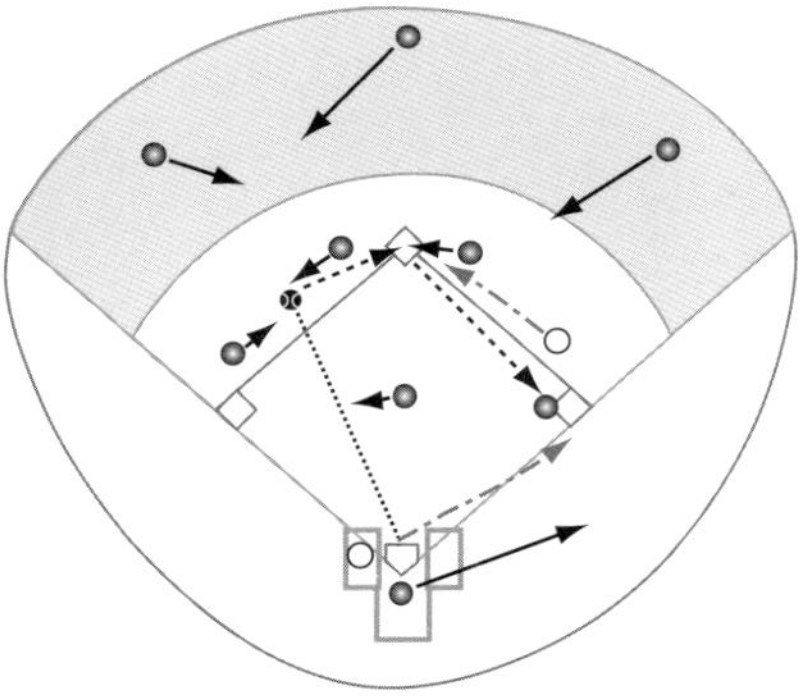

ショートゴロ

左翼手、中堅手が遊撃手のカバー。右翼手が二塁送球のバックアップ

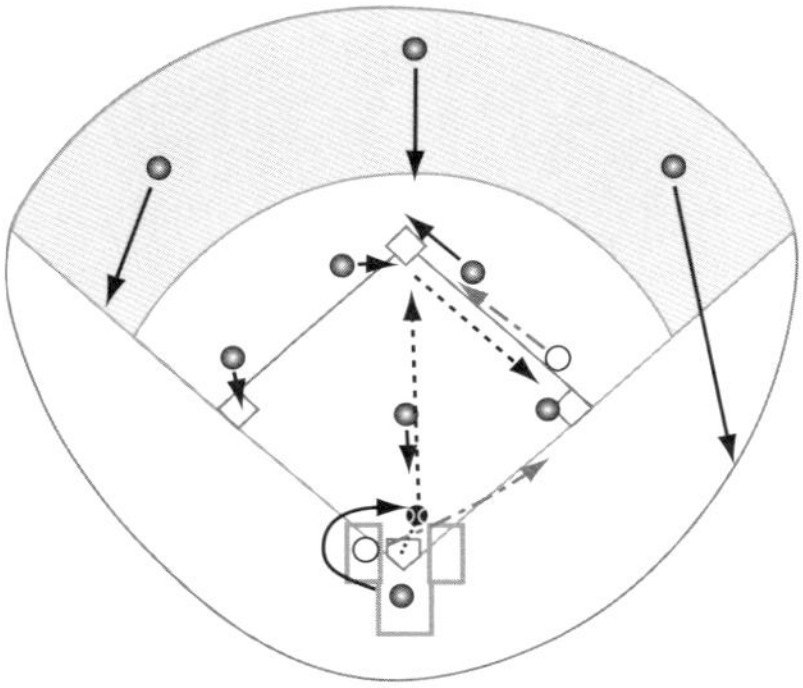

キャッチャーゴロ

中堅手が二塁送球のバックアップ。右翼手が捕手からの一塁送球または二塁からの一塁送球のバックアップ。左翼手はミスが出たときに備えて三塁送球のバックアップに備える

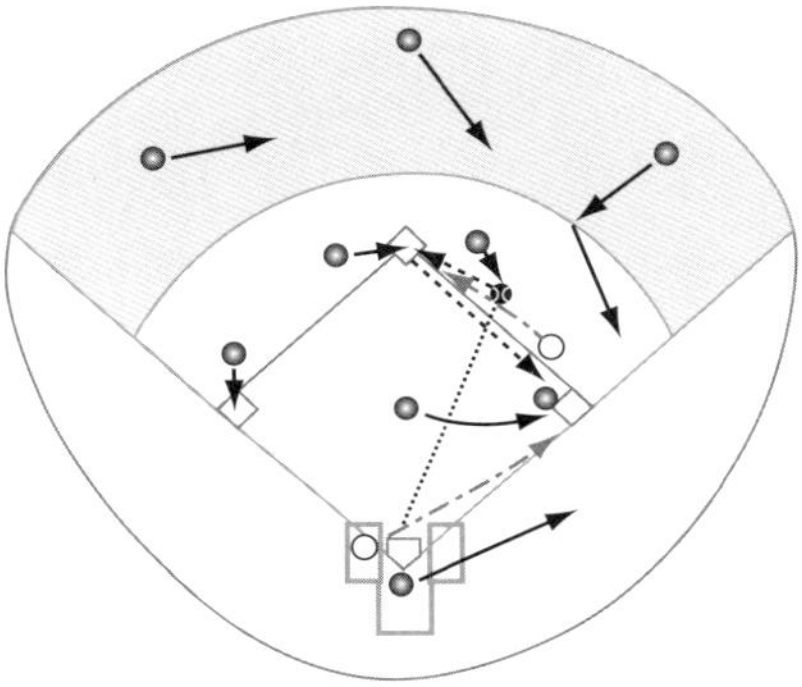

セカンドゴロ

中堅手、右翼手が二塁手のカバー。右翼手は二塁手の捕球を確認したら一塁送球のバックアップに回る。左翼手は二塁送球のバックアップ

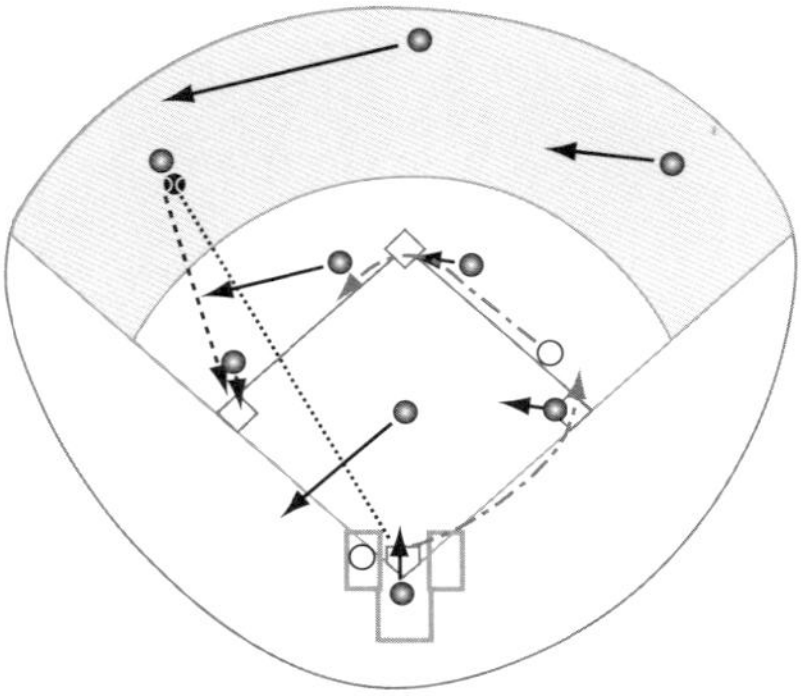

レフト前のヒット

中堅手が左翼手のカバーに回る。右翼手は左翼手が一塁走者のオーバーランを狙って二塁に送球してきたときのバックアップ。三塁送球なら三塁から二塁に送球されたときのために二塁のバックアップに回る

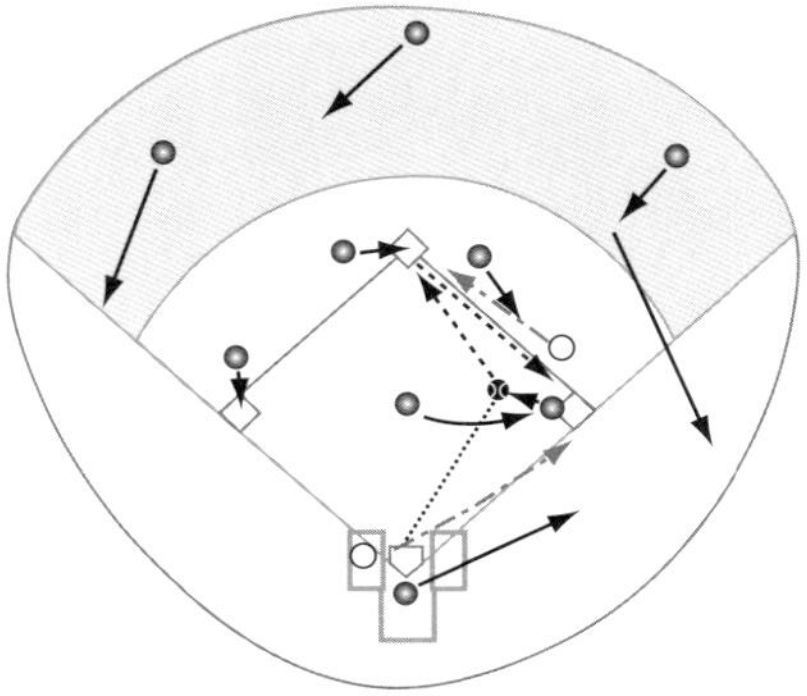

ファーストゴロ

右翼手は一塁手のカバー。一塁手の捕球を確認したら一塁送球のバックアップに回る。中堅手は二塁送球のバックアップ。左翼手はミスが出たときの三塁送球のバックアップに備える

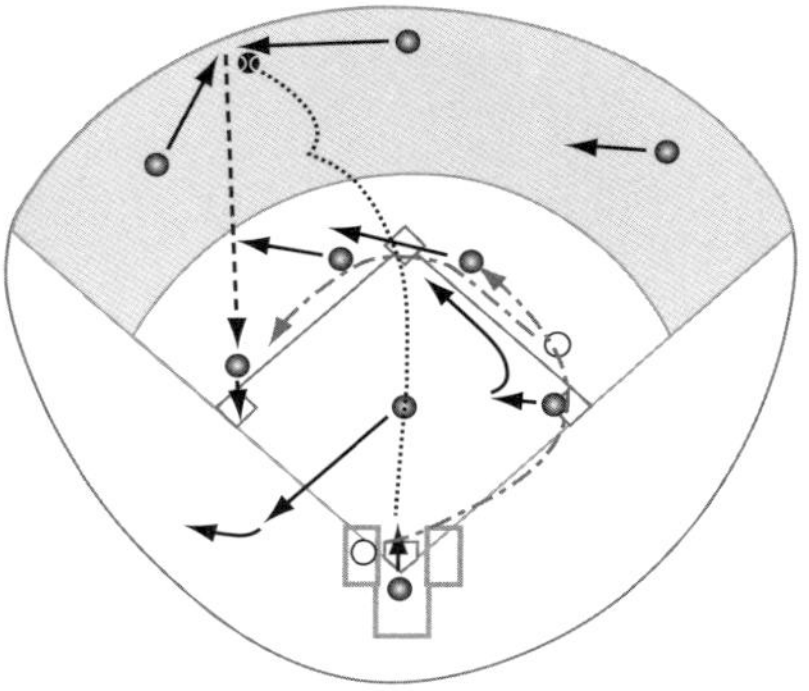

左右間のヒット

左翼手、中堅手が打球処理。打球処理しない方がカバーに回る。右翼手は次のプレイに備えて二塁送球のバックアップに回る

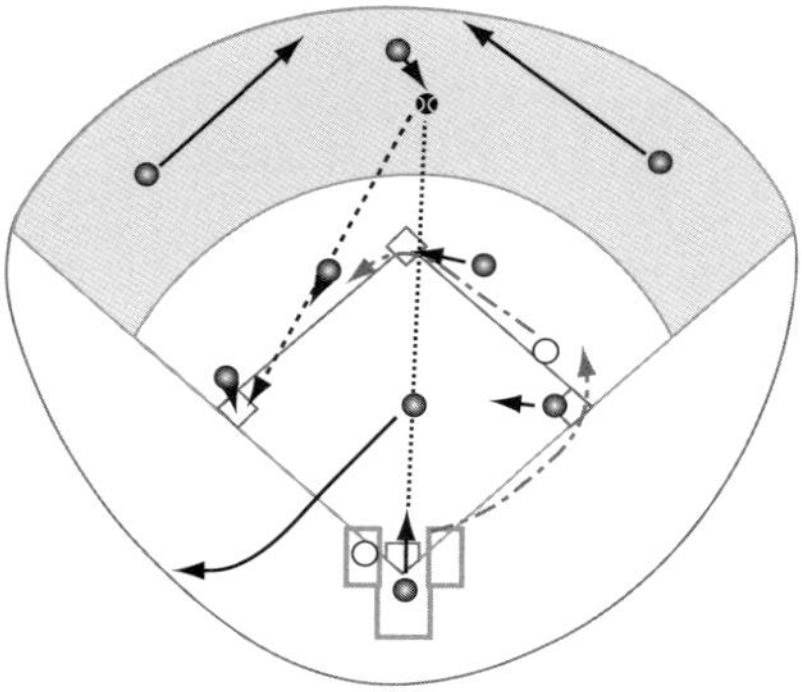

センター前のヒット

左翼手、右翼手が中堅手のカバーに回る

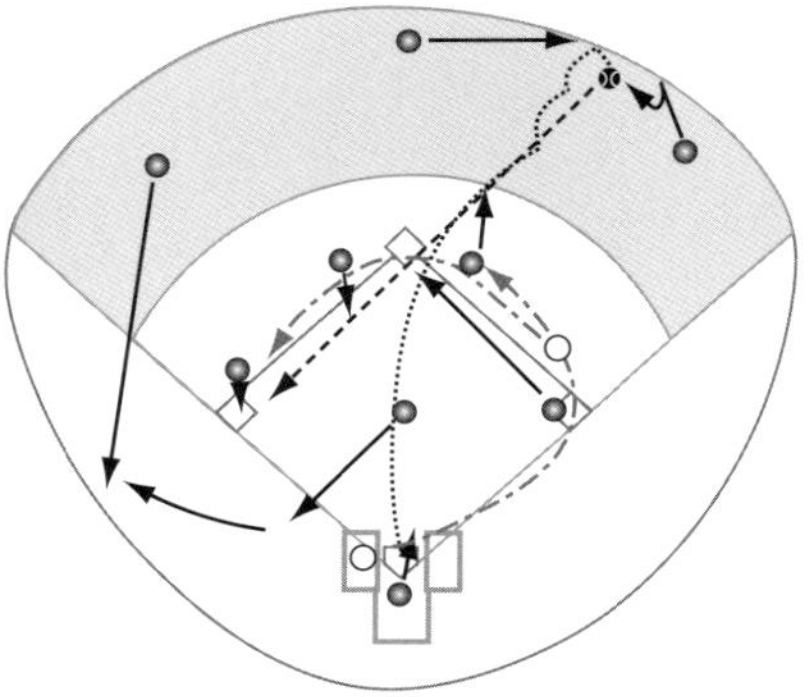

右中間のヒット

中堅手、右翼手が打球処理。打球処理しない方がカバーに回る。左翼手は三塁送球のバックアップ

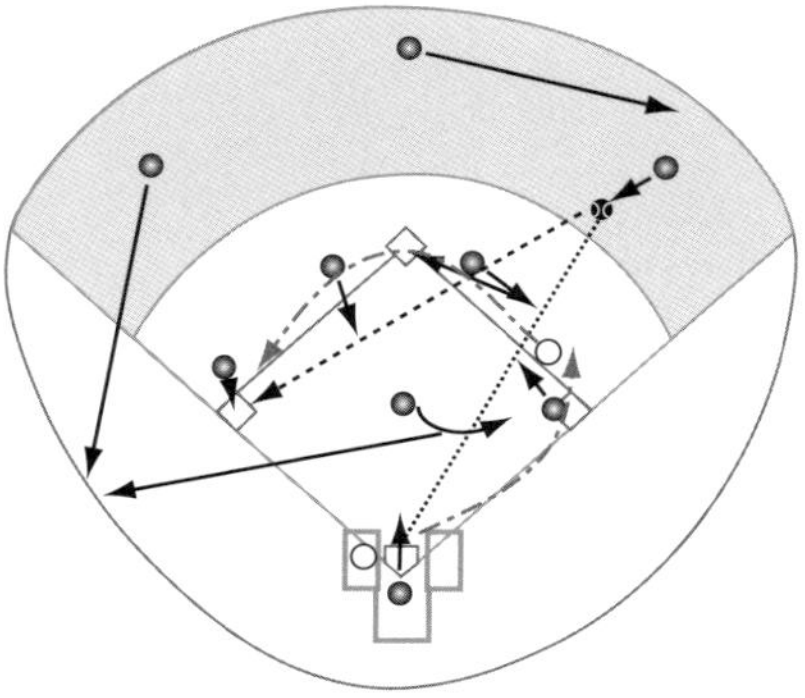

ライト前のヒット

中堅手は右翼手のカバーに回る。左翼手は三塁送球のバックアップ

2アウトのときは一塁走者をホームに還さない守備をする

回数、得点差、アウトカウントで違ってくるが、走者一塁のときの外野手の基本は、長打を打たれたときに一塁走者をホームに還さない守備をすることだ。特に2アウトからの得点はチームに与えるダメージも大きい。なんとしても得点を与えることを阻止しなければいけないのだ。

そのポジショニングは、深く守り左右間、右中間を詰めて守ることだ。それにもう一つ大事なことは、素早く打球に追いつき、捕球したら低くて速いボールを正確にカットマンに送球することだ。

5 走者二塁のときの外野手

シングルヒットで走者をホームに還さない

二塁走者をホームでアウトにするため前に出て守るのがこのケースのセオリーだ。どれくらい前で守るかは、自分の肩を考え走者をホームでアウトにできる位置なのだ。

左翼手、中堅手、右翼手の前に飛んだヒットのときは、ホームで二塁走者をアウトにすることを最優先したプレイをするのが基本だ。ただし、カットマンが捕れないような高いボールをノーバウンドで捕手に送球してはいけないのだ。そんな送球をすると、打者走者に簡単に二塁へ進まれてしまうからだ。ワンバウンドしたボールが上から下に落ちてきて捕手が最も捕球しやすいバウンドになるように送球することが重要なのだ。

近年はコリジョンルールでホーム上のプレイに対するブロックなどが厳しく罰せられるようになっ

た。捕手が捕球してタッチしやすいところに送球する技術も今まで以上に外野手に求められるようになってきたのだ。

走者二塁のときのカバーリング

走者が二塁のときの攻撃側は、アウトカウントにかかわらずバント作戦が使いやすい場面なのだ。外野手はバントのときのカバーリングを怠らないことが重要だ。

特に三塁線にバントされたときは、三塁手は二塁走者がいるのでダッシュが遅れる。一塁送球が

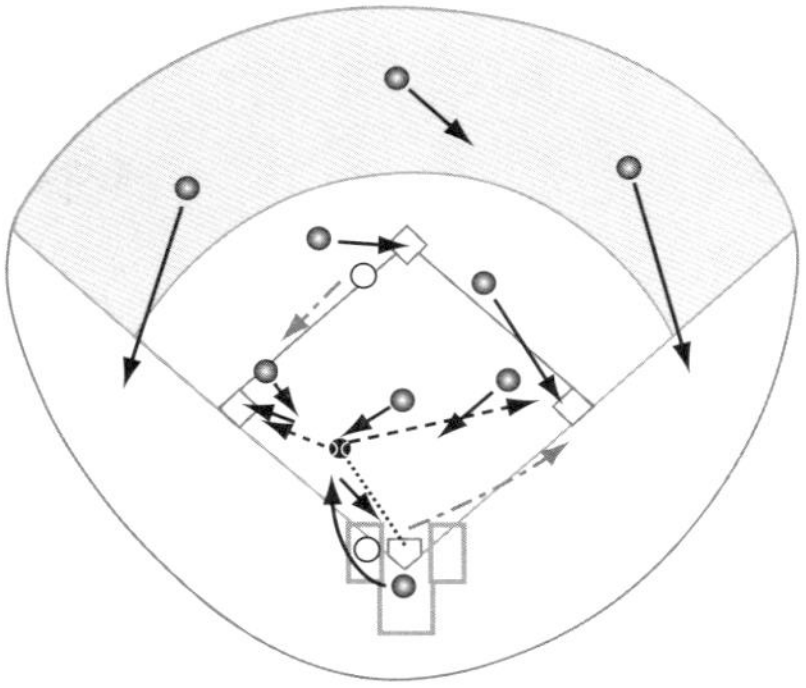

サード前バント

右翼手は一塁送球のバックアップ。左翼手は三塁送球のバックアップ。中堅手は二塁送球のバックアップ

ぎりぎりになると焦って悪送球というケースになることが多い。そんな場面に備えて右翼手は早めのバックアップが必要で、三塁からの送球が悪送球になっても二塁走者をホームに還さない。またはは打者走者に二塁まで進まれないプレイをすることが求められるのだ。中堅手は二塁送球のバックアップ。左翼手は投手から三塁送球のバックアップに回る。

0または1アウト走者二塁のときの主なケースのカバーリングを内野手の動きも含めて図解するので参考にしていただきたい。また、長打を打たれたときは走者なしのときと同じなので省略する。

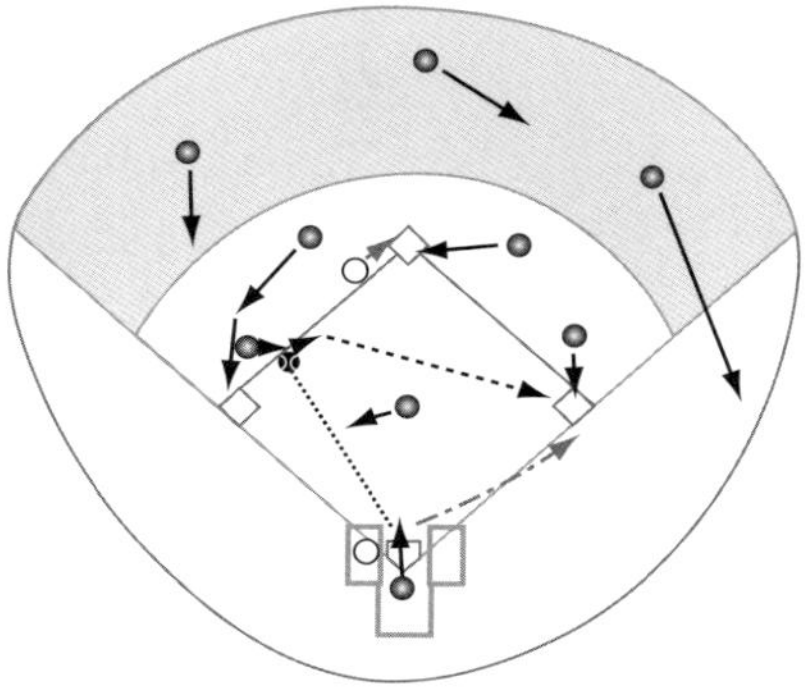

サードゴロ

左翼手は三塁手のカバー。右翼手は一塁送球のバックアップ。中堅手は二塁送球のバックアップ

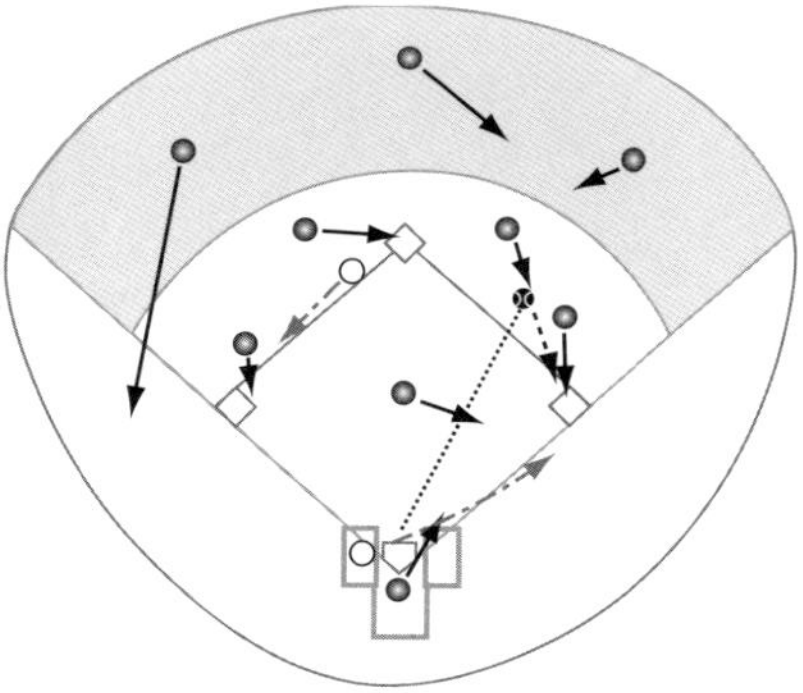

セカンドゴロ

右翼手、中堅手が二塁手のカバー。左翼手が三塁ベースのバックアップ

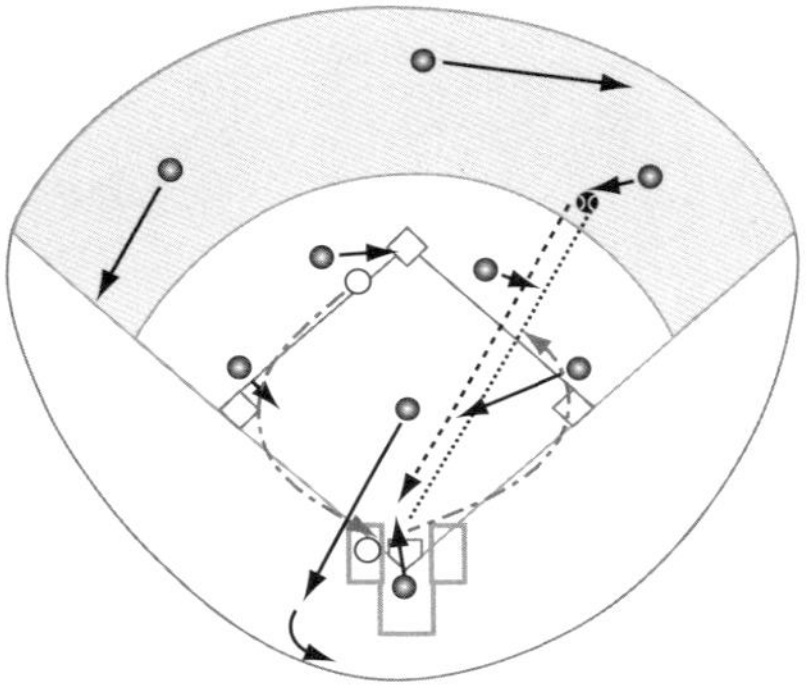

ライト前ヒット

中堅手が右翼手のカバーに回る。左翼手は三塁送球になったときのバックアップ

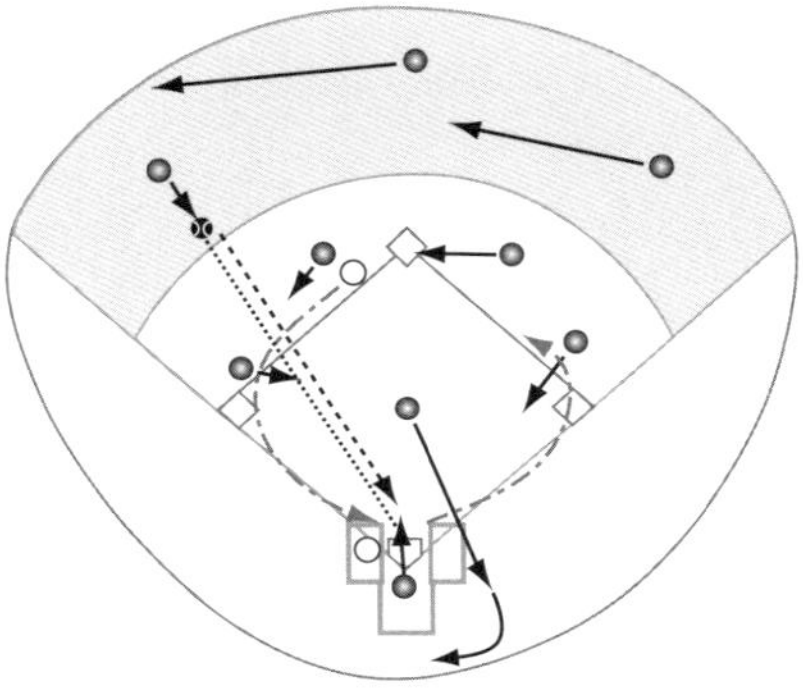

レフト前ヒット

中堅手が左翼手のカバーに回る。右翼手は打者走者が二塁に向かったときの二塁送球のバックアップ

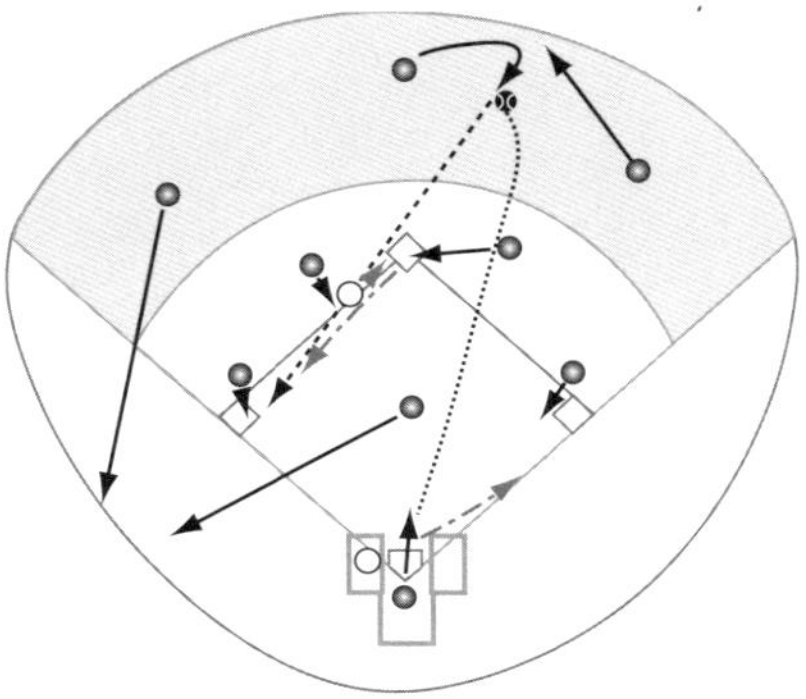

センターフライ

右翼手が中堅手のカバーに回る。左翼手は三塁送球のバックアップ

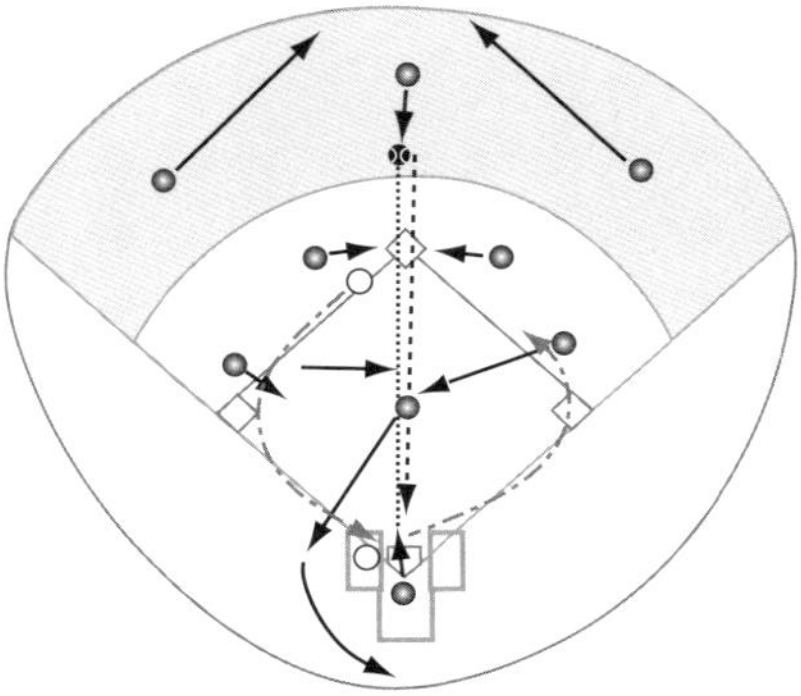

センター前ヒット

左翼手、右翼手は中堅手のカバーに回る

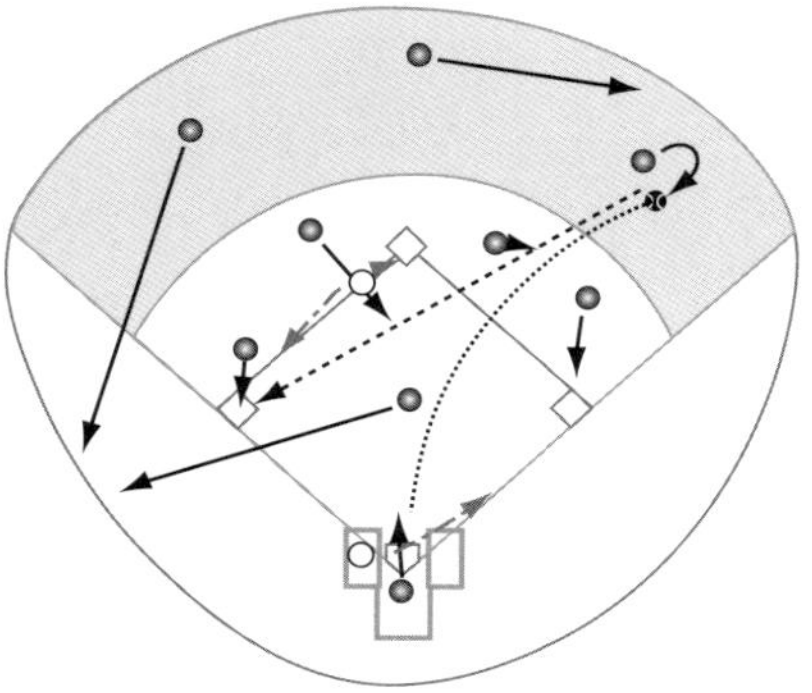

ライトフライ

中堅手が右翼手のカバーに回る。左翼手が三塁送球のバックアップ

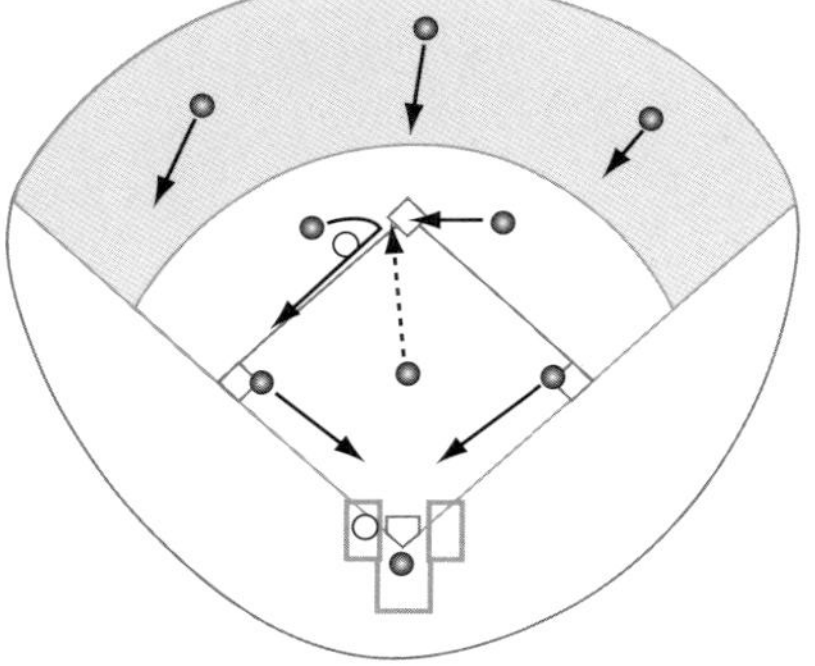

投手のけん制球

中堅手が二塁送球のバックアップ。左翼手はミスが出て三塁送球になったときの三塁バックアップに備える。右翼手は二塁ベースに近づき投手からのけん制が逸れたときに備える

6 走者三塁のときの外野手

後ろからの勢いをつけて捕球

1点も与えたくないときは、前進守備が基本だ。試合の状況によってポジショニングは違ってくるが、0または1アウトのときは、タッチアップの走者をホームでアウトにできる位置まで前に来て守る。頭を抜かれるのは仕方がない。内野と外野の間に落ちるポテンヒットを許してはいけないのだ。

フライが飛んで来たら、落下地点より4、5歩下がって打球の落下を待ち、後ろからの勢いをつけて捕球し、その勢いを使って送球する。この技術は外野手が必ず身に着けなければいけない技術なのだ。

落下地点より4、5歩下がって落下を待つ

後ろからの勢いをつけて捕球する

後ろからの勢いを使って送球する

外野に飛んできたファウルフライは捕らない

0または1アウト走者三塁のときで1点もやれないときは、外野ファウルフライは捕らないのがセオリーだ。もちろんホームでアウトにできるようなフライなら捕球することも当たり前のプレイだ。また、1点やってもいいからアウトカウントを増やしたいときは捕球するのがセオリーだ。

外野手は事前に捕るか捕らないかの判断ができていなければいけない。同点の最終回、1アウト三塁の場面で、タッチアップの走者をアウトにできそうもないファウルフライを捕球して試合に負けた。こんな外野手になってはいけないのだ。事前にしっかり状況判断ができ、シミュレーションができていなければいけないのだ。

外野と内野の中間のフライは外野手が捕る

0または1アウト走者三塁のときは、内野手は前進守備で守っている。その分、ヒットゾーンが広くなっているのだ。外野と内野の間に力なく上がったフライもヒットになりやすいのだ。そんなフライは、内野手が後ろ向きに走りながら捕球しようとすると捕球が難しく、捕球しても体勢が悪いため、三塁走者にホームを狙われることになるのだ。

このケースは外野手が捕球した方が捕球しやすく、体勢もホームを向いているためホームへの送球もしやすいのだ。外野手が捕球できるなら、内野手との衝突を避けるため大きな声を出し外野手が捕球するのがセオリーなのだ。

東進ハイスク
CHIBA

7 走者一、二塁のときの外野手

点差、アウトカウントなどでポジショニングを変える

外野手にとって走者一、二塁のときのポジショニングが一番難しいのだ。0アウトでバントをしてくるケースか？　僅差で1点もやりたくないケースか？　1点やってもいいが2点目を防ぎたいケースか？　点を与えてもいいからアウトカウントを増やしたいか？　それぞれでポジショニングが違ってくるのだ。それに、投手の攻め方や打者の特徴によっても大きく変わってくるのだ。

バント守備態勢のときは、やや浅めに守り、素早く送球位置のカバーリングに回れるように動くのだ。1点もやりたくないケースでは、たとえヒットを打たれても二塁走者をホームでアウトにできる位置まで前に出て守るのだ。1点やってもいいが、2点目を防ぎたいときは外野の間を抜かれないように大きく下がって守るのだ。点を与えてもいいからアウトカウントを増やしたいときでは、

定位置で守り、内野ゴロならゲッツー態勢なので素早く送球位置のバックアップに回るのだ。

　また、投手の攻め方や打者の特徴によって前後左右にポジショニングを変える注意力と観察力を持たなければいけない。さらにベンチ、捕手、主将のアドバイスを聞き逃さないようアンテナを立てて指示をしっかり受信できるようにしておくことも重要なのだ。

ヒットを打たれたときの送球位置

　外野手の前にヒットを打たれたら、バックホームで二塁走者をホームでアウトにすることを優先する。打球の方向や走者の足の速さで、それが無理なときは、一塁走者の三塁進塁を防ぐ送球をする。どこに送球するか、しっかりと自分で判断できないといけないのだ。また、他の野手からの指示に従うことも重要なのだ。

　ライト前ヒットでライト線の方向に飛んだ打球は、ホームの方が近いのだ。逆にセンター方向に飛んだ打球は三塁の方が近いのだ。近い方が早くボールが到達するということが分かっていなければいけない。

　捕球した時点でホームでアウトにできるかどうか分かるはずだ。アウトにできないと判断したら一塁走者の動きで三塁に送球するか、二塁に送球して一塁走者のオーバーランを狙うか判断するのだ。中堅手も同じだ。左翼手はどの方向の打球でもホームより三塁の方が近いので一塁走者

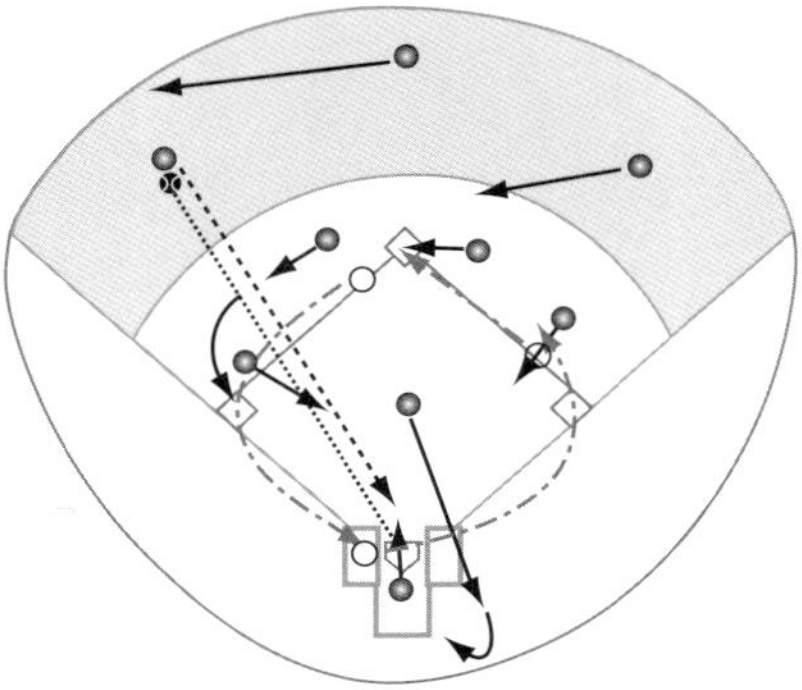

レフト前ヒット

中堅手が左翼手のカバー。三塁手が中継に入る。遊撃手は三塁ベースに入る。右翼手はオーバーランを狙った二塁送球のカバーリング

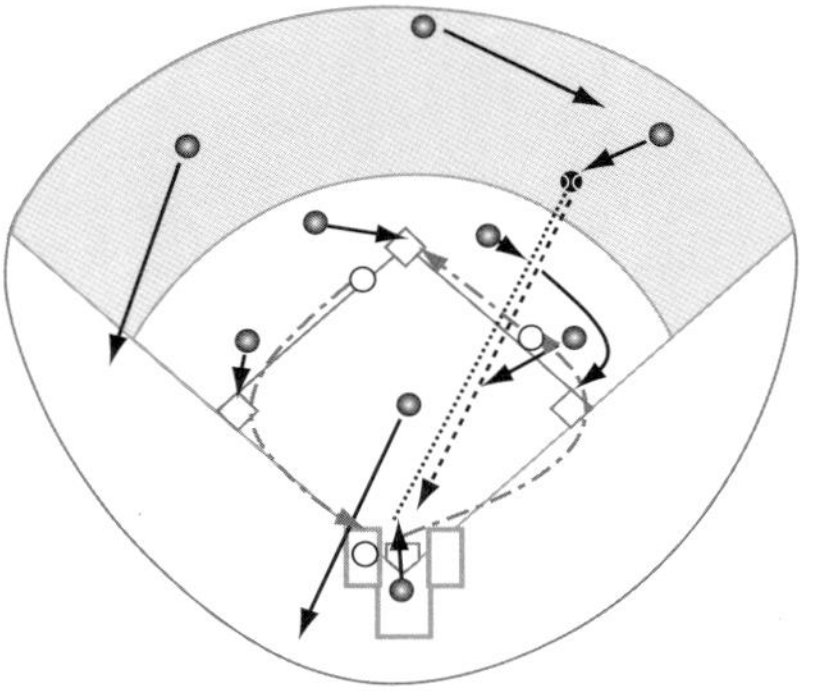

ライト前ヒット

バックホームを優先する。間に合わないときは三塁送球もある。中堅手は右翼手のカバーに、左翼手は三塁送球のカバーリング

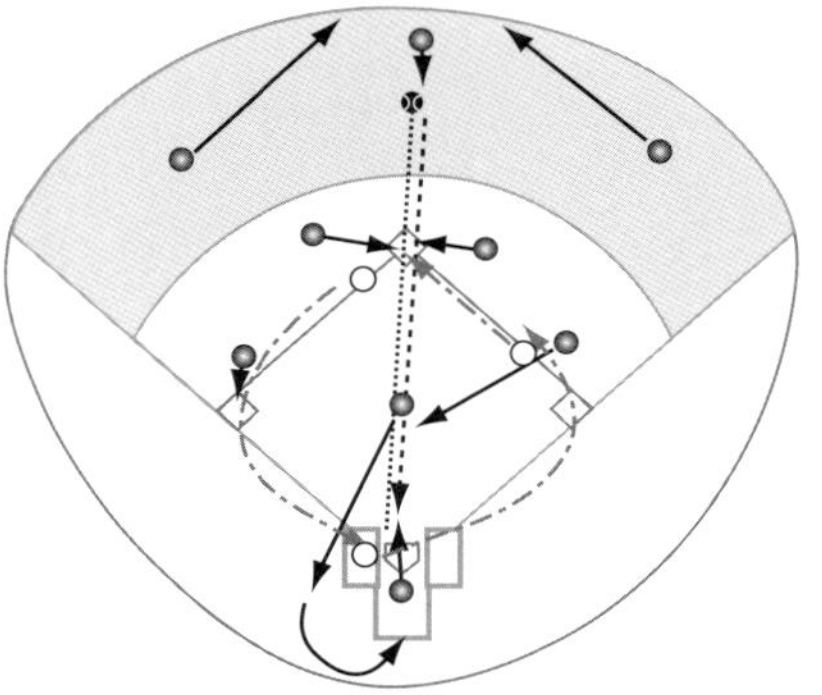

センター前ヒット

左翼手と右翼手が中堅手のカバー。一塁手が中継に入る。遊撃手はバックホームなら二塁ベースに、三塁送球なら中継に入る

は三塁には走ってこないが、ホームに高いボールで送球すると簡単に三塁に進まれてしまう。カットマンに低いボールで正確に送球することが大切なのだ。

カバーリングに遅れない

０または１アウト一、二塁の基本は内野ゴロならセカンドゲッツーだ。外野手はそれぞれのカバーリングに遅れないことが重要なのだ。それぞれのカバーリングとは、内野手の打球処理のカバー、

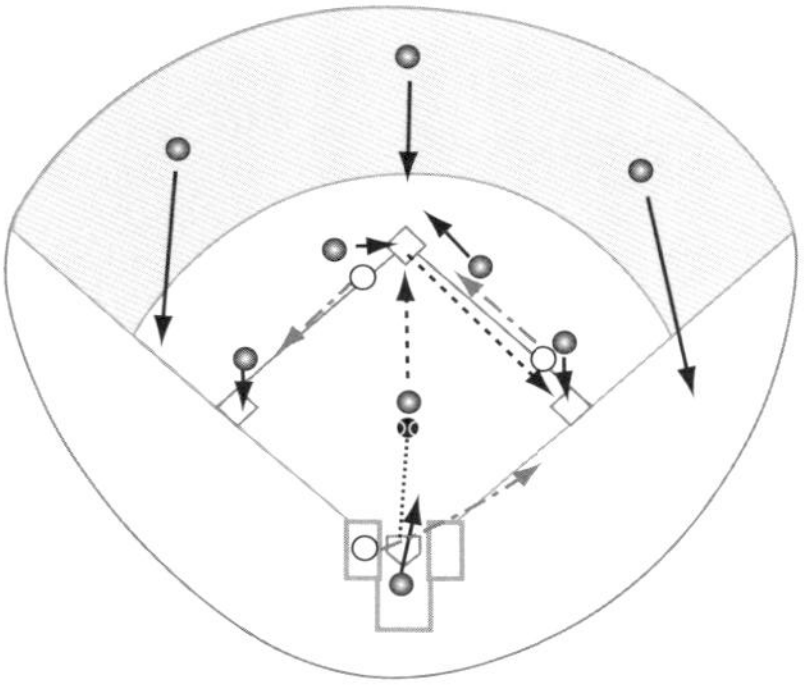

ピッチャーゴロ

中堅手は打球がセンターに抜けてきたときまたは二塁送球のカバー。左翼手は三塁送球のカバーリング。右翼手は二塁から一塁転送のカバーリング

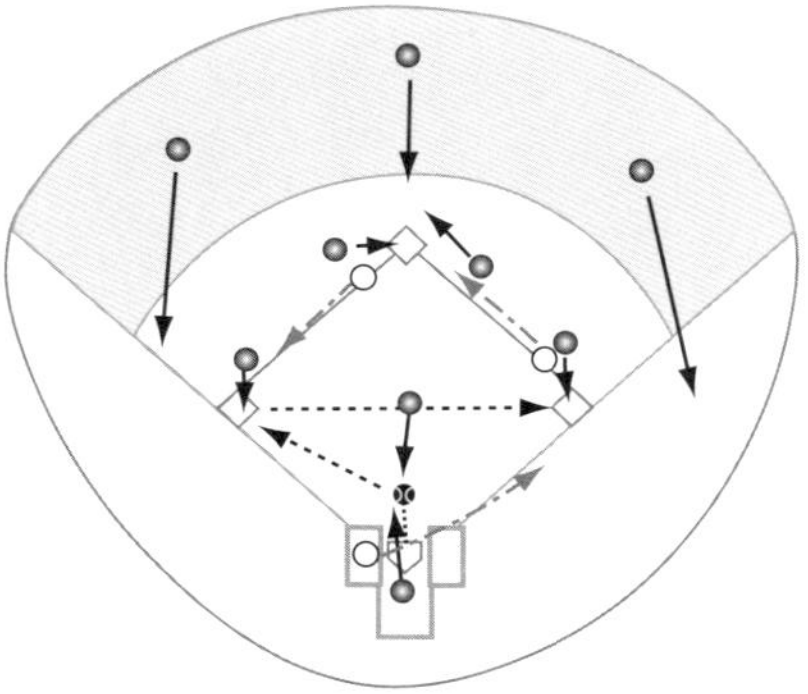

キャッチャーゴロ

左翼手は三塁送球のカバーリング。中堅手は二塁送球のカバーリング。右翼手は捕手、三塁、二塁からの一塁送球のカバーリング

内野手から送球される各ベースのバックアップのことで、ワンプレイで終わりではない。次のプレイを想定し先回りしてカバーリングを行うことが重要なのだ。

また、一瞬で送球位置が変更になることがある。例えばショートゴロならセカンド送球が基本だが、ファンブルして一塁送球になることがある。右翼手は二塁送球のバックアップから一塁送球のバックアップに急いで回らなければいけないのだ。

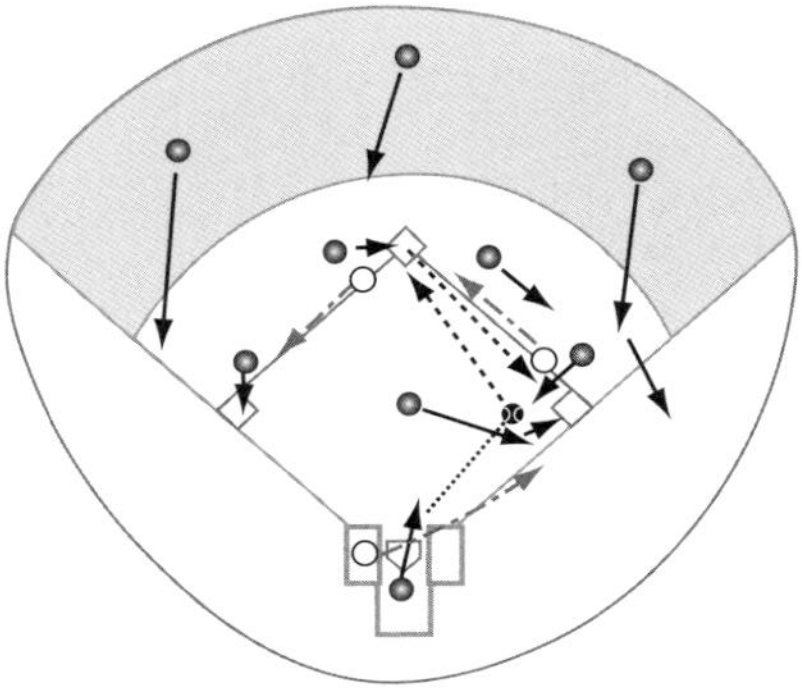

ファーストゴロ

右翼手は一塁手のカバーリング。一塁手の捕球を確認したら二塁から転送のカバーリングに回る。中堅手は二塁送球のカバーリング。左翼手は三塁送球のカバーリング

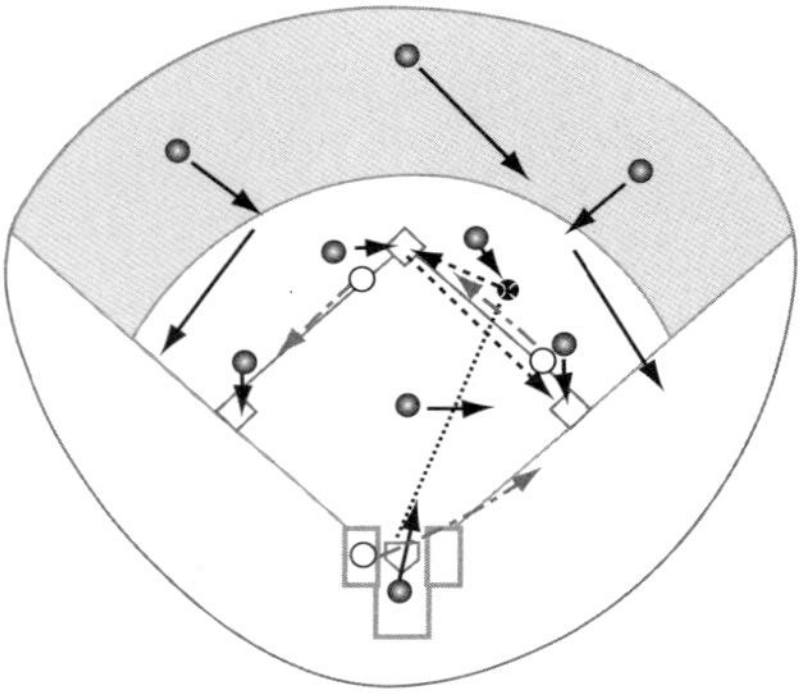

セカンドゴロ

中堅手と右翼手が二塁手のカバーリング。左翼手は二塁送球のカバーリング。右翼手は二塁手の捕球を確認したら一塁転送のカバーリング

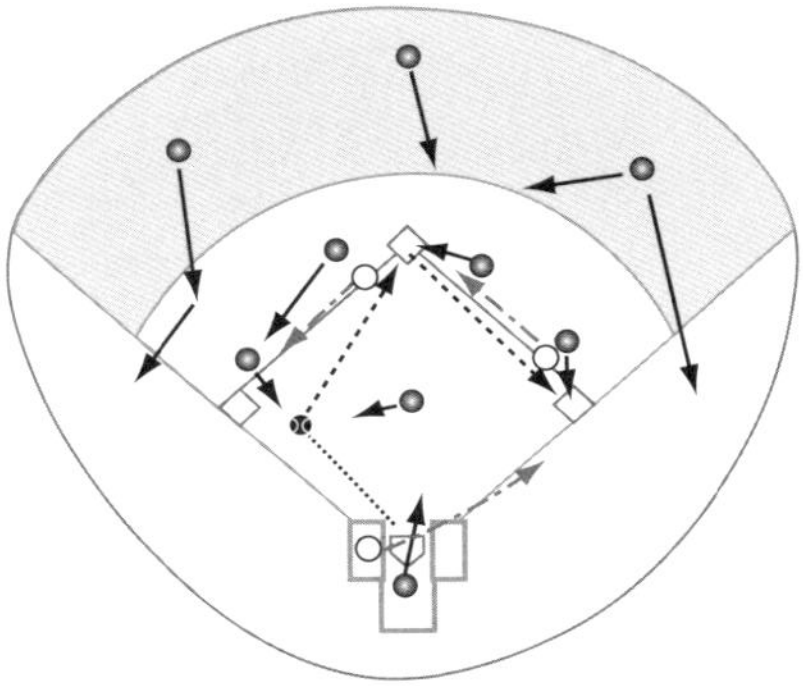

サードゴロ

左翼手が三塁手のカバーリング。中堅手が二塁送球のカバーリングだがポジショニングによって間に合わないときは右翼手も二塁送球のカバーリング。右翼手はその後、一塁送球のカバーリングに回る

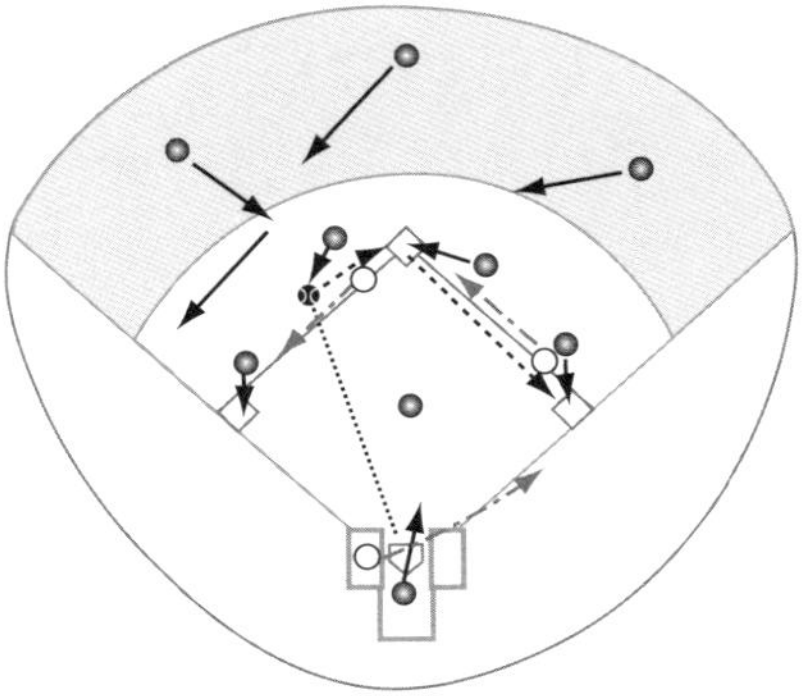

ショートゴロ

左翼手、中堅手が遊撃手のカバーリング。右翼手が二塁送球のカバーリング

外野フライはタッチアップがある

このケースのセンターフライ、ライトフライは二塁走者のタッチアップがある。中堅手、右翼手は三塁送球を想定して捕球することが重要だ。だからといって、どんなフライでも三塁に送球ではいけないのだ。送球の準備をしながら捕球し、二塁走者が走っていなければ素早く内野手に送球することが重要で、外野手が長くボールを持たないことがセオリーなのだ。

走者一、二塁に限らず、走者がいる場合はどんなケースでも外野手が長くボールを持っていてはいけないのだ。

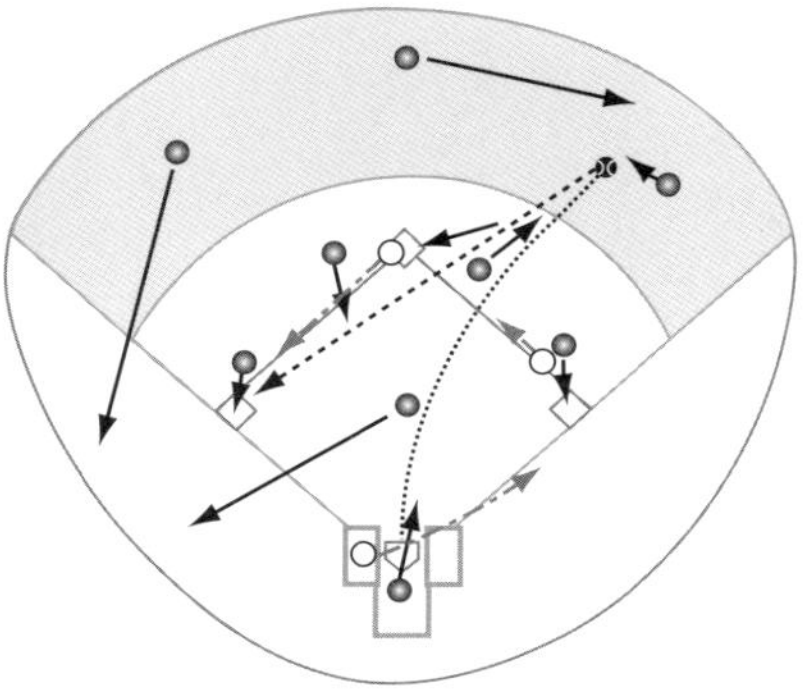

ライトフライ

右翼手は中継の二塁手に素早く送球する。中堅手は右翼手のカバーリング、左翼手は三塁送球のカバーリングに回る

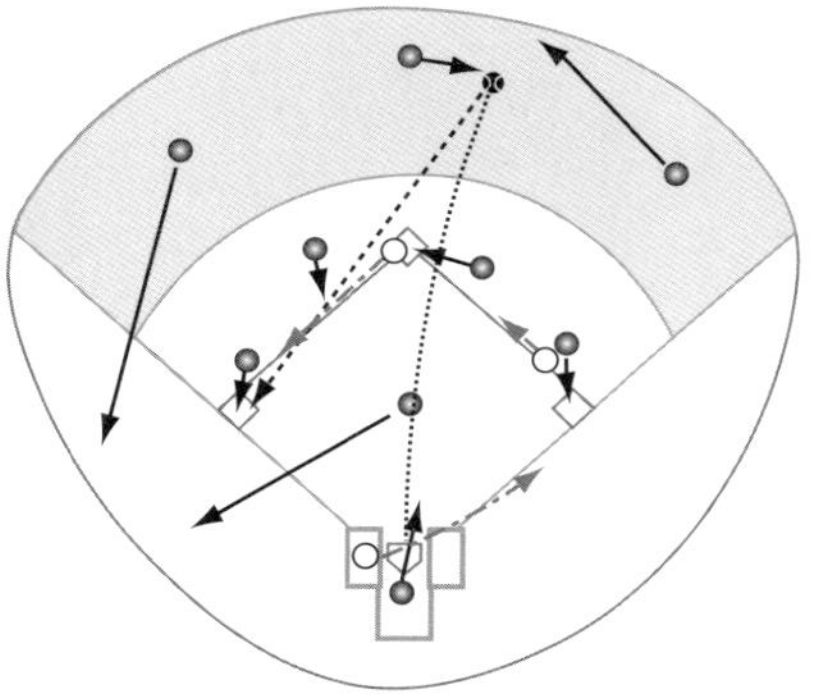

センターフライ

中堅手は中継の遊撃手に素早く送球。右翼手は中堅手のカバーリング、左翼手は三塁のバックアップに回る

CHIBA
NISHI

8　走者一、三塁のときの外野手

外野フライはバックホームが基本

0または1アウトのときの外野フライは、三塁走者がタッチアップでホームに走るのがセオリーだ。外野手はバックホームで三塁走者をアウトにすることを優先する。ただし、このケースは一塁にも走者がいる。低くて強いボールを正確に投げることと、バックホーム送球の後、次のプレイがあることを頭に入れ、各塁のカバーリングに回るのが外野手の役目だ。

深い外野フライは、三塁走者の本塁生還は防げない。一塁走者に二塁に進まれてはいけないのだ。

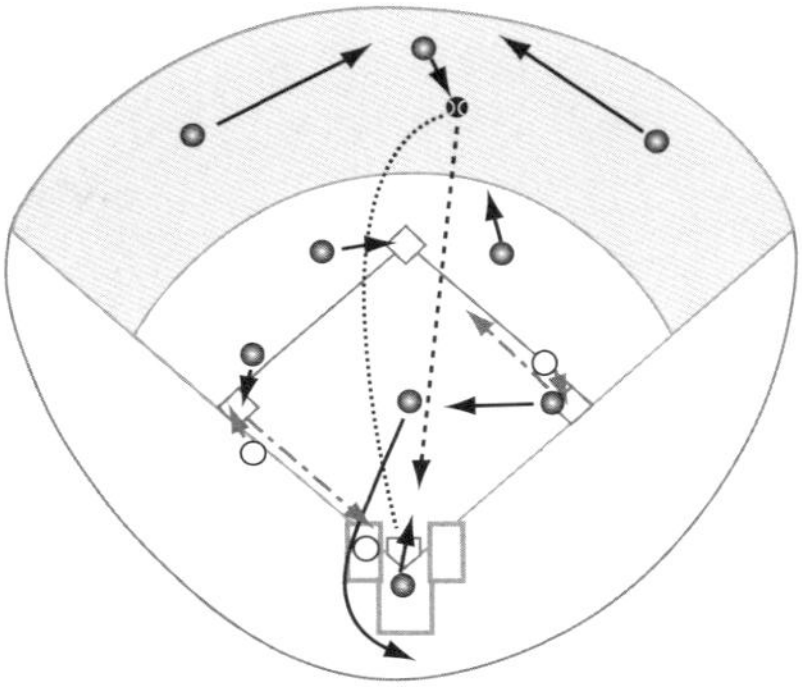

センターフライ

中堅手は捕球したらバックホーム。左翼手と右翼手は中堅手のカバーリングに行く

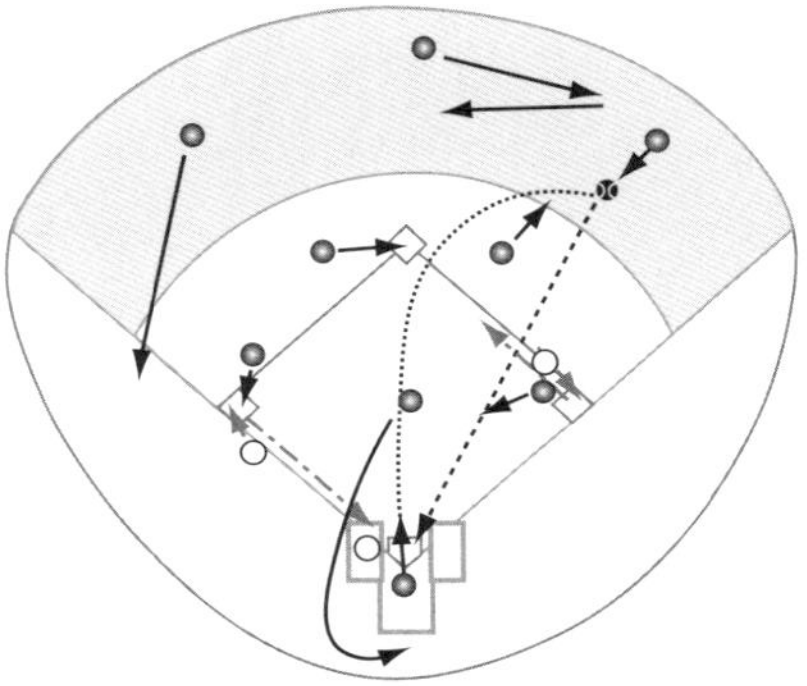

ライトフライ

右翼手は捕球したらバックホーム。中堅手は右翼手のカバーリング、左翼手は次のプレイに備えて三塁ベースのカバーリングに回る

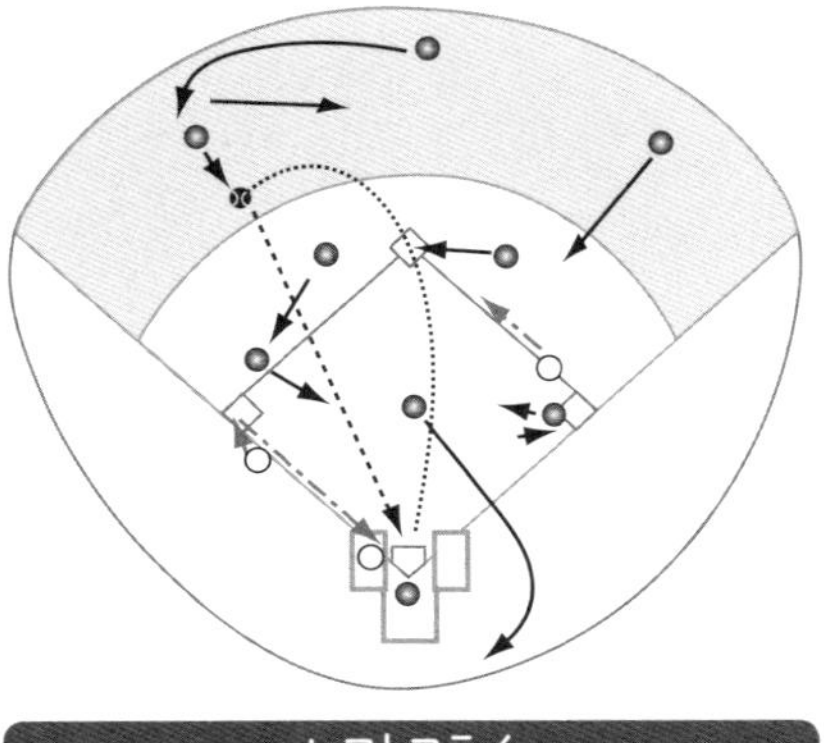

レフトフライ

左翼手は捕球したらバックホーム。中堅手は左翼手のカバーリング、右翼手は二塁送球のカバーリングに回る

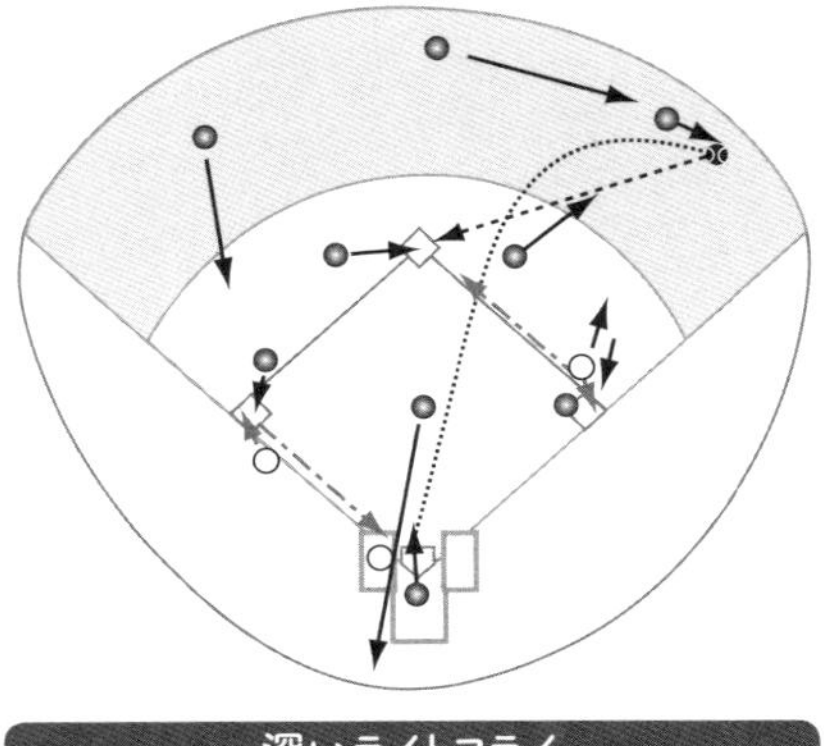

深いライトフライ

右翼手は中継の二塁手に素早く送球する。中堅手は右翼手に近づいて送球位置の指示。左翼手は二塁送球のカバーリングに回る

内野ゴロは内野手の打球処理カバーと送球先のカバーリングに回る

内野ゴロのとき優先するのは、内野手の打球処理のカバーリングだ。内野手のカバーリングに回らない外野手は、送球のバックアップに向かうのだ。また、内野手のカバーリングに回った外野手は、内野手の捕球を確認したら各塁への送球のバックアップに回り込むのがセオリーだ。

例えば、0アウトで三塁走者がホームに走っていれば内野手は、ホームに送球して走者をアウトにするプレイをするはずだ。そのときの外野手は、内野手の打球処理のカバーをし、次のプレイに備えて各塁のバックアップに回るのだ。

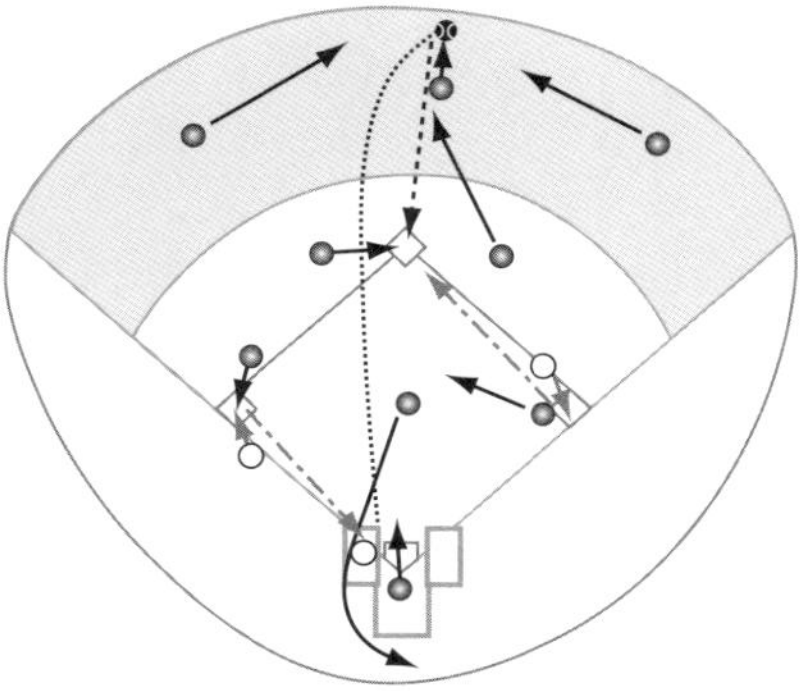

深いセンターフライ

中堅手は中継の二塁手に素早く送球。右翼手と左翼手は中堅手のカバーリングに回る

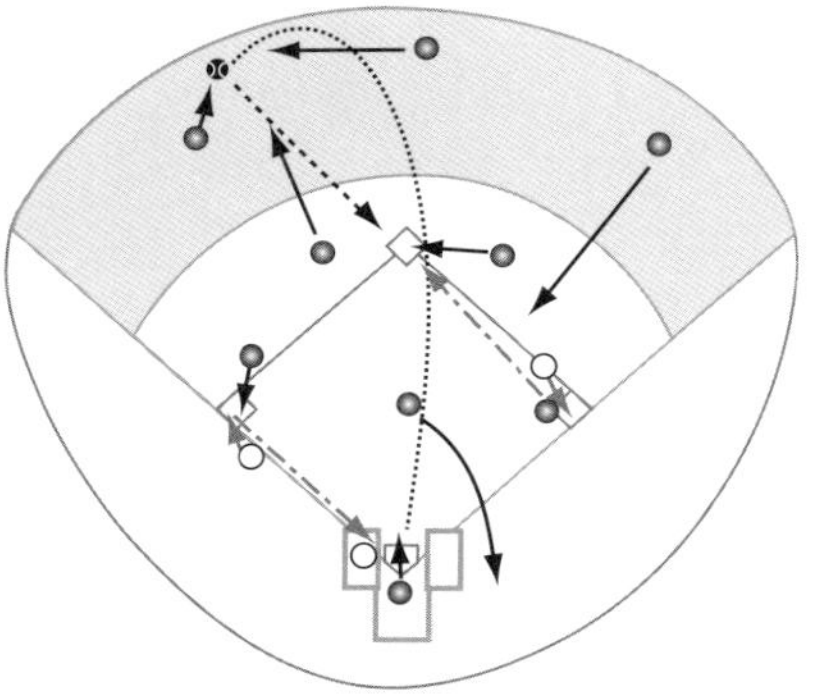

深いレフトフライ

左翼手は中継の遊撃手に素早く送球。中堅手は左翼手に近づいて送球の指示。右翼手は二塁送球のカバーリングに回る

0アウトでも状況によってはセカンドゲッツーもある。セカンドゲッツーなら走者一塁のときのバックアップと同じフォーメーションだ。1アウトのときはセカンドゲッツーが基本なので、このケースも走者一塁のときのカバーリングと同じバックアップをするのだ。

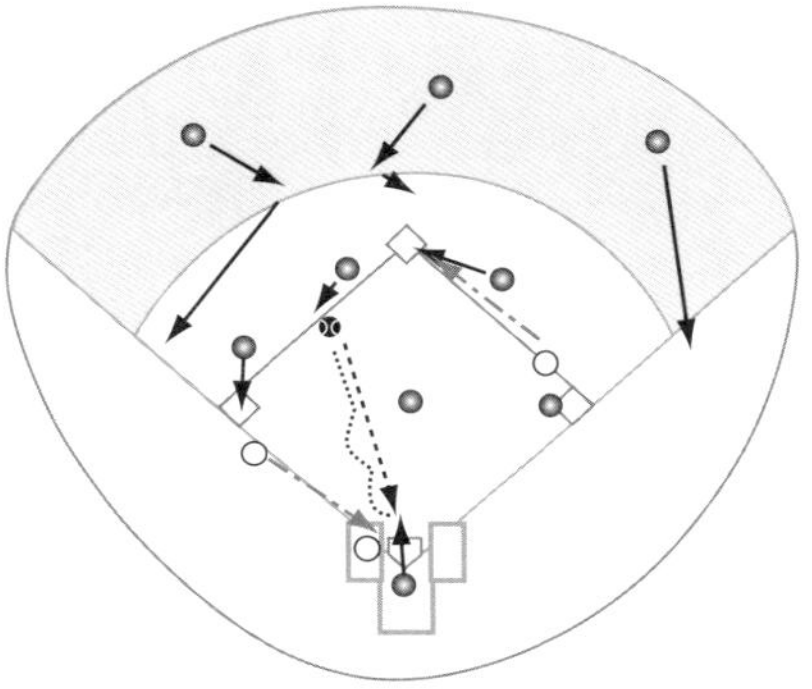

ショートゴロバックホーム

左翼手と中堅手が遊撃手のカバー。遊撃手の捕球を確認したら、左翼手は三塁の、中堅手は二塁のバックアップ、右翼手は一塁送球のバックアップ

ランダウンプレイのバックアップ

走者一、三塁のときは、一塁走者を挟んだケースと三塁走者を挟んだケースがある。このケースは、走者が二人いるので外野手のバックアップが重要だ。

一塁走者を挟んだときは、右翼手が一、二塁間の延長線上で一塁、中堅手が二塁のバックアップに回る。左翼手は一塁手から三塁送球のバックアップに回る。このケースから三、本間のランダウンプレイになることが多い。そうなったら、左翼手が三、本間の延長線上で三塁のバックアップに回る。三塁走者を挟んだら、左翼手が三塁のバックアップ。中堅手は二塁送球のバックアップに回る。中堅手と右翼手は二塁のバックアップに回る。

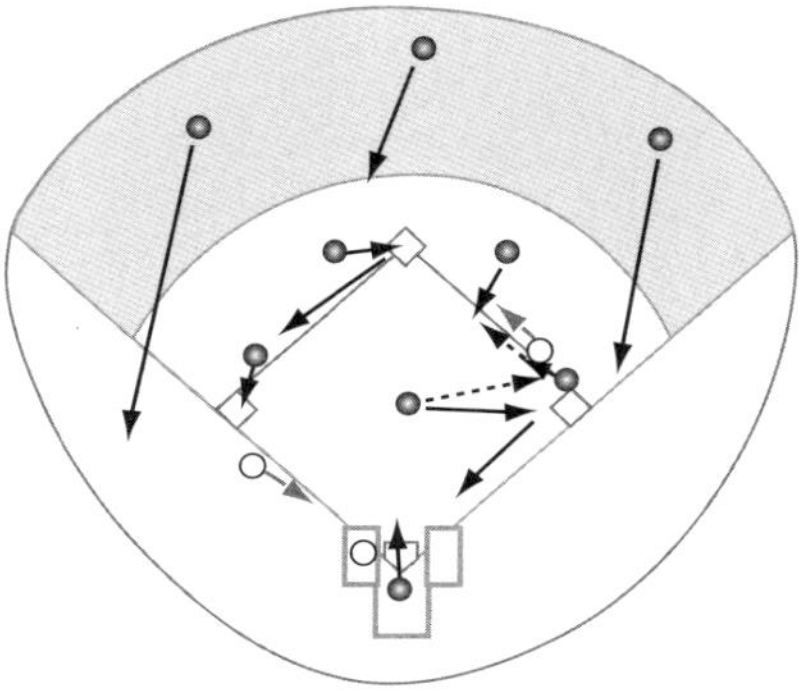

一塁走者のランダウンプレイ

右翼手が一塁、中堅手が二塁のバックアップ、左翼手が三塁のバックアップ

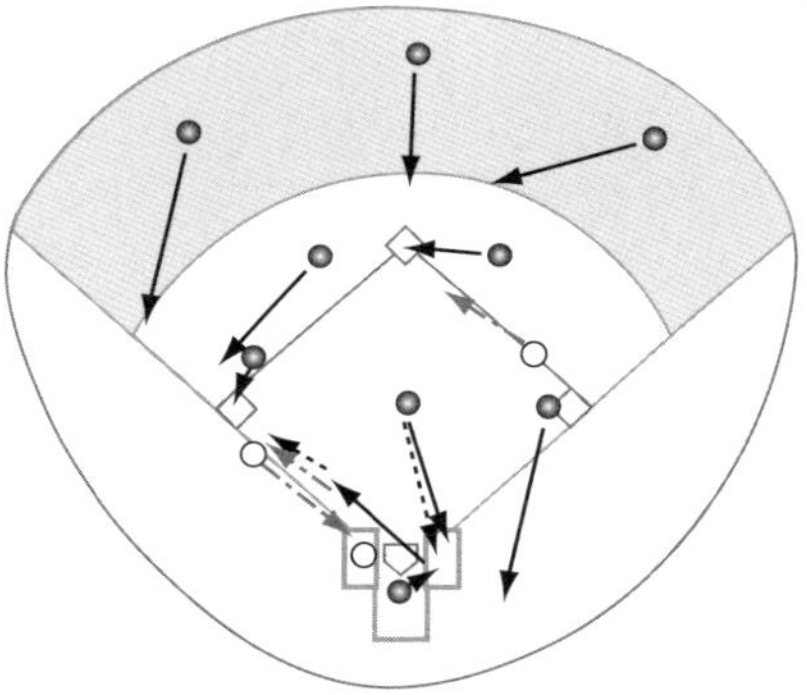

三塁走者のランダウンプレイ

左翼手が三塁のバックアップ、中堅手と右翼手が二塁のバックアップ

9 走者二、三塁のときの外野手

三塁走者を還さない

0または1アウト二、三塁で1点も取られたくないときは、三塁走者を還さないように、全外野手は前で守るのがセオリーだ。このケースのフォーメーションは、外野フライなら走者三塁、ヒットなら走者二塁、長打なら走者なしと同じだ。

外野フライもヒットもバックホームが基本

0または1アウトのときの外野フライは、三塁走者がタッチアップでホームに走るのがセオリーだ。また、ヒットなら二塁走者がホームを狙ってくるはずだ。

外野フライのときの外野手は、タッチアップの三塁走者をホームでアウトにすることを優先する。ただし、このケースでは二塁走者もタッチアップで三塁に走ってくる場合がある。ホームでアウトにするのが難しいと判断したら、三塁送球もあるのだ。特に右中間からレフト方向のフライはホームより三塁までの方が近いので、アウトにできる確率が高いのだ。1アウトからのプレイなら三塁走者の生還より二塁走者を早くアウトにすれば得点を与えなくてすむのだ。

ヒットのときは三塁走者の本塁生還は防げない。二塁走者の本塁生還を防ぐプレイをするのがセオリーだ。思い切り前に出て、後ろから前への勢いを使って送球する。勢いのある低いボールで捕手が捕球しやすいところに送球することが重要だ。どんなときもカットマンが捕れないような高いボールで返球してはいけない。

10 走者満塁のときの外野手

ポジショニングの判断基準

走者満塁のケースは、何を優先するかで外野手のポジショニングが違ってくる。1点もやれないなら外野フライでタッチアップした三塁走者をホームでアウトにできる位置まで前に来て守る。1点やってもいいが2点目を阻止したいときは、シングルヒットを打たれたとき二塁走者をホームでアウトにできる位置まで前に来て守る。2点やってもいいが3点目を阻止したいときは、長打を打たれたときに一塁走者をホームに還さないように右中間、左中間を詰めて深く守る。

点をやってもアウトカウントを増やしたいときは、定位置で守るのがセオリーだ。また、打者の特長によってもポジショニングが変わってくる。それぞれのケースでのポジショニングの基本を理解しておくことが重要だ。

送球位置とカバーリング

外野にはフライやライナーやゴロなど様々な打球が飛んでくる。外野手は、自分のところに飛んできた打球をどう処理し、どこに送球するかを咄嗟に判断しなければいけない。外野手が長くボールを持っていてはいけないのだ。特に満塁のときは各塁に走者がいるので走者の動きによっても送球位置が変わってくるのだ。予め想定できるプレイを考えておくことが重要なのだ。

フライやライナーで飛び出す走者もいる。また、想定外の走塁をしてくる走者もいる。例えば、外野手の定位置にハーフライナーが飛んできた。外野手はノーバウンドで捕球してバックホームが基本だが、二塁走者や三塁走者がタッチアップをせず飛び出していたとすると送球位置が違ってくるのだ。それぞれの状況で送球位置やカバーリングの位置も変わってくるのだ。外野手は送球位置やカバーリングの基本を理解すると同時に咄嗟の対応もできなければいけないのだ。

満塁のときの外野手の送球位置は、外野フライならバックホームだ。1点を阻止することを優先するのだ。それが無理なら二塁走者に三塁に進まれない送球に切り替えるのだ。それも無理なら一塁走者に二塁に進まれないプレイをしなければいけないのだ。シングルヒットを打たれたときは、二塁走者の本塁生還を阻止する送球をする。阻止できないなら一塁走者に三塁に進まれない送球をするのだ。長打を打たれたときは、一塁走者を生還さないプレイを優先する。それができないなら打者走者に三塁に進まれない送球をするのだ。

カバーリングは、内野ゴロでセカンドゲッツーなら走者一塁と同じ、ヒットなら走者一、二塁と同じ、長打なら走者一塁と同じ動きになる。ホームゲッツーなら内野手の打球処理のカバーに回った後、右翼手が一塁送球、中堅手が二塁送球、左翼手が三塁送球のバックアップに回る。

野球の知識

第6章 打者のセオリーと

1 打者に関するルール

打者の反則行為①バッターボックスから出て打つ

打者がバッターボックスから片足または両足を完全に出して投球を打つかバントしてボールにバットを当てたときは反則行為でアウトになる。この場合はフェアかファウルを問わずアウトになるが、ボールにバットが当たっていなければ反則行為にはならずアウトにはならない。

打者の反則行為②投球直前にバッターボックスを移動する

投手が投球姿勢に入ったとき、打者が他方のバッターボックスへ移ったときも反則行為で打者はアウトになる。また、投球姿勢に入っていなくても、投手が投手板を踏み捕手からのサインを見ているときに他方のバッターボックスへ移動したらアウトになる。

打者の反則行為③捕手のプレイを妨害する

打者がバッターボックス外に出るか、なんらかの動作によって捕手のプレイを妨害したら、これも打者の反則行為としてアウトになる。ただし、例外として、進塁しようとした走者がアウトになった場合または得点しようとした走者が打者の妨害によってアウトになったら打者はアウトにならない。

打者が捕手を妨害したときは、打者はアウトになり、ボールデッドになる。妨害があったとき走者は進塁できず、妨害発生時に占有していた塁に戻される。しかし、妨害されても捕手のプレイによりアウトにしようとしていた走者がアウトになったときは、妨害がなかったものと考えられ、走者がアウトで打者はアウトにならない。その際、他の走者も妨害がなかったものと考えられ進塁も可能になる。

打者が空振りしてその余勢でバットが捕手または投球に当たり審判が故意ではないと判断した場合は、打者の妨害とはしないがボールデットとして走者の進塁は許さない。打者については第3ストライクにあたるときは打者アウトになる。これには2ストライク後のファウルチップも含まれる。

捕手以外の野手のホーム上でのプレイを打者が妨害したときも打者の反則行為が適用される。打者に妨害があっても走者をアウトにすることができたときは、打者はそのままとしプレイは続けられる。しかしアウトの機会はあってもエラーなどで走者を生かした場合はアウトが成立していないので、打者はアウトになる。なお、捕手からの送球でランダウンプレイになりそうなら打者は妨害によるアウトになり、走者は元の塁に戻される。

打順の間違い

打順を間違い正規の打順でない打者が打撃を完了し、相手方がこの誤りをアピールすれば正位打者はアウトになる。ただし、打撃完了以前ならば、正位打者は不正位打者のボールカウントを受け継いで打撃につくことができる。

不正位打者が打撃を完了し、投手の投球前に守備側がアピールすれば正位打者はアウトになり、不正打者の打撃によるすべての進塁および得点は無効となる。走者が不正位打者の打撃中に盗塁、ボーク、暴投、捕逸などの進塁は正規の進塁になる。

不正位打者が打撃を完了した後、投手の投球前にアピールが無かった場合は、不正位打者は正打者として認められ、試合はそのまま続けられる。正位打者が打順の誤りをアピールされアウトになったときは、その正位打者の次の打順が正規の打者になる。不正打者が投手の投球前にアピールがなかったために、正位打者として認められた場合には、不正打者の次の打者が正規の次打者になる。

安全に一塁が与えられるケース

打者は、四球、死球、捕手または野手に打撃妨害をされたときはアウトにされることなく一塁が与えられる。しかし、妨害にもかかわらずプレイが続けられたときは、攻撃側チームはプレイが終わってからただちに申し出ることによって、妨害行為に対するペナルティの代わりに、そのプレイを生かすことができる。ただし、妨害にもかかわらず、打者が安打、失策、四球、死球その他で一塁に達し、他の走者が少なくても1個以上の塁を進んだときは妨害とは関係なくプレイは続行される。

2 打者のバッティング技術

構え方

構えは、力を抜きリラックスして構える。最も自分に合った打ちやすい構えをつくり上げるためには構え方の基本を身に付けることが重要だ。

身体全体の重心を両足の拇指球に乗せ、膝を曲げてどっしりと構える。軸足に55%、前足に45%程度の割合で重心をかけた方がテイクバックに移行しやすい。膝のライン、腰のライン、肩のラインは地面と平行に保つ。膝は曲げすぎず、膝頭を足のつま先と同じくらいの位置に出す。膝を固くしないで、余裕を持たせ、テイクバックの動きで両膝が外に割れないように内側に意識を持って構える。上体もリラックスして構えるが、背中が丸まらないよう伸ばす。肩越しに両目でしっかり投手を見る。後方の腕の脇は握り拳が入る程度に絞り窮屈にならないようにする。

バットは立てて、軽く握る。

スタンスは肩幅より少し広げる

力を抜きリラックスして構える

膝、腰、肩の高さを地面と平行に保つ

バットは立てて軽く握る

両足の拇指球に身体の重心を乗せ、スタンスを肩幅より少し広げ背筋を伸ばして構えると、背骨を中心にした身体の軸ができる。スタンスが狭すぎると、ステップしたとき目の高さが高いところから低いところに変わりボールがとらえにくくなる。スタンスを広くとると、テイクバックがとりにくく、体重移動が少なくなる。この場合、身体のパワーをロスするだけでなく腰の回転も使いにくいので当てるだけのバッティングになりやすい。ミートの確率は高くなるが、遠くへ飛ぶ打球、強い打球は打ちにくい。

スタンスは肩幅より少し広めにとり、膝を曲げて構えると、ステップしても目の高さがほとんど変わらず、ボールをしっかり見ることができる。また、テイクバックで体重移動も容易で、強い打球、飛ぶ打球を打つことができる。

クローズドスタンス

オープンスタンス

スクエアスタンス

バットのヘッドが頭の上にあり、よりパワーのたまった状態

ユニフォームの股関節部分にしわができる

前足の膝を捕手方向に向けながらテイクバック

スタンスは、バッターボックスの縦のラインと平行に立つスクエアスタンスが基本だ。スクエアスタンスは内外角の速球や変化球にも対応できる基本的な構えなのだ。

投手方向の前足を開いて立つオープンスタンスは、投手が見やすくボールも見やすい利点がある。ただし、そのまま開いて打つと、外角のボールにバットが届かないがオープンから踏み込んで打つと外角に対応しやすい。近年はオープンスタンスを取り入れる選手が多くなった。オープンスタンスで構える場合は、上体はスクエアに構え、ステップを真っすぐ投手方向に踏み出せば問題ない。

投手方向の前足を閉じて立つクローズドスタンスは、腰の回転を利用して、ボールを強くたたくことができる利点がある。ただし、ボールが見づらく内角が打ちにくい。オープンスタンスでも、クローズドスタンスでも、ステップは投手方向へ真っすぐ踏み出すことが重要だ。真っすぐ踏み出すことで、どんなボールにも対応できるのだ。

テイクバックで重心を軸足に移し、パワーをためる

テイクバックは、前足の膝を捕手方向に向けながら上げる。ボールを呼び込む感じで、軸足の拇指球に重心を移していく。重心の移動と同時に、軸足の膝が外側に割れないよう、体重移動のパワーをしっかり膝で受け止める。

腰と前足太ももが捕手方向へねじれ、ユニフォームの軸足の股関節にしわができる。下半身は、

捕手側への体重移動とねじれでパワーがたまった状態になる。ステップしてもグリップの位置は変わらないが体重が移動した分、バットのヘッドが投手側に入る。バットのヘッドが頭の真上にあるくらいが、腕とバットに角度(約90度)ができ、よりパワーのたまった状態になる。

前の肩が捕手方向へ回転すると、投手が見づらくなり上体の開きが早くなる。バッティングはタイミングをとることが大切だ。タイミングが合わなければ、ボールをバットの芯でとらえることはできない。投手は、それぞれ個性があって投げ方も違う。構え遅れをしないために、投球モーションにタイミングを合わせることがとても重要なのだ。投手との間合いを計りながらテイクバックを行うタイミングを身に付けることが打てる要素の一つだ。

ステップして間《ま》をつくる

前足の膝頭を捕手方向へ向けたまま踵からステップしていくが、拇指球から着地することが重要だ。着地した段階で重心は少しだけ前足に移動するが軸足に重心を残すことが重要なのだ。ステップはアウトステップやインステップにならないよう真っすぐ投手方向へ踏み出すことも重要だ。

前足を大きく上げる一本足のステップや地面を滑るように踏み出すすり足のステップなど、ステップの方法は選手によってまちまちだが、基本は、ステップによって頭が大きく動かず、目の位置が大きく変わらないで、しっかりボールが見られることだ。また、突っ込まず、バランスを崩さ

着地しても重心を残す

ここで間を取る

ず、パワーをためられることも重要な要素だ。ステップした前足が下りた瞬間が振り始めのポイントだが、ここで一瞬、間をつくって投球にタイミングを合わせられることが特に重要なのだ。

トップはテイクバックの終わりでスイングの始まり

テイクバックでためたパワーが一番大きくなった位置がトップだ。トップの形は、軸足に約60％、前足に約40％の重心が乗るのが理想だ。弓を目いっぱい引いた状態と似ている。下半身は、前足のつま先が45度の方向を向き、いつでも腰を回転させ、パワーが全開させられる状態だ。

上半身は、前の肩を開かずグリップの位置が捕手方向の肩の前、バットのヘッドが頭の真上にあって前の腕とバットの角度が90度、後ろ腕の肘の角度も90度。これが、一番、力が出せる形だ。

前足のつま先が45度の方向を向きスイングできる状態

トップはテイクバックの終わり

前の腕を伸ばして突っ張るとバットコントロールが悪くなる

バットのヘッドが頭の真上にあり前の腕とバットの角度が90度

トップで上体が前に突っ込んだり、後ろに残りすぎると鋭い回転運動ができず、強い打球を打つことができない。また、前の腕を伸ばして突っ張ると、バットコントロールが難しくなる。

トップから振り出すタイミングは、上半身は捕手方向に残り、下半身は投手方向へねじれる。ここでの上半身と下半身の割れによってさらに大きなパワーが生まれるのだ。インパクトで、どれだけスイングスピードを上げられるかが、どれだけ強い打球を打てるかということだ。トップでバットのヘッドを頭の上に残せば、インパクトまでの距離がとれ、スイングスピードを上げることができるのだ。トップで前の腕とバットの角度が緩んで開いたり、タイミングを崩されたり、上体が開いたりで、バットのヘッドが前に出ると、インパクトまでの距離が短くなり、ヘッドも走らせにくく、スイングスピードは上がらない。バットのヘッドとインパクトの距離を遠くに保つことが重要なのだ。

バットの振り出しはヘッドを落とさず残す

バットの振り出しでヘッドを落とさないことが重要だ。ヘッドを残さず落とすと、ドアスイングになりバットが遠回りして強い打球が打てない。バットは、頭と後ろの肩の間から出すようにして

トップでしっかりボールを見る

ヘッドを残しバットを身体から離さず、身体に巻き付けるように振り出す

ヘッドを残す。前の腕の肘と手首を結んだラインとバットの角度を90度程度に保ちながら振り出す。トップでつくった後ろ腕とバットの角度も維持しながら振り出す。この角度が、一番、力が入る角度だ。グリップの位置が大きく動かないよう振り出す。バットは、立てて振り出すのが基本だ。バットが真横になって寝てしまうと、後ろの手とバットの角度が開き後ろの手の力が生かせない。振り出しの大事なポイントは、バットを身体から離さず、身体に巻き付けるようなイメージで振り出すことだ。

後ろ腕の肘をへその前に

振り出しからインパクトまでの間に、後ろ腕の肘を素早く、へその前に持ってくることが重要だ。後ろ腕の肘が捕手寄りに開くと、脇が空きバットがインパクトまで遠回りする。バットのヘッドが下がらないように、後ろ腕の肘をへその前に持ってくることで、後ろが小さく前が大きいスイングになる。また、内からバットが出てセンター方向へ振り抜ける効率の良い、理にかなったスイングになる。

この「ヘッドを下げず、後ろ腕の肘をへそへ」が、速球に振り遅れず強い打球を打つための大事なポイントなのだ。ただ

後ろ腕の肘を身体の中心であるへその前に持ってくる

し、後ろ腕の肘をへその前に持ってくることを意識するあまり、下半身より早く上体が動き、前の肩が開き、後ろの肩が投手寄りに回転すると下半身のパワーが使えなくなる。あくまでも、下半身始動で足首、膝、腰が回り始めてから、後ろ腕の肘をへその前へ持ってくることが基本だ。

グリップエンドをボールに向ける

バットの振り出しで、ヘッドを下げず後ろ腕を絞り、肘を身体の中心であるへその前に持ってくると内側からバットが出て、インサイドアウトの軌道になり自然にバットのグリップエンドがボール方向を向く。このグリップエンドがボール方向を向くことが、バッティングの基本の一つなのだ。

グリップエンドがボールを向くと、バットのヘッドが下がらずグリップと逆方向に残る。ここからスイングに移ると、インパクトに遠い位置から一気にヘッドが出てくるため、ヘッドスピードがつきスイングスピードが上がりボールを強くたたけるのだ。

後ろ腕の肘をへその前に持ってくると内からバットが出てグリップエンドがボール方向を向く

グリップエンドがボール方向を向くとヘッドが下がらずスイングスピードが上がる

インパクトで後ろの手の手のひらが上を向くとレベルに振れる

よく「上からたたけ」と聞くが、トップからインパクトにかけて、剣道の竹刀を振り下ろすようなダウンスイングでは打球は飛ばない。インパクトで後ろの手の手のひらが投手方向を向き、前の手の手のひらが捕手方向を向くスイングは、たたきつけるだけのバッティングでミートも難しい。ライナーでぐんぐん伸びていく打球を打つには、インパクトのときにレベルにスイングできていることが大切なのだ。レベルにスイングするためには、インパクトのときに後ろの手の手のひらが上を向き、前の手の手のひらが下を向いていることが基本だ。

インパクトで前の手の手のひらが下を向き、後ろの手の手のひらが上を向く

レベルにスイングする

ミートポイントは、高めが前で、低めが後ろ

ミートポイントは、高めが前（投手寄り）で、低めが後ろ（捕手寄り）だ。また、インコースが前で、アウトコースが後ろだ。なぜ、高めが前で、低めが後ろかというと、人の腕は高い位置にあり、低めを打つときは、高めに比べてキャッチャー寄りでないとバットの芯でボールをとらえられないからだ。インコースは、グリップを抜いて前でないと芯でとらえられず、アウトコースは、インコースよりも後ろでないと芯でとらえられない。高低によって、コースによってミートポイントが違うのだ。これを知ることがバッティング技術がアップする重要な要素の一つなのだ。

人はそれぞれ背の高さも違えば、腕の長さも違う。背の高さや腕の長さが違えばミートポイントも異なる。インハイが一番前でアウトローが一番後ろということを理解して、自分のコース別ミートポイントを知ることが重要なのだ。

後ろの手で押し込んで打球を運ぶ

外野の間を抜けるような、球足の速い、強い打球を打つためには、後ろの手の押し込みが必要だ。人の腕は伸びきっていては力が出せない。少し曲げた腕を、目いっぱい伸ばそうとするときに、一番、強い力が発揮できる。ボールを打つときも同じで、インパクトで両腕が伸びていては、ボール

を強くたたくことができない。

インパクトは、前の手リードでボールを確実にとらえ、後ろの手でセンター方向へ強烈に押し込むことで、腕の力を最大限にボールに伝えることができる。これが、ボールを遠くへ運ぶための打ち方だ。プッシュバントみたいに後ろから前にヘッドを押し出すのではなく、曲げた両腕を伸ばしながら押し込むと、ヘッドが走る。後ろの腕を伸ばしながら、手首を早く返さないように使い、センター方向へスイングすることを、「腕の押し込み」と表現している。実際にティーバッティングなどで試してみると分かるはずだ。後ろの手の使い方もバッティング技術向上のポイントの一つなのだ。

手首を早く返さない

バットスイングで、手首の返しが早いと波を打つ。インパクトのときにに手首を返し、ボールを遠くへ運ぼうと

インパクトからセンター方向にバットを出し、手首を早く返さない

インパクトから後ろの手でセンター方向へ強烈に込む

する選手をよく見るが、ここで手首を返すとバットの軌道が変わり、こねるようなバッティングになる。手首をこねるようなバッティングは、ボールを遠くへ運べずゴロが多くなる。

インパクトからは、センター方向へバットを出すように押し込み、腕が伸びきって、もうこれ以上は押し込めない状態になったら、自然と両腕が返り手首も返る。このとき、前の腕の肘が自然に抜けると、フォロースルーもしっかりとれる。

手首を早く返さないことで、フォロースルーも大きくとれて、最後まで振り切ることができる。インパクトで手首を早く返さないことが、バッティング技術の大事なポイントの一つだ。

インパクトは軸足の蹴りでボールをたたきつぶす

スイングスピードは後ろ足の蹴りで上がるのだ。上半身が突っ込むと、軸足の蹴りが使えず、スイングスピードが上がらない。テイクバックで軸足に重心を残し、トップからインパクトまでに、重心が少し前足に移動する。身体と頭を残して軸足の蹴りでスイングすると、下半身のパワーをボールにぶつけることができる。

この軸足の蹴りがスイングスピードを大きくアップさせる大きな要素の一つだ。インパクトでは軸足の踵が上がり、捕手方向を向く。拇指球で地面の力を利用するように蹴り上げることが重要だ。投手が投げ込んだスピードボールは、大きな力となって捕手方向へ向かってくる。このスピードボールを打ち返すには、打ち返すだけの身体のパワーとバットコントロールが必要なのだ。バットがボールの芯をとらえてもスイングが弱いと、ボールに差し込まれてしまう。インパクトの瞬間は、右足の蹴りでスイングスピード上げ、ボールをたたきつぶすくらいの気持ちが必要だ。

軸足の踵がバットを振り出す前に上がると、ボールを呼び込めず、迎えにいってしまう。踵を上げるタイミングは、トップからバットを振り出すときで、下半身の回転が始まると自然に上がる。

軸足から前足に体重移動。前足の膝で壁をつくって腰を回転

体重を移動することで、移動方向への動きが楽になる。野球技術向上に体重移動は欠かせない。投手の投球や野手の送球などは、体重移動ができていれば自分の身体の力が使え投球や送球が簡単になる。

バッティングも同じで、体重移動はバッティング技術向上に欠かせない。まず、テイクバックで前足から軸足への体重移動でパワーをためることが大切だ。次に、軸足から前足への体重移動で、そこまでにためたパワーを使ってスイングすることが重要なのだ。軸足から前足へ体重移動ができていればスイングが簡単で、下半身からの回転も加わって、より大きな力になるのだ。ただし、間違ってはいけないのは、すべての重心を軸足から前足に移動するのではなく、重心が軸足から前足に移動していけばスイングが簡単になるということだ。移動した重心を前足で受け止め、壁を

つくり、インパクトは両足均等重心でスイングすると、体重移動に身体の回転が加わり、より大きな力になり、すべての力をインパクトに集中させることができる。

上体が前に行くと、どうしても後ろ方向のスイングが大きくなり身体の前を振れない。「身体を残し、身体の前で打つ」がバッティングの基本だ。

大きくて力強いフィニッシュで打球を飛ばす

頭を残し身体の軸を中心に回転できていれば、安定したフォロースルーをとることができる。両腕を曲げた状態でインパクトを迎え、思い切り腰を回し、センター方向へ腕を伸ばしながら振り切り、前の腕の肘を抜くと、自然に腕が返り手首も返る。この肘の抜きが大切なのだ。前の手でバットを持ち、肘を抜く練習をして、自然な肘の抜き方を身に着けることが重要だ。

振り出しはコンパクトに、フォロースルーは大きくとるようにすると、ミート率が高くなり、強い打球を打てるようになる。構えからフォロースルーまで大事なことは、頭を動かさない(動きが少ない)でスイングできることだ。頭が動かないということは、目の位置が変化しない、軸がぶれないということ。軸がぶれないと、スイングが安定して、大きなフォロースルーがとれ、飛距離のある打球が打てるようになる。

前足の膝が割れると、身体の回転が効率よく使えず大きなフォロースルーがとれない。その結果、飛距離のある打球を打つことができないのだ。フォロースルーでも前足につくった壁は崩さないことが重要だ。

打てる打者になるためにはタイミングの取り方が重要

構え遅れをせずにトップで間《ま》をつくれば緩急にも付いていける。タイミングの取り方はトップでつくる間がすべてといってもいい。野球は、投手が主導権を握っている。投球に対して構え遅れをしないことが大切なのだ。最初に構え遅れると、タイミングの修正が難しくなり最初から最後まで崩されたバッティングをすることになる。

投手が投球モーションを起こす前に、まず、どっしりと構える。投手が前足を上げるタイミングでテイクバックを始める。投球モーションのトップからリリースポイントまでの間にトップをつくり、ここで間をつくる。この間で、ボールをしっかり見ることができ投球にタイミングを合わせられるのだ。ここで間が取れれば投球の軌道をしっかり見ることができ、ミートポイントをスイングできる。投球にタイミングを合わせるには、しっかりボールを見ることと、緩急の変化を見極めることが大切なのだ。

バッティングにはそれぞれ個性があり、タイミングの取り方や打ち方が違う。素振りを繰り返し、バッティング練習を繰り返し、下半身を強化し、体力をつけ、練習を積み重ねて、はじめて自分の体力、技術に合ったバッティングフォームが身に着くのだ。

右打者の右打ち

右打ちは、流すだけのバッティングではいけない。バッティングの基本は投手方向へ真っすぐ打ち返すことだが、試合展開によって右方向へ打つ技術が必要なのだ。投手は、緩急をつけたりコースぎりぎりを狙ったり様々な工夫をして投げてくる。センターから右を意識したバッティングをすると、どんな投球にも対応しやすいのだ。

右打ちの基本は、突っ込まず、ボールをぎりぎりまで引き付けることだ。トップで左側にしっかりとした壁をつくり、下半身、上半身とも開かずボールを肩越しに上からしっかり見ることが基本だ。そのうえで、右膝、右腰の回転を抑えて身体全体をボール方向に向け、右腰の前でインパクトを迎え、右手で強く押し込むのが右打ちの基本だ。

ランナー一塁でのヒットエンドランの右打ちは、どんなボールでも転がすことが重要なのだ。ライト前ヒットがベストだが、最低でも右方向のゴロを打つのだ。一番いけないのはピッチャー返しだ。センターに抜けそうな打球を打つと、二塁ベースに入った遊撃手に簡単に処理されゲッツーを取られてしまう。

また、無死二塁でランナーを進める右打ちのバッティングは、チームにとってチャンスが広がり、次に繋ぐたいへん重要な意味を持つ技術なのだ。

高めの打ち方

高めは前で打つことが基本だ。ヘッドを下げず、軸足の蹴りで鋭く振り抜くことが重要だ。下から上に振るアッパースイングでは高めの速い球には振り遅れる。振り遅れないように、上から下へのダウンスイングで振り抜くようにスイングするととらえられる。両腕を絞り、顎を上げずに振り出す。前の手とバットとの角度を90度に保ち、ヘッドを立てて振り出す。両腕が伸び切る前にインパクトを迎え、インパクトからはセンター方向に両腕をしっかり伸ばして振り切る。軸足の蹴りでボールをたたく感覚が大事だ。

高めは低めより打ちやすく打球も飛ぶ。ストライクゾーンにきた高めは、積極的に打ちに行くべきなのだ。特に無死、または1死三塁のときは高めを狙うと外野フライが打ちやすいのだ。注意すべきことは、トップの位置からインパクトまでグリップを下げないことだ。グリップが下がるとバットが下から出て高めが打ちにくくなる。グリップは肩の高さから地面と平行に、インパクトまで最短距離で出し、振り遅れないようにする。

バットを短く持って、振り幅を短くするのも高めの打ち方の一つだ。腰を鋭く回し、回転で打つことも重要だ。腰を鋭く回転させ、下半身のパワーを上体に伝えないと、強い打球を打つことができない。

低めの打ち方

顎を引きベースの上まで呼び込んでフルスイングするのが基本だ。バッティングは目でとらえて打つので、目から遠く離れた低めは打ちにくいのだ。特に、目の位置から一番遠い外角低めが打ちにくい。打ちにくいから、投手はそこを攻めてくる。

打てる打者になるためには、その低めを打ち返す技術を身に着けることが重要だ。低めは、ミートポイントが捕手寄りなので、しっかりボールを呼び込むことが第一のポイントだ。両脇を締め、グリップがボールに向かって下りてくるように振り出すことが第二のポイントだ。振り幅を小さく、バットはダウンスイングで下りてくるが、インパクトではレベルスイングになっていることが第三のポイントだ。センター方向に後ろの手で押し込んで打つことが第四のポイントだ。フォロースルーは、低いところから肩の高さまでグリップが上がってくるのでアッパースイングになる。フォロースルーで力強く振り抜くことが第五のポイントだ。手首はぎりぎりまで返さず自然に返す。

アウトコース低めは後ろ腕の脇を空けず肘を身体に付けるように振り出す。インパクトは、顎を引きヘッドアップしないでボールを引きつけ押っつけて振り切る。低めは上から振り下ろすだけだとゴロになるから振り抜くことが重要だ。

内角の打ち方

内角の打ち方は二通りあるが、一つはインパクトを前にすることだ。腰を回し腕をたたんで思い切りひっぱたく。インコースのボールは、インパクトが近いと、窮屈になり、振り遅れて詰まり力のない打球になることが多い。腰を鋭く回転させ、前で打つタイミングを覚えることが大切だ。

もう一つは、グリップエンドを内側に抜き、内側からバットを出し、バットの芯でとらえる打ち方だ。腕を伸ばさずにインパクトを迎え、ここから一気に腕を伸ばして振り切る。インパクトで手首を返さず、インコースでもセンター方向へ腕を伸ばしボールを押し込む。押し込んだ後は前の腕の肘を抜いて最後までしっかりと振り切ることだ。インコースは、ボールも見やすく振り切ればボールも飛ぶので思い切って振り抜くことが大切だ。低めは、目からボールまでの距離が遠いので、打ちにくく、打ててもファウルになりやすい。センター方向へ、上から打ち下ろすイメージで打つと強い打球が打てる。高めは、インパクトポイントが最も前になるので、振り遅れることが多い。腰を鋭く回転し振り遅れないように、ヘッドを下げず上から振り抜くことが大切だ。インコース打ちは、軸足に重心を残し、軸足拇指球で地面を強烈に蹴り込んでスイングすることが大切だ。上体が少々開いても構わない。

外角の打ち方

ボールを引き付け鋭く振り切ることが基本。アウトコースは、目からも身体からも遠いのでバットコントロールが難しい。身体から遠いので、インパクトポイントがインコースよりも後ろにある。ボールを引き付けて打つことが重要なのだ。

ポイントが前になり腕を伸ばして打つと、当てるだけの泳いだバッティングになり、アウトコースは打てない。振り出しで上体が開かないことがアウトコース打ちのポイントだ。身体の前までボールを呼び込んで、ボールの内側をたたき逆方向へ打つのがアウトコースの打ち方なのだ。逆方向へ流すのではなく強く振り切ることが大事だ。バットを内側から出して外側に走るように振ることが重要だ。

高めは、インパクトポイントが前足の踵くらいの位置なので、引き付けてヘッドを立てて打つ。低めは、顎を上げずボールをよく見て、ぎりぎりまで引き付けて打つことが大事だ。低めでもヘッドが下がらないように打つと、強い打球を打つことができる。アウトコースはぎりぎりまで引き付けて打つのでボールを長く見ることができる。身体の近くにインパクトポイントがあり、体全体を使って逆方向へ打つバッティングは、バッティングの基本でもあり飛距離も出る。

3 走者なしのときの打者

出塁することを最優先する

出塁するための方法は、ヒットを打つ、フォアボールを選ぶ、デッドボールになる、相手がエラーをする、相手の打撃妨害が起こる、の5つだ。ヒットを打つ以外は他力本願なので期待できない。ただし、フォアボールはボール球に手を出さず、ストライクをファウルにし、粘ることによって勝ち取れることもある。走者なしからのフォアボールはヒットと同じ価値があるのだ。走者なしのときの打者は、ヒットで出塁するかフォアボールで出塁するか、を考えながら一球一球投手と勝負していくのだ。

ヒットでの出塁は、クリーンヒットである必要はないのだ。相手内野陣のポジショニングや動き、投手の動きを見てセーフティーバントで内野安打を狙うのも打者に求められる作戦なのだ。各回の先頭打者が出塁すると、様々な作戦が使え、得点できる確率が上がるのだ。

セーフティーバントで出塁する

セーフティーバントの技術は、野球選手なら誰でも身に着けなければならない技術の一つだ。セーフティーバントの構え一つで投手を揺さぶることもできるし、投手や野手を疲れさせることもできるのだ。

セーフティーバントはヒッティングの構えからピッチャーのリリースの瞬間にバントの構えをして相手の意表を突くことが基本だ。ボールから目を離さず、バットに当たる瞬間までボールを見ることが重要で、バットにボールが当たる前に走り出すと目線がずれ良いバントができない。バントをしてから走り出すことが基本だ。

セーフティーバントは三塁線を狙うのがセオリーだ。それは、投手や三塁手が打球処理してから送球の距離が長いので時間が稼げるからだ。特に左投手のときは打球処理から送球までが逆モーションになるので成功しやすいのだ。送球距離が長い分、送球エラーも起きやすくなるのだ。

また、セーフティーバントはフェアグラウンドに転がすことよりも三塁線ぎりぎりを狙うのが基本だ。投手方向に転がし簡単にアウトになってはいけないのだ。たとえファウルになっても次に可能性が残りヒッティングに切り替えることもできるからだ。ヒッティングに切り替えても三塁手はセーフティーバントを警戒するため、やや前進して守るはずだ。そうすると三塁線や三遊間のヒットゾーンが広がるのだ。

狙い球を絞ってヒットを打つ

ヒットが打てる確率が高いのは、狙い球を決めその狙い球を打つことだ。追い込まれるまでは狙い球を絞って、その狙い球を打っていくとヒットを打てる確率が上がるのだ。狙い球以外のボールが来たら見逃すことも重要だ。狙い球以外のボールに手を出すとヒットを打てる確率が落ちるのだ。ボールの待ち方にはいろいろな考え方がある。

理想的なのは、自然体で構え来たボールに反応し打っていくことだ。基本は相手投手の一番速い球にタイミングを合わせ、変化球が来たらそれにも対応することだ。この二つがバッティングの基本で理想的とされるが、これで打てる選手ならいいが、バッティングはそんなに簡単ではない。相手投手のレベルが上がってくると。スピードもあり変化球の切れも鋭くなってくる。そしてコーナーに投げ分けるコントロールもある。そんな投手からヒットを打つためには狙い球を絞って打つことが必要なのだ。

フォアボールで出塁する

フォアボールは他力本願なので最初からフォアボール狙いではいけない。狙い球を絞って打ちに行き、その結果ボールカウントが有利になりフォアボール狙いに切り替えるという選択肢はある。

野球には選球眼といわれている能力がある。その能力は、ストライクとボールを正しく判断する力と打てるボールと打てないボールを判断する力といえる。ストライクでも打てないボールを最初から打っていくと凡打にしかならない。

選球眼が良ければ、厳しいコースなら見送り、ボール球には手を出さず、ボールカウントを有利にしていき、うまくいけばフォアボールで出塁することもできるのだ。また、追い込まれてもストライクゾーンにボールが来たらファウルにして粘るのだ。ファウルにする技術も打者にとっては身に着けなければならない技術の一つなのだ。3ボールまで粘ればフォアボールで出塁できる可能性が大きくなるのだ。

4 走者一塁のときの打者

送りバントで走者を進める

0アウト走者一塁のときは送りバントで走者を二塁に進めるのが攻撃側のセオリーだ。送りバントで走者を進められるバント技術を身に着けることが打者にとってはとても重要なことなのだ。送りバントができない選手は試合に使ってもらえないのだ。

バントをどの方向に転がすかは、試合前のシートノックで三塁手と一塁手の動きを見ておくことが判断材料の一つになる。ただし、この場合のセオリーは一塁側だ。三塁手は前で守り、打者がバントの構えをしたらダッシュしてくるため、三塁側へバントすると三塁手が捕球して二塁送球されバント失敗の確率が高くなるのだ。一塁手は、投手が投球モーションを起こすまでは一塁ベースに着いて構えている。そのため一塁手は前進が遅れるので一塁側に転がすと送りバントの成功率が高くなるのだ。

送りバントの基本は一塁側だが、三塁手の動きが極端に悪い場合は三塁側に転がすことも間違いではない。バントのサインが出たら相手の守備位置を確認し、どの方向に転がすかを決める。特に三塁手の守備位置と動きが分かっていることが重要なのだ。最初から前で守っているときは、一塁方向に転がすことが重要なのだ。

また、三塁手も一塁手も極端に前にダッシュして来てバントシフトを仕掛けて来ることがある。送りバントは一球で決めることが原則だが、相手が極端なバントシフトを敷いてきたときは見送ることも必要だ。見送ると守備側は同じ作戦が使いにくいのだ。それは攻撃側がバントシフトを見てヒットエンドランに切り替えてくる可能性があるからだ。見送った後は、三塁手と一塁手のダッシュしてきた位置とその後の守備位置を見て変化があるかどうかを確認することが重要だ。バントのサインが出ていて二球目も三塁手と一塁手がダッシュして来たら、両野手を外して投手方向の左右に少しずらして打球を弱めたバントをするのだ。そうすれば成功する確率が高いのだ。二球目も引いてしまうと追い込まれてしまうので、ここではバントして走者を進める選択をすることが重要なのだ。

送りバントは、バッターボックスの一番前、ピッチャー寄りに構えフェアゾーンを広く使う。ストライクゾーンいっぱいに構え、そこから上はバントしない。そこから低く入ってきたストライクゾーンの球を膝で高さを調整してバントする。バットのヘッドを下げないように狙った方向への角度をつくって芯よりややヘッド側に当てる。

ヒットエンドランでチャンスを広げる

走者一塁からのヒットエンドランの目的は、打者がヒットを打って走者一、三塁にチャンスを広げることなのだ。転がして内野ゴロを打てばいいのではないのだ。ヒットを打つことが最優先なのだ。そのうえで、ヒットが打てなくても打球を転がし走者二塁の状況をつくり出したいのだ。

そのためには打者が打ってはいけない方向と狙うべき方向があるのだ。打ってはいけない方向はゲッツーのリスクが高くなる二塁方向の打球だ。狙うべき方向は一、二塁間または三遊間だ。一塁走者が二塁へスタートを切ると遊撃手が二塁ベースに入り二塁手は二塁ベースのバックアップに回るのが一般的なフォーメーションだ。二遊間に打つと遊撃手か二塁手に捕球されゲッツーになる確率が高いのだ。一、二塁間または三遊間に転がせば、そこは大きく空いているのでヒットになる確率が高くなるのだ。このことをしっかり理解し、考えてバッティングをすることが重要だ。また、もう一つの注意すべき点はフライを上げないことだ。

このことを理解したうえで、打者は右打ちして一、二塁間を抜ける打球を打つことを優先するのだ。それは、ライト前ヒットなら一塁走者が三塁まで進塁できる可能性が高いからだ。ライト前ヒットになれば、右翼手の捕球位置から三塁ベースまでは距離が長いため、ほとんどのケースで三塁に進め走者一、三塁とチャンスが広がるのだ。逆に三遊間を抜けたレフト前ヒットでは、左翼手の捕球位置から三塁ベースまで距離が短いため一塁走者が三塁まで進むのが難しいのだ。なので大きくチャンスを広げるためには一、二塁間を抜けるライト前ヒットがいいのだ。ただし、右打者の内角、左打者の外角に投球が来たときは無理に右打ちする必要はない。三遊間のヒットでいいのだ。一、二塁間と三遊間を比較した場合に、一、二塁間の方が良いというだけで、ヒットが打てれば大成功なのだ。

以上のことを理解したうえで考えたいのはアウトカウントや点差によって考え方の比重が違ってくるのだ。0アウトなら走者を進めることに比重を置くが、0アウトでも3点差以上負けている場面ならヒット狙いなのだ。走者を二塁に進めたいがバントしてアウトを一つ与えたくないのだ。一気にビッグチャンスをつくって追いつきたいのだ。

1または2アウトならヒット狙いが基本なのだ。特に2アウトなら転がすだけでは意味がない。明らかなヒット狙いで良いのだ。

ランエンドヒットの考え方

ヒットエンドランは打者が投球を必ず打って走者を進める作戦だが、ランエンドヒットは走者が走って、打者はストライクならば打ってチャンスを広げる作戦なのだ。

この作戦のポイントは投球がボールなら打たなくてもよいということだ。ただし走者のスタートが特別に悪ければ投球をファウルにし、走者のスタートが特別に良ければ見逃すことが重要なのだ。注意すべき点は、ヒットエンドランと同じでフライを上げないことと二塁方向へ打たないことだ。ランエンドヒットも打ってはいけないコースと狙うべきコースがあるのだ。狙うべきコースは一、二塁間または三遊間なのだ。

右方向を狙う

0または1アウトの守備態勢はゲッツー狙いが基本だ。一塁手は走者がいるのでベースに着いて構えている。二塁手はゲッツーに備えて二塁ベース寄りに守っている。一塁手は 投手の投球モーションと同時にベースを離れて守備に備えるが、一塁ベースの横に移動するため定位置よりかなり前に守ることになるのだ。

一塁手も二塁手も守備位置は浅く、そのうえ一、二塁間が大きく空くのでヒットゾーンが大きく広がるのだ。なので、右方向を狙って一、二塁間に打てばヒットになりやすいのだ。ライト前ヒットになれば一塁走者は三塁も狙えるのだ。

走者の走塁を助ける

ボールカウントが0または1ストライクのときに盗塁のサインが出たら、打者は次の投球を打たずに盗塁を助ける動きをするのが打者の役目だ。それでは、どういう動きをすればいいか？それには二つの方法がある。

一つはバントの構えをしてバットを引く方法だ。投手の投球と同時に捕手の目の高さにバットを出して構えると一瞬だが捕手の目からボールを隠すことができる。そうすると捕手の捕球ミスが起きやすく捕球のタイミングを狂わせることができるのだ。

もう一つは空振りすることだ。タイミングはミートポイントに合わせるが、ミートポイントを上下にずらしてバットに当たらないように振るのだ。バットに当たると思っている捕手の捕球のタイミングをずらすのだ。また、打者が空振りすると捕手は前に出られないのだ。この打者の動きによって走者の盗塁を助けるのだ。

ただし、このケースでやってはいけないことがある。それは捕手が捕球するタイミングでバットを振ることだ。この行為は危険なのだ。守備妨害を取られるだけでなく捕手を傷つける行為になる。野球選手はどんなときもフェアプレイに徹しなければいけないのだ。

5 走者二塁のときの打者

送りバントで走者を進める

0アウト走者二塁のときの送りバントは三塁方向に転がし三塁手に捕らせるのだセオリーだ。三塁手は三塁ベースを空けられないので前に出られない。三塁方向に転がすのがセオリーだが、三塁方向に転がすだけだと、マウンドを三塁方向に下りた投手が処理して三塁送球されるとアウトにされる確率が高くなる。投手に捕られないように少し強めのバントで三塁線に転がせば三塁手が前に出て処理するので三塁ベースが空き二塁走者は三塁に進めるのだ。

逆に、一塁手は一塁ベースに着く必要がないので少し前で守っている。バントの構えと同時に打者方向へダッシュしてくるのだ。一塁方向へバントをすると、一塁手が処理して三塁送球というプレイになる。そうなるとバント失敗の確率が高くなるのだ。ただし、試合前のシートノックで一塁手の動きはチェックできているはずだ。動きが悪ければ一塁方向に転がすバントもあるのだ。

右打ちで走者を進める

0または1アウトのときの二塁走者は自分より左方向のゴロなら三塁へ進めるのだ。1アウト二塁のときはヒット狙いだが、0アウト二塁のときは右打ちを優先する。もちろん右にヒットを打つのが理想だが、最低限でもセカンドゴロかファーストゴロなら二塁走者は三塁へ進めるのだ。

右打者は真ん中から外角のボールを狙って右方向へ左打者は真ん中から内角のボールを狙って打つと比較的簡単に右方向へ打てる。ただし、投手もそのことは分かっている。簡単に右打者の外角、左打者の内角には投げてこないのだ。打ってくるなら三遊間方向に打たせる投球をしてくるのだ。まんまとそこに打たされてはいけないのだ。

右打者が内角をおっ付けて右方向へ打つ技術、左打者が外角を強引に引っ張って右方向に打つ技術を身に着けることも必要なのだ。

ヒットを打って1点を取る

1または2アウトのときは右方向に打つ意識ではなく、センター方向へヒットを打つ意識で打席に立った方がいいのだ。バッティングはセンター返しが基本だ。センター返しの方がヒットを打てる確率が上がるのだ。狙い球を決めて、センター前のヒットを打つのだ。そうすれば1点取れるのだ。

三塁前にセーフティーバントで攻める

走者二塁のときは、三塁手はベースを空けられないので前に出て来られないのだ。特に1または2アウトのケースではノーマークになりがちなので、打者が三塁線にセーフティーバントをすれば内野安打になる確率が高いのだ。また、一塁送球がぎりぎりのプレイになるので三塁手に焦らせてミスを誘うのだ。

6 走者三塁のときの打者

スクイズで1点を取る

ここで1点取れば勝てる。というときの1点を取るのが難しいのが野球だ。0または1アウトで三塁に走者がいるときに点を取れる確率が一番高いのがスクイズだ。スクイズは練習次第で誰にでもできるし、野球選手ならできて当たり前のプレイなのだ。ただし、相手バッテリーはスクイズを防ごうと様々な工夫をしてくる。それでも打者は一発で決めなければいけないのだ。負けると終わりのトーナメント戦ではスクイズは最も有効な戦術なのだ。スクイズバントは、慌てず落ち着いてボールをしっかり呼び込んで投手を避けて転がせばいいのだ。投球モーションより早く構えるとスクイズが見破られ外されるのだ。投手のリリースの瞬間に合わせて構えるのだ。そうするとバントの構えによって見破られることはない。構えが遅過ぎると投球の軌道が見極められなく、バットコントロールが難しくなる。早過ぎても遅過ぎてもいけないのだ。どんなボールでもバットが届くならフェアゾーンに転がすことが重要だ。外されたら飛びついてでもバットに当てなければいけないのだ。高いボールはバットを立てると届く。

犠牲フライを打って1点を取る

0または1アウト三塁で外野へフライを打てば犠牲フライとなって1点取れるのだ。犠牲フライになる外野フライを打つには高めのボールを狙うと比較的簡単に打てるのだ。どうしても1点欲しいときにはスクイズがセオリーだが、相手バッテリーも点を取られたくないので警戒してくる。スクイズを外されたら一気にチャンスが潰れ、流れが相手に行ってしまう。そんなときに外野フライが打てれば冒険しなくても1点が取れるのだ。外野フライが打てる打者になることも優れた打者になるためのポイントの一つだ。

バッティングは、基本的に高めを打てばフライになりやすく、低めを打てばゴロになりやすい。犠牲フライを打つためには高めを狙えば打てる確率が上がるのだ。このことをしっかりと理解しておくことが重要だ。

技術的には逆方向へ打つことを意識すると手首の返しが早くなることを防げ外野フライが打ちやすくなる。ベルトより上のストライクゾーンに来たボールを狙うのだ。外野フライを打てるボールをしっかり狙うのだ。外野フライを打てる自身があるからといって低めのストレートや低めに落ちていく変化球を打つとゴロになりやすい。逆に高めに抜けてきた変化球は球速も遅く打ち頃のボールになり打ちやすいのだ。

内野ゴロを打って1点を取る

0または1アウト三塁で内野ゴロを打つのも戦術の一つなのだ。このケースで一番避けたいのは三振と内野フライだ。内野ゴロなら得点を取れるチャンスがあるのだ。

相手の守備陣が前進守備を取っていないときは、1点を与えてもいいと考えているのだ。ショートゴロ、セカンドゴロなら一塁に送球してアウトカウントを増やすはずだ。だからといって、ショートゴロ、セカンドゴロを打ちにいってはいけないのだ。強いゴロを転がして外野に抜けていく打球を打つのだ。その結果、セカンドゴロ、ショートゴロになっても1点入るということだ。内野ゴロでも1点入るという楽な気持ちで打てば、力みが抜け自分のバッティングができるのだ。

相手が極端な前進守備を敷いてきたときは、強いゴロを打てば前進守備でヒットゾーンが広くなっている分、内野を抜けていく打球になるのだ。内野ゴロを打ってヒットにするバッティング技術も必要なのだ。内野ゴロを打つ技術は、投球を上からたたくのではなく、ボールの芯の少し上を振るのだ。そうすればゴロになるのだ。ヒットを打つだけが技術ではない。ゴロが打てることも野球選手にとっては必要な技術なのだ。

セーフティースクイズで1点を取る

0または1アウト三塁からのセーフティースクイズは一塁方向に転がすのが基本だ。それは三塁走者が打球に対する判断がしやすくスタートが切りやすいからだ。打者はセーフティースクイズなのでストライクだけを狙ってやればいいのだ。ストライクゾーンに来るボールはコントロールがしやすく思った方向にバントしやすいはずだ。なのでセーフティースクイズは成功する確率が高いのだ。

相手守備陣は2アウト三塁のときは、スクイズへの警戒心がなくなりヒットゾーンを狭くするため、やや深めに守るのが基本だ。三塁手は三塁ベースに着かずベースより後ろに守るはずだ。打者にとっては相手の守備態勢が深めでバントへの警戒心がないこの状況は、絶好のセーフティバントのチャンスなのだ。このケースで転がす位置は三塁線なのだ。三塁手は2アウト三塁ではヒットゾーンを狭くするため、三塁ベースから離れてやや深く守っているはずだ。そのため、三塁線へのセーフティーバントはヒットになりやすいのだ。

この状況では三塁手の動きや守備位置を観察することが重要なのだ。また、ここでの戦術はベンチからのサインではなく打者の判断でもいいのだ。

7 走者一、二塁のときの打者

送りバントで走者を進める

このケースは、三塁がフォースプレイとなる。そのため、走者二塁のときよりバントの精度が求められる。確実に三塁手に捕らせるバントが必要なのだ。どんなチームでもバントをさせて三塁でアウトにするプレイの練習を積んで来ているのだ。ピッチャー前から三塁線に転がした打球は、投手が処理し簡単にアウトにされてしまうのだ。そうなるとチャンスが潰れ試合の流れも相手側に行ってしまう。ここでのバントは、サード方向に強いゴロを転がすことなのだ。三塁手に捕らせれば一、二塁の走者は確実に進塁できるのだ。

1点を取られたくないときの守備側はバントシフトを敷いてくることがある。三塁手、一塁手がダッシュしてきて遊撃手が三塁ベースに入るシフトだ。このときはシフトを敷いて来たら打ってもいいという指示がないかぎり、初球は見送った方がいいのだ。それはバントをしても失敗する確率が高いからだ。見送ると守備側は、次は同じシフトがとりにくいのだ。極端なバントシフトはリスクがあるからだ。

このケースは三塁手に捕らせるのがセオリーだが、セオリーがすべてではない。近代野球のセオリーは走者を進めるために一番可能性が高い選択をするのがセオリーなのだ。一塁手が極端に前に出て守っていなければ、また動きの良い一塁手でなければ一塁側にバントする方が成功率が高いのだ。それは、どんなチームでも投内連係の練習で三塁線の打球を投手が処理して三塁送球というプレイの練習を積み重ねているからだ。投手は投球後マウンドを三塁方向に下り三塁線のバントを処理する技術を身に着けているのだ。

バスターで走者を進める

バントシフトを敷いてきたらバスターで強いゴロを打って走者を進めることも戦術の一つだ。一塁手、三塁手が打者方向にダッシュしてきて、遊撃手が三塁ベースに、二塁手は一塁ベースに入るシフトだ。そうすると内野が大きく空くのだ。守備側はバントと決めつけているので投手もマウンドを下り三塁線に向かおうとする。そのため打者がセンター方向に転がせばヒットになりやすいのだ。

また、一塁手、三塁手が極端に打者の前まで来るようなシフトなら正面に打ってもいいのだ。この場合は正面でも捕球できないからだ。

ヒットを打って走者を還す

1または2アウトのときは自由に打たせる作戦がセオリーだ。打者はこのケースではヒットを打って走者を還すバッティングをすることが基本だ。センターから逆方向の意識を持って打席に立つとヒットが生まれやすいのだ。

ミルミル
立ソ

8 走者一、三塁のときの打者

様々な攻撃パターンがある

走者一、三塁のときの攻撃パターンは多彩だ。いろいろな作戦が使えるのだ。スクイズ、セーフティースクイズ、一塁走者とのヒットエンドラン、盗塁、ダブルスチール、ディレードスチール、偽装スクイズなどだ。攻撃パターンは回数や点差、打順によっても違ってくるし、相手の投手の能力や守備の能力によっても違ってくるのだ。また、攻撃側の打者の能力などによっては自由に打たせる選択肢もあるのだ。

打者は、これらの戦術があることを理解し、サインが出たら戦術の意図を理解しサイン通りに動けることが重要なのだ。攻撃側にとって走者一、三塁はビッグチャンスなのだ。攻撃しやすくビッグイニングをつくれるチャンスなのだ。打者は冷静になり、自分に与えられた役割をしっかりこなすことが重要だ。

スクイズ、セーフティースクイズで１点を取る

０または１アウト走者一、三塁の場面でのスクイズは走者三塁のときと基本は同じだが、守備態勢で違うのは、一塁走者がいるため一塁手は投手が投球モーションを起こすまでは一塁ベースに着いて構えているのだ。そのため前へのダッシュが遅れるので一塁手方向に転がせば成功しやすいのだ。

セーフティースクイズも同じだ。同じ理由で一塁方向に転がせば成功しやすく、走者も判断しやすいのだ。セーフティースクイズはストライクだけをやればいいので打球方向もコントロールしやすいはずだ。しかし、それ以上の結果を望みたいときがある。１点取って、さらに一、二塁または一、三塁になるケースをつくりたいのだ。一般的にはバントの構えをすると守備側は、一塁手と三塁手がダッシュし、二塁手が一塁ベースカバーに向かうのだ。投手と一塁ベースと二塁手の三角地点の中心を狙ってプッシュバントをするのだ。そうすると、二塁手と投手が打球処理に向かい一塁ベースが空くのだ。前にダッシュしてきた一塁手は一塁ベースには戻れないのだ。内野安打になる確率が高く、チャンスが大きく広がるのだ。

ヒットエンドランで１点取って、さらに一、三塁をつくる

走者一、三塁のときのヒットエンドランは、一塁走者とのヒットエンドランなのだ。一塁走者はスター

トを切るが三塁走者はスタートを切らないのだ。守備側は一、三塁なので一般的には重盗対策で、遊撃手が二塁ベースに入り、二塁手が投手と二塁ベースの間に割って入って重盗を阻止しようとするはずだ。そうすると三遊間と一、二塁間が大きく空くのだ。空いた三遊間か一、二塁間を狙って打てばヒットになる確率が高いのだ。

このケースで打ってはいけない方向がある。1点取って、さらに走者一、三塁のケースがつくれるのだ。二塁方向だ。センター返しがバッティングの基本だが、このケースでセンター返しをしてはいけないのだ。二塁方向に打つと、二塁ベースに入ろうとしている遊撃手、または二塁手に捕球されゲッツーにされてしまうのだ。

偽装スクイズで走者を進める

走者一、三塁のときの打者の役目の一つは、走者を助ける動きをすることだ。盗塁を助けるための動きは、走者一塁のときと同じだが、ここでは偽装スクイズで走者を進める動きがあることを理解しておくことが大切だ。そして、それができることが重要なことなのだ。

この戦術は、一塁走者はスクイズと同じタイミングでスタートを切るのだ。三塁走者もスクイズのタイミングでスタートを切るが数歩で止まるのだ。守備側にはスクイズと思わせるのだ。打者はスクイズと思わせバントを空振りする。そうすると捕手は、スクイズ失敗だと思って三塁走者を見るはずだ。三塁塁走者は止まった位置から三塁ベースに戻るのでアウトにはならない。捕手がスクイズではないと気付いたときには遅く一塁走者は楽々盗塁できているはずだ。スクイズ失敗に見せかけて走者二、三塁をつくる戦術なのだ。

この戦術は、打者が1ストライクを取られボールカウントが不利になる。一、三塁は攻撃側にとって絶好のチャンスだが、1ストライク取られるリスクがあることも重要なポイントなのだ。

自由に打つときの心得

走者一、三塁のとき打てのサインが出て自由に打っていいときにも、打者は考えなければいけないことがある。試合の回数、点差、アウトカウントによってどういうバッティングをすればいいかだ。

0または1アウトで1点欲しいときは、外野フライを打てるボールを狙うのだ。外野フライを打って1点をもぎ取るのだ。

一気に2、3点欲しいときはヒット狙いだ。このケースはチャンスを繋げていきたいのだ。大きい長打は狙わず、コンパクトにヒットを打って次に繋ぐバッティングをすることが大切なのだ。2アウトのときも同じだ。ヒットを打って次に繋ぐのだ。どうしたら打てるかを考え、狙い球をしっかり読んで絞って打つのだ。一番ヒットを打てる確率が高いバッティングをすることが重要なのだ。

9 走者二、三塁のときの打者

スクイズで点を取る

0または1アウトで走者二、三塁のときはスクイズ、セーフティースクイズ、ツーランスクイズが主な戦術だ。スクイズ、セーフティースクイズは走者三塁のときと同じだが、走者二、三塁のときはツーランスクイズがある。このケースでの一般的なスクイズは、三塁走者がホームインし二塁走者は三塁に止まるのだ。ツーランスクイズは一つのバントで三塁走者だけではなく二塁走者もホームインさせる戦術だ。

この作戦を成功させるためには打者のバントが重要なポイントなのだ。転がす方向が重要なのだ。転がす方向は三塁線だ。三塁線に転がすと三塁手が処理し、三塁走者の補殺をあきらめ打者走者をアウトにしようとして一塁に送球するからだ。二塁走者は初めからホームを狙っているので早いスタートとスピードを緩めないベースランニングで三塁ベースを回ってくるのだ。三塁手は二塁走者に背を向けているため、その動きが見えないのだ。

ワンヒットで二人の走者を還す

走者二、三塁のときは2点取りたいのだ。一般的には、このケースでヒットが出れば2点取れる。2アウトのときはヒットを打って2点を取ることに専念するのだ。

1アウトのときで戦術的なサインが出ていなければ、このケースもヒット狙いだ。その結果、外野フライや内野ゴロで1点しか取れなくてもそれでいいのだ。このケースで避けたいのは三振と内野フライだ。一気にチャンスが潰れるからだ。ここでは三振してはいけない。また、内野に平凡なフライを上げてもいけない。こういうチャンスでヒットを打てる打者が良いバッターだ。この場面では、配球を読み、狙い球を決めて、ヒットが打てる確率が高くなるバッティングをするのだ。

この場面で投手は甘い球は投げてこない。細心の注意を払って投げてくるので、真ん中周辺の甘い球を待っていたのでは追い込まれてしまう。バッテリーの今までの配球を読み、初球に投げてくるであろう球種とコースを狙うのだ。初球のストライクを一発で仕留めるのだ。

三塁走者を還し、さらに1アウト三塁のチャンスをつくる

0アウト走者二、三塁のときは1点取って、さらに1アウト三塁のチャンスをつくりたいのだ。もちろんヒットを打って2点、または1点取って走者一、三塁の場面がつくれるのが理想だが、ここで

はヒットを打てなくてもチャンスが広がるバッティングをすることが重要だ。

相手内野守備陣が下がって守りアウトカウントを増やす態勢なら、右方向にゴロを転がせば1点取ってさらに1アウト三塁の場面がつくれる。前進守備なら強いゴロを打てば内野を抜けていく確率が高くなる。内野の守備態勢にかかわらずセンターからライト方向に大きなフライを打てば、これも1点取って1アウト三塁の場面がつくれるのだ。

0アウト走者二、三塁で戦術的なサインが出ていなくて自由に打たせてもらえる場面なら、どういうバッティングをするかを決めて打席に入ることが重要だ。もちろんヒット狙いで打席に入るが、内野の間をゴロで抜けていくような打球を打つのか、ライナーで外野に飛んでいくような打球を打つのかで、狙い球やバッティングが変わってくるのだ。強いゴロを打ちたいのなら、高めを捨ててベルト周辺からやや低めを狙って打つのだ。ライナーで外野に打ちたいのならベルト周辺からやや高めを狙って打つのだ。

14

10 走者満塁のときの打者

スクイズで点を取る

満塁はどの塁もフォースプレイになるため得点が入りにくいのだ。スクイズも簡単には決まらない。内野ゴロだとゲッツーになる確率が高く、戦術的に得点を取るのが難しいのだ。ヒットや犠牲フライが打てるならいいが、それも簡単なことではない。満塁ではスクイズも難しいが、スクイズで得点を取るのが戦術の一つなのだ。

満塁でスクイズのサインが出たら転がす方向を決めるのだ。試合前に三塁手と一塁手の動きをチェックしておくことが重要で、それが分かっていれば必然と決まる。投手の前に転がすとホームでフォースアウトになる確率が高いので投手前を外すことが基本だ。一般的には、満塁でのスクイズは三塁側に転がして三塁手に捕らせるのが基本だ。三塁手は三塁走者がいるため、三塁ベースに着いている。そのため打者方向へダッシュしてくるのが遅くなるのだ。一塁手は塁が詰まっているため一塁ベースに着かないので前に守りバントの構えと同時に前にダッシュできスクイズに対応しやすいからだ。

ヒットを打って点を取る

0または1アウト満塁のときの守備側は、一般的には前進守備態勢をとるためヒットゾーンが広がるのだ。そのため強いゴロを打てば内野を抜ける確率が高い。満塁では強いゴロを打って内野を抜くバッティングをすることが基本だ。ただし、高めに来たら思い切り振って外野に飛ばすバッティングでもいいのだ。フライになったら最悪犠牲フライで1点取れる。満塁だからといって余計な力を入れず、楽に構えて力みを抜いて、しっかりとボールを見て、振り抜くことが重要だ。

打席に入る前に準備し、狙い球を明確にし、迷わないことだ。内野に速い打球を打つ、または、高めに来たら外野へライナーで打つ、このどちらかを選択し、狙い通りのバッティングをすることが重要なのだ。

野球の知識

第7章

走者のセオリーと

1 走者に関するルール

3フィートラインオーバー

走者が野手のタッチを避けてベースパス（走路）から3フィート以上離れて走ったらアウトになる。ただし、走者が打球を処理しようとしている野手を妨げないための行為ならばアウトにならない。この場合のベースパスとはタッチプレイが生じたときの走者と塁を結ぶ直線だ。

通常走者の走路とみなされる場所は、塁間を結ぶ直線を中心として左右へ各3フィートだが、走者が大きく膨らんで走っているなど最初からこの走路外にいたときにタッチプレイが生じた場合は、その走者と塁を結ぶ直線を中心にして左右3フィートが、その走者の走路となるのだ。この場合は塁と塁を結ぶ直線の左右3フィートではないのだ。

守備妨害

打球を処理しようとしている野手を走者が妨害したときは、走者アウトになる。また、送球を故意に妨げたときも守備妨害で走者はアウトになるのだ。打球を処理しようとしている野手を妨害したときは、故意か故意でなかったかの区別なく走者アウトになる。これは、たとえ走者が走路を走っていても打球を処理しようとしている野手の妨害をすれば走者はアウトになるのだ。

野手が打球を処理するとは、野手が打球に対して守備し初めてから打球を捕球し送球が終わるまでの行為をいうのだ。したがって走者が、前記のどの行為でも妨害すれば、打球処理しようとしている野手を妨げたことになるのだ。しかし、正規に占有した塁についていた走者が、フェア地域ファウル地域との区別なく守備の妨げになった場合、故意でなければその走者はアウトにはならない。

走塁を放棄

一塁ベースに達し、すでに走者となった選手が、ベースパスから離れ、次の塁に進もうとする意志を明らかに放棄した場合はアウトになる。

例えば、一塁ベースに達しすでに走者となった選手が、アウトもしくはチェンジなどと思い込みベースパスから離れてダッグアウトか守備位置の方へ向かったとき、審判に走塁する意思を放棄したと判断されたら、その走者はアウトになる。

前の走者を追い越す

後の走者が前の走者を追い越したときは、追い越した後ろの走者がアウトになる。例えば走者一塁で外野を抜けるか捕られるか微妙な大きな当たりで、一塁走者はハーフウエイで打球を見ている。打球が抜けたのを確認して一塁走者は走り出したが、打者走者は全力で一塁を回って二塁へ向かっていたため一塁走者を追い越してしまったというようなケースだ。

ベースの踏み忘れ

各塁のベースを踏み忘れて次の塁に進んだ場合、またはホームベースを踏み忘れた場合は、守備側のアピールがあればその走者はアウトとなる。ベースの踏み忘れとは、進塁または逆走に際して各塁を踏み損ねたときのことなのだ。その走者がその塁を踏み直す前に、守備側に身体あるいは踏み損ねた塁にタッチされアピールされれば、その走者はアウトになる。また、後ろの走者が得点してしまえば、その踏み損ねた塁を踏み直すことはできない。さらに、ボールデッドのもとでは、踏み損ねた塁の次の塁に達していれば、踏み損ねた塁を踏み直すことができない。

例えば、打者がエンタイトルツーベースを打ったが、一塁ベースを踏み損ねた。このケースは、エンタイトルツーベースなのでボールデッドなのだ。打者は二塁ベースに触れる前に誤りを正すために一塁ベースを踏み直すことはできる。ただし、二塁ベースに触れてしまうと一塁ベースに戻ることはできない。守備側にアピールされればアウトになるのだ。

タッチアップ

外野フライなどで野手に打球が触れた後ならば、走者は占有していたベースに着いているかベースタッチしなおしてから次の塁を狙うことができるのだ。タッチアップの主なケースは0または1アウト三塁からの外野フライだ。三塁走者は外野手の捕球を確認してからスタートを切るのがセオリーだ。

このケースで三塁走者が、再度ベースを踏み直すことをリタッチという。したがって、リタッチではなく、塁の後方まで戻り、塁の後方からスタートして走りながらベースに触れて次の塁に進もうとするフライングスタートは、正規のリタッチではない。

打球が走者に当たる

打球が投手または内野手に触れていないか、または投手を除く内野手を通過していないフェアボールにフェア地域で走者に当たった場合は走者アウトになる。このケースはボールデッドとなり、打者走者となったために次塁への進塁が許された走者以外は、得点することも進塁することも認められないのだ。

インフィールドフライと宣告された打球が、塁を離れている走者に当たった場合は、打者走者ともアウトになる。塁についている走者に当たった場合は、打者だけがアウトになる。二人の走者に打球が当たったときは、最初に当たった走者だけがアウトになる。これは、最初に打球が当たった時点でボールデッドになるからだ。

オーバーランまたはオーバースライド

一塁ベースをオーバーランまたはオーバースライドした走者が二塁へ進もうとする行為を示せば、ベースに戻る前にタッチされたらアウトになる。打者走者が一塁をオーバースライドまたはオーバーランをした後、ただちに一塁ベースに帰塁しないでダッグアウトまたは自分の守備位置に着こうとした場合も、野手が走者または塁にタッチしてアピールすれば走者はアウトになる。

2 走者の技術

状況を必ず確認する

試合の回数、点差、アウトカウント、打順、守備位置、ボールカウントを必ず確認しておくことが重要だ。それによって走塁の仕方が違ってくるのだ。例えば、試合の序盤か終盤かで積極的な走塁をするか大事に行くかが違ってくるのだ。序盤なら大事に行き、僅差の終盤なら積極的にホームを狙った走塁をするという判断があるのだ。

点差が3点差以上離れて負けていれば、走者をためて大量点を取りたいのだ。無理に次の塁を狙ってはいけないのだ。このことが分かっていないと、ヒットが出てビッグチャンスになったのに、走者が無理して次の塁を狙ったためタッチアウトになり一気にチャンスが潰れた。などということになるのだ。

常にアウトカウントが頭に入っていることも重要なのだ。走者二塁でヒットが出てホームを狙うかどうかの判断にも大きく影響するのだ。また、走者三塁の内野ゴロや外野フライでホームを狙うかどうかの判断にもなるのだ。さらに2アウトなのに勘違いした走者が走らず、ポテンヒットになったはずの打球を守備側が処理して走者がアウトになるというような走塁をしてはいけないのだ。

打順や相手外野手の守備力や肩の強さによっても判断が違ってくるのだ。これらのことがしっかりと分かっていることが重要なのだ。

スライディング

スライディングはスピードを落とさずにベースに到達するための技術だ。スライディングには、主にヘッドスライディング、ストレートスライディング、フックスライディングの3種類がある。それぞれに特徴があり使い分けることが重要だ。

ヘッドスライディングは頭から滑り込む滑り方だ。投手のけん制で一塁走者がベースに戻るときは、ヘッドスライディングで戻るのが基本だ。走者はヘッドで戻るくらいのリードをするのも基本だ。帰塁のヘッドスライディングは、1歩目で勢いを付けて滑るのだ。右手を大きく伸ばし、手のひらでベースタッチする。指先でベースタッチすると、そこにタッチされ大怪我をする。また、ただ倒れるだけのスライディングでは、大きなリードがとれない。

盗塁やホームへのヘッドスライディングは、走ってきた勢いを保ったまま、ベースの4、5メートル手前から思い切って滑る。頭や胸から突っ込まないよう、低い姿勢から頭や胸を少し上げ腹で滑る。滑ったところで止まらないよう、少なくとも1、2メートルは勢いを殺さず滑る。両手を伸ばし、手のひらでベースタッチする。指は開かないよう閉じておく。また、横向きになり肩で滑ると、脱臼したり痛めたりするので真っすぐ腹で滑る。盗塁のときも、ホームに滑るときも、必ずベースの一角が空いているので、そこへ滑って手を伸ばす。

ストレートスライディングは一般的なスライディングで、ほとんどの野球選手が身に着けている。野球を続けていくうえで、必ず、マスターしなければならないスライディングなのだ。このスライディングは、片方の足を曲げ、もう一方の足を伸ばして、伸ばした方の足でベースタッチする。ベースの2、3メートル手前から滑り、ベースタッチしたら、そのまま立つ。滑り方は、滑る前に踏み切った方の足が軸足になり、その足を曲げる。軸足のふくらはぎの外側と軸足のおしりで滑る。その動きで、身体は軸足側に少しだけ傾く。左足を軸足にして滑った方が、起きあがってからすぐにスタートが切れる。どちらの足でも滑れるように練習しよう。スライディングは、思い切って滑ることが大切で、中途半端が一番悪い。中途半端に滑ると怪我をする。盗塁や長打を打ったときに、二塁や三塁に滑り込むときはストレートスライディングが一般的だ。

フックスライディングは、タッチをかわしたいときに使う。足を開いてタッチをかわしたい方に滑り、片方の足でベースの角にタッチする。

どのスライディングでもベースの手前でスピードが落ちてしまっては意味がない。トップスピードから滑り込み、早くベースに到達することが第一の目的なのだ。

まともに滑って行ったらアウトになりそうなときは、ベースに滑らず、野手がタッチできない位置に回り込んで滑り、手を伸ばしてベースタッチする。特にホーム上のクロスプレイは、回り込んでベースタッチするテクニックを身に着けよう。それは、ランニングの勢いそのままにストレートスライディングで滑り、滑ってもスピードが落ちず、一瞬でタッチをかわし、左手で素早くホームベースにタッチする技術だ。スライディングでスピードが落ちると、簡単にタッチされてしまう。三塁側に少しボールが逸れそうなときは、一塁側が大きく空く。次打者がベースの後ろで滑る方向を指示するので、そこを狙って滑り込む。左足を軸にしたフックスライディングで、身体を一塁側へ地面すれすれに倒し、タッチをかいくぐり、右足でベースを掃くように鋭くタッチする。

スライディングは、野球を続けていくうえで必要な技術なので、最初からうまく滑れなくても、練習して必ず習得すべきなのだ。

基本は自分で判断する

走者になったら打球判断は自分ですることが基本だ。すべてベースコーチに任せていたら判断が遅れるのだ。打球が見えていれば、どんなときも自分で判断したうえでベースコーチを見るのだ。その上でベースコーチと判断が違っていればベースコーチの判断に従うのだ。最初からベースコーチの判断にたよるのは、打球が自分の後方にあり見えていないときだ。走っているときに後ろを向いて打球を見てはいけないのだ。後ろを向くと、その分だけ進むのが遅れるからだ。ただし、そんなときもインパクト時の打球判断である程度はどこまで進めるか分かっているはずだ。そのうえでベースコーチを見てベースコーチの判断による走塁をするとスピードを落とさずに効率の良い走りができるのだ。

3 打者走者のセオリーと野球の知識

一塁ベースの駆け抜け

投球を打って打者になったら一塁まで全力で、そして走路を走ることが基本だ。内野ゴロを打ったら、まず、一塁ベースに向かって真っすぐ走るのだ。走り出しは一塁ベースまでのライン上を走るようにするのだ。途中から左足がライン上で右足はスリーフットラインの中を走るようにすると一塁ベースまで一直線でロスのない走りができる。

一塁ベースの内側を走ってしまうと、守備側の妨害となったときは守備妨害を取られアウトになるのだ。駆け抜けは、一塁ベースの先まで全力で走ることが重要だ。一塁ベースがゴールと思って走ると、ベースの手前で減速して間一髪でアウトになることがあるのだ。

顎を引きベースの右半分を左足でしっかり踏み、次の一歩まで全力で走るのだ。ただし、足が合わないときは右足で踏んでもいいのだ。無理に足を合わせて減速してしまっては意味がない。

一塁までの走り方は、スタートは膝を曲げ身体を低くし、後ろ足で強く蹴る。腕をしっかり振って3歩でトップスピードになるよう、徐々に歩幅を大きくする。走路内を走り、ベース上では頭を下げ、左足で右半分をしっかり踏む。次の一歩までを全力で走り、ラインの外側で止まりボールを確認する。二塁へ走る意思を見せると、オーバーランと同じでベースに着く前にタッチされればアウトになる。ベースを踏んだらややファウルグラウンドの方へ駆け抜け、止まってボールを見ることが重要だ。次のプレイがあるのだ。走塁は、隙を見せてはいけない。

一塁ベースのオーバーラン

ヒットや外野フライを打ったときは、一塁ベースをオーバーランすることが基本だ。オーバーランは次の塁を狙うための動きで、相手守備にファンブルや後逸があったときに素早く次の塁へ進塁できるようにするための準備なのだ。

このときのオーバーランの距離は、外野手から一塁転送されても確実に一塁に戻れる最大の距離なのだ。ただし、強いチームは外野手が捕球した瞬間、打者走者のオーバーランを狙って一塁に転送してくることがある。走者はベースを見て、しっかりベースを踏んでオーバーランをするがオーバーランをしてから外野手を見たのでは遅いのだ。走りながら外野手の動きが分かっていなければいけないのだ。そのうえで、しっかりとオーバーランをすることが重要なのだ。

ベースを踏む位置は、一塁ベースのホーム寄りで二塁寄りの角だ、そこを左足でしっかり踏んで蹴ることによって、勢いを付けることができ、また小さく回ることができるのだ。走塁にベースを利用するのだ。オーバーランは、一塁ベースの手前で膨らんで次の塁へのスピードを落とさないで進塁できるように回る。外野を抜ける二塁打になりそうな打球ならば、最初から膨らんで走るのも基本だ。そうすれば、一塁ベースを回るときに減速せずに回れるはずだ。また、一塁ベースをオーバーランしてからは、二塁ベースに一直線に走れるように走路を取るのが基本だ。三塁打になりそうならば二塁ベースも丸く回り、スピードを落とさないことが重要だ。二塁ベースを回ってから三塁までは一直線に走るのだ。

2

4 一塁走者のセオリーと野球の知識

離塁と盗塁

盗塁は、投手の動きを見極め好スタートを切ることが重要だ。それには集中力と素早いスタートを切る技術を身に着けることだ。

走者になったら、投手が投球に集中できないくらいの走塁ができるようになることだ。帰塁することに集中して大きなリードを取り、必ずけん制球を投げさせるのだ。帰塁は頭から帰り、右手の手のひらでベースのライト寄りをタッチする。リードは逆をつかれないよう、一気に出ないで少しずつ出る。状況によってリードの距離が変わってくるので、アウトにならない自分のセーフティーリードの距離を知ることが重要だ。

良いスタートが切れれば盗塁の成功率はアップする。良いスタートを切るためには、リードした

リードは逆をつかれないよう少しずつ出る

帰塁は頭から帰る

前傾姿勢を保ってスタートすると初速からスピードに乗れる

けん制でアウトにならない距離で、素早いスタートまたは素早い帰塁ができる構えでリードする

位置での構えが重要だ。この構えは人によってそれぞれだが、一番重要なことは、けん制球でアウトにならない距離で、素早くスタートが切れ、素早い帰塁ができる体勢で投手を見ることだ。

両足の拇指球に重心を乗せ、膝を曲げて重心を低くして構えると、一歩目が早く動ける。リードする位置は、二塁方向にスタートを切ったときに一歩目が一塁と二塁を結ぶライン上に出せて、二塁ベースまでを最短距離で走れるところだ。

右投手の場合は、前足が三塁側に上がった瞬間にスタートを切る。左投手の場合は前足がホーム方向を向いた瞬間だ。タイミング良く、素早いスタートを切ることが、盗塁を成功させる大き

二塁ベースの2、3メートル手前から滑り込む

左足を曲げ、右足を上にして伸ばして滑り込む

右足でベースタッチする

なポイントだ。

一歩目を左足で強く蹴り、前傾姿勢を保って走ると初速が早くなる。スタートを切ったら捕手が捕球する瞬間を肩越しにチラッと見て、二塁ベースへ真っすぐ走る。捕手の捕球を確認したら二塁ベースの約2、3メートル手前から、スピードを落とさないようにストレートスライディングで滑り込む。

盗塁やヒットエンドランのサインが出ていないときは、第二リードが大切だ。第二リードを大きくとり、打球判断でスタートが切れるようにシャッフルでのリードの仕方を覚えることも大事だ。シャッフルでのリードは真横に小さくジャンプしながら進み、打者のインパクトに合わせてジャンプから下り、下りたときに両足均等に重心を乗せる。下りたときはまだ身体が動いているので、動から動へ動けて、次の瞬間に素早いスタートが切れるのだ。

ヒットエンドランのときの一塁走者

ヒットエンドランのときの一塁走塁は、スタートを切ったら、必ずインパクトを見ることが重要だ。走りながらインパクトを肩越しに見る。見るのは一瞬だ。インパクトを瞬時に見て打球判断しなければならない。ここで打球を確認し的確な走塁ができなければいけない。打球判断によって正しい走塁ができるようになることが重要だ。そのためには、予め守備態勢を確認しておくことが重要だ。また、野手の肩の強さや足の速さなどの特徴をつかんでおくことも大切。

打球が転がるかヒットのときは、そのまま二塁へ走る。打球が見えているときは、自分で判断する。打球が自分の後ろに飛んだ場合は、二塁ベースの4、5メートル手前で、三塁ベースコーチを見て、ベースコーチの判断に従う。振り返って打球を見てはいけない。判断もしにくく、その分だけ進むのが遅れてしまうのだ。フライが上がったら、一塁に戻れるハーフウエイで打球を確認する。内野へのライナーは、そのまま全力疾走で進む。捕球されればダブルプレイになるが、止まって戻っても同じ結果になる。それより、抜けたときのメリットの方が大きい。一気に三塁、またはホームに還れるからだ。

ヒットエンドランのときの走塁は、打球判断で様々なケースがある。センターから右方向のヒットなら一気に三塁へ。打者が空振りしたときは盗塁と同じで二塁へ一直線に走る。フライが上がって捕球されれば、止まって帰塁だ。長打は一気にホームへ。それぞれのケースによって走塁方法が違ってくるのだ。

打者のインパクトを見る

打球が自分の後ろに飛んだら、
コーチを見て指示に従う

なポイントだ。

一歩目を左足で強く蹴り、前傾姿勢を保って走ると初速が早くなる。スタートを切ったら捕手が捕球する瞬間を肩越しにチラッと見て、二塁ベースへ真っすぐ走る。捕手の捕球を確認したら二塁ベースの約2、3メートル手前から、スピードを落とさないようにストレートスライディングで滑り込む。

盗塁やヒットエンドランのサインが出ていないときは、第二リードが大切だ。第二リードを大きくとり、打球判断でスタートが切れるようにシャッフルでのリードの仕方を覚えることも大事だ。シャッフルでのリードは真横に小さくジャンプしながら進み、打者のインパクトに合わせてジャンプから下り、下りたときに両足均等に重心を乗せる。下りたときはまだ身体が動いているので、動から動へ動けて、次の瞬間に素早いスタートが切れるのだ。

ヒットエンドランのときの一塁走者

ヒットエンドランのときの一塁走塁は、スタートを切ったら、必ずインパクトを見ることが重要だ。走りながらインパクトを肩越しに見る。見るのは一瞬だ。インパクトを瞬時に見て打球判断しなければならない。ここで打球を確認し的確な走塁ができなければいけない。打球判断によって正しい走塁ができるようになることが重要だ。そのためには、予め守備態勢を確認しておくことが重要だ。また、野手の肩の強さや足の速さなどの特徴をつかんでおくことも大切。

打球が転がるかヒットのときは、そのまま二塁へ走る。打球が見えているときは、自分で判断する。打球が自分の後ろに飛んだ場合は、二塁ベースの4、5メートル手前で、三塁ベースコーチを見て、ベースコーチの判断に従う。振り返って打球を見てはいけない。判断もしにくく、その分だけ進むのが遅れてしまうのだ。フライが上がったら、一塁に戻れるハーフウエイで打球を確認する。内野へのライナーは、そのまま全力疾走で進む。捕球されればダブルプレイになるが、止まって戻っても同じ結果になる。それより、抜けたときのメリットの方が大きい。一気に三塁、またはホームに還れるからだ。

ヒットエンドランのときの走塁は、打球判断で様々なケースがある。センターから右方向のヒットなら一気に三塁へ。打者が空振りしたときは盗塁と同じで二塁へ一直線に走る。フライが上がって捕球されれば、止まって帰塁だ。長打は一気にホームへ。それぞれのケースによって走塁方法が違ってくるのだ。

打者のインパクトを見る

打球が自分の後ろに飛んだら、三塁ベースコーチを見て指示に従う

送りバントのときの一塁走者

走者一塁のとき、送りバントのサインが出たら第二リードが重要なのだ。第二リードは、打者が見送ったら一塁ベースに戻れる最大の距離で打球判断をするのだ。打者がバントを空振りすることもあるのだ。このときに飛び出してはいけないのだ。また、フライを上げたときも同じで飛び出してはいけないのだ。

打者がバントをして打球が転がったら、素早く二塁ベースに向かってスタートを切るのだ。投手または野手が処理して二塁に送球してくることを想定して走るのだ。このケースはアウトにならないよう二塁にスライディングをして早くベースに到達することを優先するのだ。投手や野手が一塁送球してもオーバーランをせずボールから目を離さないことが重要だ。オーバーランを狙って一塁手から転送されてくることがあるからだ。

走者一、二塁のとき、送りバントのサインが出ているときの一塁走者は、二塁に走者がいるので確実な走塁をすることが基

長打が出たら一気に本塁まで走る

センターから右方向のヒットなら一気に三塁へ走る

本だ。打者がバントをしたら、守備側は三塁送球か一塁送球をしてくるので確実に二塁へ進めばいいのだ。第二リードで大きなリードを取る必要もないのだ。一番いけないのは打者のバント空振りなどで、捕手から送球されアウトになることだ。

重盗のときの一塁走者

走者一、二塁で盗塁のサインが出たときの一塁走者は、けん制球でアウトにならないことを優先して、大きなリードを取らないことが基本だ。このケースで捕手は三塁に送球するのがセオリーだからだ。ただし、一塁走者のスタートが遅れることを捕手は知っている。賢い捕手なら二塁に送球してくることもあるのだ。一塁走者は、スタートを切ったら安心せず全力で二塁ベースに到達することが重要なのだ。スタートを切って捕手の捕球を肩越しに見て、どこに送球するかを確認することも大事だ。

走者一、三塁で盗塁のサインが出たら、三塁走者がいても安心しないで、走者一塁のときと同じように素早いスタートを切って、捕手が二塁へ送球してきてもセーフになるような走塁をすることが重要だ。強いチームならほとんどのチームが二塁へ送球してくるはずだ。守備側は重盗のフォーメーションで、三塁走者がスタートを切らなければ二塁送球を二塁手がカットしないでそのままスルーして一塁走者をアウトにしたいのだ。二塁手がカットするだろうと思って気を抜いて走っていると、簡単にアウトにされてしまうのだ。全力で走り隙を見せてはいけないのだ。

二塁に走者がいるときの一塁走者

０または１アウトで二塁に走者がいるときの一塁走者は、二塁走者の動きが見えていなければいけない。二塁走者の動きによって走塁が違ってくるのだ。特に気を付けなければいけないのは、二塁走者を追い越すことだ。

例えば、１アウト走者満塁で外野を抜けそうな大飛球が飛んだ。抜けたら一塁走者は一気にホームに還れるような当たりだ。このとき、三塁走者はタッチアップで三塁ベースに着いている。二塁走者は二塁ベースから離れ、捕られたらタッチアップ、捕られなければホームインできる位置で打球を確認しているのがセオリーだ。一塁走者は抜けると判断しても、全力でベースを回ってはいけないのだ。二塁ベースの手前まで行き、打球の確認と二塁走者の動きを見るのだ。打球が抜けたら二塁走者の後ろから追い越さないように着いて行き、ホームに還れるか三塁に止まるべきかを判断するのだ。捕球されたら一塁ベースに戻るのだ。

また、走者一、二塁のときに投球を捕手が逸らしたときもそうだ。二塁走者が三塁に走っていないのに一塁走者が二塁に向かってはいけないのだ。一塁走者は二塁走者の動きによって次の塁に進んだり塁に留まったりと臨機応変に対応しなければいけないのだ。

5 二塁走者のセオリーと野球の知識

離塁と第二リード

リードする位置は、無死のときと一死または二死のときとでは違う。無死のときはライン上で、一死または二死のときはレフト側に大きく下がる。大きく下がるのは、ヒットが出たらホームまで最短距離で走れるうえ、三塁ベースも回りやすいからだ。

二塁走者は、離塁したら遊撃手や二塁手を見ないで投手だけを見るのだ。投手からのけん制球でアウトにならない距離でリードを取り、帰塁は投手の動きで戻るのだ。二塁手や遊撃手の動きによってリードを取っていたのでは、逆をつかれアウトになってしまうのだ。また、決して、ボールから目を離してはいけないのだ。投手の二塁けん制は半回転しなければ投げられないので一塁けん制より時間がかかるのだ。なので、二塁走者は一塁より大きなリードが取れる。二塁での自分のセーフティーリードを知ることが重要なのだ。

第二リードは、捕手が投球を捕球し二塁へ送球してもアウトにならないで、最大にリードできる位置まで離塁するのだ。リードの仕方は、投手が投球モーションを起こしたらリードを取り、打者のインパクトに着地を合わせるのだ。この体勢なら次の塁にも動け、二塁ベースにも素早く動けるのだ。

二塁手や遊撃手を見ないで投手だけを見る

投手が投球モーションを起こしたらリードを取る

アウトにならない安全な位置までリードする

インパクトに着地を合わせる

三塁盗塁

三塁盗塁は、まず第一リードが重要だ。二塁は、一塁のときよりも大きめにリードが取れる。投手は二塁にけん制するときは半回転しなければならないので素早く投げられない。なので、一塁けん制と比べ時間的に遅くなるうえ、二塁手や遊撃手とのタイミングを合わせないといけないので難しい。

三塁盗塁を狙うときの第一リードは、二、三塁間のラインよりも2メートルほど後ろの位置にいて投手がセットポジションに入ったら、前方に動き出すのだ。塁間よりも約50センチメートル後ろの位置で投球モーションのタイミングを計るのだ。二塁けん制は逆モーションで投げることも可能なのだ。走者は投手が投球するときの癖が分かっていれば、投手の足が動いた瞬間にスタートが切れる。動から動のタイミングでスタートが切れれば、初速に勢いが付き成功する確率が上がる。癖が分かっていなければ、投手の足がホーム方向を向いた瞬間にスタートを切るのだ。三塁盗塁はリードの大きさとスタートのタイミングがすべてといっていいほど重要なのだ。

三塁盗塁は、好投手から点が取れそうもないときなどに仕掛けられることが多い。捕手からの送球が悪送球になることも想定し、滑り込んだらすぐ立って次のプレイに備えることが重要だ。

ワンヒットでホームに還る

二塁はスコアリングポジションといって一般的にはワンヒットでホームに還れるのだ。野球選手は、二塁走者になったらワンヒットでホームに還れる技術と走力が必要なのだ。ただし、どんな場面でもホームを狙っていいのではない。

0アウトなら100％セーフになるならホームに還る。1アウトなら70～80％セーフになるならホームを狙うのだ。2アウトからなら30％セーフになる可能性があるなら狙うべきなのだ。それは、打者は3割打てば好打者だからだ。以上のことを基本とし、点差、回数、打順も考えて走

三塁ベース手前を膨らんでベースを回る

身体を内側に倒し、遠心力で大きく膨らまないよう最短距離を走る

三塁ベースを回ったらスピードに乗ってホームまで一直線に走る

塁することが重要なのだ。

二塁からホームまでの走塁は、第二リードでの打球判断が重要だ。インパクトの瞬間に打球判断ができなくてはいけない。二塁からホームの走塁は足の速さだけではない。第一リード、第二リード、スタート、三塁ベースの入り方、ベースの踏み方、走路の取り方、勢いを殺さないスライディングがポイントになる。

予め外野の守備位置はチェックできているはずだ。打った瞬間、ヒットと判断したら三塁ベース手前を膨らんで回る。三塁ベースの入り方は、カーブを切った時点からベースを踏むまでは8分のスピードで入り、直線を向いたら全力で駆け込む。ベースを回るときは、遠心力で大きく膨らまないよう身体を左側に傾斜させスピードを落とさないように回る。ベースを回ったらホームまで一直線に最短距離を走る。加速によってますますスピードが上がってくるはずだ。途中から三本間のライン上に入り、守備側の送球位置によってスライディングの位置を決める。ホームベースの2、3メートル手前からスピードを落とさないように滑り込むことが重要だ。背後からの返球のときは次打者の指示にしたがって滑る方向を決めることが大切だ。

2アウト2ストライク後の走塁

2アウト二塁、ボールカウントは2ストライク。次の投球がストライクなら打者は打つしかなく、走者はどんな打球でも次の塁へ走ることになる。二塁走者は、投球が見えているので、ストライクかボールかの判断がつく。ストライクなら、打者が打ってから走るのではなく、ストライクと判断したときにスタートを切るべきなのだ。早くスタートが切れれば、ワンヒットでホームへ生還できる確率が高くなるからだ。少しの差、一歩の差で、アウトがセーフになることもある。

ストライクかボールかの判断は、バッティング練習のときに、二塁走者となり、ストライクかボールかを声に出しながら、スタートを切る練習をしておくと、試合でも自信を持って判断できるようになる。どんな技術の習得にもいえることだが、頭で理解し、練習を積み重ね実戦で試す。その繰り返しの中で技術が身に付き、飛躍的に上達できる。基本を理解して努力することが、野球が上手くなるための最低の条件なのだ。

ストライクゾーンに投球が行ったかどうか判断できないときはスイングゴーならできるはずだ。打者がスイングしたら打球の行方にかかわらずスタートを切るのだ。

自分より左のゴロは三塁へ進める

守備位置を確認しておくことが大切だ。そして、頭を整理しどこに飛んだら、どんな走塁をするかを決めておくことが重要だ。０または１アウトのときの内野ゴロは、ピッチャーゴロを除いて、自分より左に飛んだゴロは三塁へ進むことができるのだ。右に飛んだゴロはアウトにならない位置で、守備のプレイを確認し、次のプレイに備えることが基本だ。

野手は、サードゴロまたはショートゴロを捕球したら、走者を二塁ベースに追い込んで一塁に送球するので、一塁手がファンブルしたら三塁へ進めるよう送球と同時にリードをとることも重要だ。また、右方向に飛んだ打球でも、三塁前のボテボテのゴロまたはサード、ショート方向に大きく弾んだ打球は三塁へ進める。

ファーストゴロまたはセカンドゴロで三塁へ進んだときは、オーバーランをするが、転送されてきたボールでアウトにならないように集中しておきことが重要だ。また、守備にミスが出たら、ホームを狙えるように身体を低くして次のプレイに備えることも基本だ。

タッチアップの考え方

外野フライのとき二塁走者はどうするか？　基本的な考え方は、二塁走者はフライが上がったらハーフウエイが基本なのだ。それは三塁に進むよりもヒットになったときにホームに還ることを優先するからだ。ただし、どんなフライでもハーフウエイではいけない。外野の定位置より前のフライならハーフウエイが基本だ。左翼手の後方のフライもハーフウエイが基本なのだ。それは三塁まで距離が近いからだ。センターから右の大きなフライで外野手に捕られそうならタッチアップが基本だ。センターから右に上がったフライでも落ちそうならハーフウエイで打球を確認し、捕られたら二塁ベースに、落ちたらホームまで還れるタイミングでスタートを切ることが重要なのだ。

1アウト走者二、三塁でタッチアップできるような外野フライが上がったとき、二塁走者が考えなければいけないのは、二塁走者がタッチアップし三塁でアウトになったらチェンジになるのだ。三塁走者のホームインより先に二塁走者がアウトになれば得点も入らないのだ。このケースは無理をしてはいけないのだ。ただし、タッチアップの構えからスタートして安全なハーフウエイで守備側の動きを見て、外野手がホームに送球したのを確認し、その間にセーフになると判断したら三塁を狙えばいいのだ。

送りバントのときの走者

0アウト二塁の送りバントは、打球が転がったら三塁へスタートを切る。見送りや空振り、捕球されそうなフライは帰塁できることが基本だ。このケースは間一髪のプレイになるので判断が難しいが失敗すると勝敗に大きくかかわってくるプレイなのだ。

打者がバントを空振りすると、走者が飛び出してアウトになるケースをよく見かけるが、そんなときもアウトにならないよう集中力を持って対応することが重要だ。第二リードで重心を落とし、捕手からの送球にも対応でき打球が転がったら素早いスタートが切れる体勢をとることが重要だ。バント練習のときに、二塁走者となって走塁練習をすると打球判断ができるようになる。

6　三塁走者のセオリーと野球の知識

離塁と帰塁

　リードする位置はファウルグラウンドだ。ファウルグラウンドでリードをとっていれば、打球が三塁走者に当たってもアウトではなくファウルだ。三塁走者はファウルグラウンドでリードをとることがセオリーなのだ。第一リードはセーフティーリードが基本だ。三塁走者は大きなリードをとる必要がないのだ。セーフティーリードの位置から投球と同時にスタートを切り、第二リード地点で状況を判断する。打者が見送り、捕手が捕球すれば三塁ベースに戻る。このときの戻り方は、第二リードからフェアグラウンドに入りライン上を戻る。捕手は、走者がライン上にいると、三塁までの距離感が分かりにくく、送球しにくくなるからだ。

三塁走者は、第二リードで捕手が捕球するのを確認することが重要なのだ。ワイルドピッチやパスボールで捕手が弾いたら素早くホームに走れるように、いつでもホームを狙って準備しておくのだ。

0または1アウトのときの三塁走者

０または1アウトのときは、一瞬の打球判断でホームに突っ込むか、ベースに戻るかを判断しなければいけない。基本はライナーバックで抜けてからスタートを切る。ホームへは内野を抜けてからで十分、間に合うからだ。ライナーで飛び出してダブルプレイになるボーンヘッドをしてはいけないのだ。また、外野への鋭い当たりで飛び出して、タッチアップできず得点をあげられないボーンヘッドもあってはならないのだ。そんな選手は試合に出してもらえなくなる。

内野ゴロは内野手の守備位置によって変わってくるが、予め自重するか突っ込むかを決めておく。定位置ならGO！　で、前進守備なら自重が基本。

走者一、三塁でゲッツー狙いの中間守備のときは、迷わずホームへ突っ込む。ホームへ送球されアウトになっても二人の走者が残るからだ。セカンドゲッツー狙いならゲッツー崩れで得点をあげられる可能性もある。

フライは、タッチアップできそうならベースに着いて捕球を待つ。浅いフライはハーフウェイで次のプレイに備えることがセオリーだ。

タッチアップ

0または1アウト走者三塁でライナーやフライが上がったら、どんなにいい当たりでも三塁ベースに戻ることがセオリーだ。タッチアップは、三塁ベースに戻り左足でベースのホーム側を踏み、身体を開いて素早いスタートが切れる体勢で捕球者を見る。スタートは、野手が完全に捕球してから離塁する。捕球と同時にスタートを切ろうとすると、捕球よりスタートが早くなることがある。外野手の捕球を確認してからスタートが切れることがタッチアップの技術の一つだ。

外野手が下がって捕った深い打球のときは、一呼吸置いてからでも十分、間に合う。焦らず余裕を持ってスタートを切ることが重要だ。内野手がファウルフライを追って捕球したときは、体勢が崩れ立て直すのに時間がかかることがある。内野のファウルフライでもタッチアップできるので、ベースに着いて状況を判断するのだ。

内野ゴロの判断

回数、得点差、アウトカウント、打順、相手の守備位置などによって走塁の判断は変わってくる。1アウトで1点を取りたいとき、打者は凡フライを打つと得点にならないので、何とか転がして得点をあげるためのバッティングをする。転がせば何とかなると思っているのだ。極端な前進守備でなければ、三塁走者も打球が転がったら何とかしなければいけないのだ。そのためには、内野ゴロで得点をあげられる走塁技術を磨くことだ。

まずは、第二リードだ。投球と同時に第二リードを大きくとり、ホームにも突っ込め、三塁にも素早く戻れる体勢で状況を判断するのだ。この体勢で、集中していれば、内野ゴロでホームが突けるはずだ。特に、右方向へのゴロはホームが突きやすい。それは、自分からボールが見えているので、タイミングが分かるからだ。

ピッチャー、サード、ファースト正面のゴロは自重するのがセオリーだが、打球が大きく弾むか、ボテボテのゴロはGO!だ。一瞬の判断なので、迷ったら還れない。バッティング練習のとき、三塁走塁になり打球判断の練習をしておくと、スタートを切るタイミングが分かるようになる。

スクイズ、セーフティースクイズの走塁技術

スクイズのサインが出ても、いつもと同じ動きやリードをとることが重要だ。リードが大きすぎたり、動きが硬くなるとスクイズが出ていることを見破られることがある。スタートは早すぎてもいけないし、遅すぎてもいけないのだ。早すぎると投手に見破られ外されてしまう。レベルの高い投手は、足を上げた瞬間に走者がスタートを切ると簡単に外すことができるのだ。左投手で走者が見えていなくても一塁手や三塁手の声の連係によって外すことができるのだ。スタートが遅すぎると打球が

転がっても投手や野手に処理されアウトにされてしまう。投手の前足がホーム方向に向き始めてから着地する直前にスタートを切ると外されることはない。ここでスタートが切れれば、打者が投手や野手の正面を外してバントすれば成功するはずだ。

セーフティースクイズは、いつもより第二リードを大きく取り、投手や野手の正面以外に転がったらスタートを切るのだ。打者はストライクだけをバントすればいいのでバントの精度は高くなるはずだ。走者は、ピッチャー前に転がってアウトになると判断したら自重する。一番、スタートが切りやすいのは投手と一塁手の間に転がったバントだ。一方、難しいのは三塁前に転がった打球だがスタートが良ければ成功する。

ワイルドピッチやパスボールのときの走者

三塁走者はホームベースからバックネットまでの距離を確認しておくことが重要だ。また、バックネットからのボールのはね返り方も把握しておくことが重要だ。野球の試合はすべて公認の野球場で行われるとは限らない。バックネットまでの距離が極端に短いグラウンドもあり、パスボールやワイルドピッチでも還れない球場もある。これらの状況を把握しないで、捕手がボールを逸らしても無理にホームに突っ込むとアウトになるのだ。

基本的には、ワイルドピッチやパスボールのときは突っ込むか自重するかは自分で判断するのだ。三塁ベースコーチの判断ではない。ただし、一塁側の走路の延長線上にワイルドピッチやパスボールのボールが転がったら距離感が分からないので、打者の指示に従うのだ。また、ボールが打者や捕手、審判で見えていないときも打者の判断に従うのだ。ボールが最も見やすい位置に打者はいるのでホームに還れるかどうかの判断ができるのだ。

重盗のときの三塁走者

走者一、三塁塁で重盗のサインのとき、三塁走者がホームを狙うかどうかは捕手の送球の高さがポイントだ。

守備側は遊撃手が二塁ベースに入り、二塁手が投手と二塁ベースの間に割って入って重盗対策をしてくるはずだ。捕手からの送球の高さを見ないで三塁走者がスタートを切ると、二塁手がカットしてホームに送球されアウトになってしまう。ここでの判断は、二塁手がカットできる高さかどうかなのだ。送球が高いと二塁手はカットできないので遊撃手が二塁ベース上で捕球することになる。三塁走者は捕手の二塁送球が高いと判断したらホームに走るのだ。判断すべき瞬間は捕手の送球が捕手の手か離れたときだ。投手の頭を通り過ぎたところでの判断では遅いのだ。二塁手が捕れると判断したら自重するのだ。ただし、守備側にミスが出たらすぐスタートを切れる体勢で自重するのだ。

重盗の二つ目のポイントは、第二リードを大きくとることだ。ただし、大きすぎると捕手から送球されアウトになってしまう。捕手からの送球でアウトにならない距離で最大に大きくとるのだ。捕手の動きをしっかり見ていれば二塁に送球するか三塁に送球するかが分かるはずだ。

走者一、三塁からのディレードスチール

一塁走者は投手からのけん制で飛び出すか盗塁を試みて意識的に一、二塁間に挟まれるのだ。そして、ランダウンプレイに持ち込みアウトにならないように粘るのだ。三塁走者は一塁手または投手が二塁方向に追って行き、二塁に送球するタイミングでスタートを切るのだ。そうすると二塁からホームまでの距離が長いため成功する確率が高くなる。また、二塁ベース上で捕球する遊撃手は右利きのはずだ、捕球してホームに送球するためには反回転し身体を入れ替えてホームに送球することになるのだ。その分送球が遅れるのだ。

もう一つ、ホームに走るタイミングがある。それは二塁方向から一塁方向に遊撃手が追って行き、三塁走者に背を向け一塁に送球する瞬間だ。特に一塁手が左利きの場合は、捕球した姿勢からは投げられないのだ。ホーム方向に反回転し、そこからの送球になるので強くて速いボールが投げられない。

ここでの重盗は、三塁走者のスタートのタイミングがすべてといえるのだ。

治
記
念
館
6

取材協力・技術指導
千葉西リトルシニア

事務局長
岩下安昭

事務局次長
西川俊夫

監督
山本哲士

助監督
大田川茂樹

コーチ
番場洋星
藤田 崇
深堀将平
池尻裕喜
芦田 卓
大田川央
池田貴弘
立石智義
平野勝也
山本光久
佐々木健太
小澤勇人

専属トレーナー
神保裕司（西船はりきゅう接骨院院長）

監修
西井哲夫（元ヤクルトスワローズ投手）

走攻守の考え方
野球

平成28年10月31日 第1版第1刷発行

著 者 大田川茂樹

発行所 株式会社 舵社
〒105-0013
東京都港区浜松町1-2-17 ストークベル浜松町
TEL. 03-3434-5181（代表） 03-3434-4534（販売部）

発行者 大田川茂樹
撮 影 三ツ谷光久、山岸重彦、大田川央
装 丁 木村 修
印 刷 株式会社 大丸グラフィックス

ISBN978-4-8072-6557-2